JEUNE COMMERÇANT

Méthode

THÉORIQUE ET PRATIQUE

DE TENUE DE LIVRES EN PARTIE DOUBLE

MISE A LA PORTÉE DES JEUNES GENS QUI SE DESTINENT

AU COMMERCE,

Renfermant un très grand nombre d'articles variés, où se trouvent résolues toutes les difficultés du Commerce, de la Banque et de l'Industrie, suivie d'un aperçu sur la Partie simple, le tout accompagné d'un Mémento, recueil des formules générales pour calculer rapidement :

1° Les intérêts d'une somme quelconque, à un taux et pour un temps quelconque ;

2° L'Escompte ;

3° Le Bordereau d'Escompte ; — du Tableau général des Agios, de la valeur des principales monnaies étrangères, et de quelques explications sur les rentes, les Règles de Change, Conjointe, d'Échéance commune, du temps pour les Paiements, d'Intérêts cumulés, d'Avarie, de grosse Aventure, de Commission, de Courtage, de Profits et Pertes, de Troc, de Voiture, de Tare, de Société, et d'une Instruction sur les Lettres de Change, Billets à Ordre, etc.

PAR J.-F. HUGUES,

CHEF D'INSTITUTION, ANCIEN FONCTIONNAIRE DU LYCÉE DE MARSEILLE,

EXPERT EN MATIÈRES DE COMMERCE.

PRIX 6 FRANCS.

A MARSEILLE,

CHEZ L'AUTEUR, COURS JULIEN, 31.

IMPRIMERIE ET LITHOGRAPHIE DE P. CHAUFFARD,

Boulevard du Musée, 21.

1859.

LE
JEUNE COMMERÇANT.

LE

JEUNE COMMERÇANT

Méthode

THÉORIQUE ET PRATIQUE

DE TENUE DE LIVRES EN PARTIE DOUBLE

MISE A LA PORTÉE DES JEUNES GENS QUI SE DESTINENT
AU COMMERCE.

Renfermant un très-grand nombre d'articles variés, où se trouvent résolues
toutes les difficultés du Commerce, de la Banque et de l'Industrie, suivie d'un
aperçu sur la Partie simple, le tout accompagné d'un Memento, recueil des
formules générales pour calculer rapidement :

1° Les intérêts d'une somme quelconque, à un taux et pour un temps quelconque ;

2° L'Escompte ;

3° Le Bordereau d'Escompte, — du Tableau général des Agios, de la valeur
des principales monnaies étrangères, et de quelques explications sur les rentes,
les Règles de Change, Conjointe, d'Échéance commune, du temps pour les
Paiements, d'Intérêts cumulés, d'Avarie, de grosse Aventure, de Commission, de Courtage, de Profits et Pertes, de Troc, de Voiture, de Tare, de
Société, et d'une Instruction sur les Lettres de Change, Billets à Ordre, etc.

Par J.-F. HUGUES,

CHEF D'INSTITUTION, ANCIEN FONCTIONNAIRE DU LYCÉE DE MARSEILLE,
EXPERT EN MATIÈRES DE COMMERCE.

A MARSEILLE,

CHEZ L'AUTEUR, COURS JULIEN, 31.

IMPRIMERIE ET LITHOGRAPHIE DE P. CHAUFFARD,
Boulevard du Musée, 21.

—

1859.

A MES ÉLÈVES.

Très-chers Élèves,

Vous n'avez pas oublié, ou plutôt vous avez déjà oublié les peines que vous éprouviez lorsque, au commencement de l'année qui vient de s'écouler, vous nous disiez, avec la naïveté et la sincérité ordinaires à votre âge, que la tenue des livres était une science difficile et au-dessus de votre intelligence. Vous nous teniez ce langage parce que, nous avez-vous dit plus tard, vous aviez fait vos premiers essais sous des maîtres plus savants que méthodiques, qui, pour vouloir se borner à faire de la science, sans descendre aux détails de la simple pratique, vous dérobaient par des théories longues et obscures, par des séries de combinaisons et d'opérations commerciales imaginaires, les secrets d'un art aussi facile qu'utile.

La Méthode que je viens de publier vous est familière aujourd'hui, la facilité avec laquelle vous l'a-

vez saisie, et les progrès que vous avez faits, me font
espérer qu'elle sera aussi utile aux élèves qui nous
viendront après vous.

Je vous l'offre comme un travail fait en commun,
et comme un témoignage de ma vive et sincère af-
fection.

Votre ami et maître dévoué,

J.-F. HUGUES.

PREFACE.

Avant de publier cet ouvrage, que j'offre aujourd'hui aux jeunes gens qui se destinent au commerce, et aux maîtres chargés de leur enseigner la tenue des livres, j'ai mis ma méthode à l'épreuve ; je l'ai enseignée à mes élèves, comme je leur avais enseigné précédemment, les méthodes de ceux qui ont écrit avant moi sur la comptabilité. Les difficultés inouïes que j'éprouvais, il y a quelques années à peine, pour obtenir des résultats même très-insuffisants, la facilité avec laquelle nos leçons sont comprises aujourd'hui et les succès qui en sont le résultat, témoignent suffisamment de l'utilité et de l'importance de ma méthode.

Tout lecteur attentif se mettra bientôt à même de tenir avec connaissance de cause toute espèce de comptabilité commerciale, et comprendra sans peine que j'ai voulu, en écrivant ce livre, éviter les écarts des méthodes dites *complètes* et combler en même temps les vides de celles qui, sous le titre plus modeste de *Méthodes pratiques*, sont loin de fournir les matériaux et les ressources suffisantes aux futurs négociants.

Persuadé que ce n'est point dans la lecture d'un grand nombre d'exemples, dont l'application se présentera rarement ou jamais dans le commerce, que l'on peut apprendre la tenue des livres, mais que c'est au contraire dans la pratique habituelle de la comptabilité, j'ai fait un grand choix d'articles, parfaitement variés et gradués, classés méthodiquement et dont l'application se présente tous les jours.

Quel teneur de livres, quel professeur, quel élève ne s'est déjà rendu mille fois ce témoignage, qu'avec une connaissance même très-complète des anciennes méthodes, il est souvent très-difficile, pour ne pas dire impossible, de tenir les livres du plus modeste commerçant.

Je pense donc que c'est rendre un service réel aux jeunes gens qui se livrent au commerce, que de leur offrir un livre destiné à leur rendre plus facile l'étude d'une science qui devient de plus en plus nécessaire, à cette époque où tout le monde est commerçant ou industriel.

Afin de rendre ma Méthode la plus complète possible, et de ne rien laisser à désirer aux élèves et aux maîtres qui me feront l'honneur de l'adopter, j'ai consulté avant d'écrire le commerce et la banque, je me suis éclairé des lumières de quelques amis dont les connaissances, en cette matière, sont incontestables, j'ai demandé des conseils à ma vieille pratique, j'ai suivi enfin les avis d'un maître habile qui me disait, il y a déjà bien long-temps, que quand un sujet a été étudié par plusieurs, il y a deux manières d'en traiter : la première consiste à tout reprendre *a novo*, sans vouloir consulter ni connaître ce qui a été fait et dit avant nous, la seconde à consulter tous ces travaux antérieurs, à essayer de distinguer ce qui s'est constamment présenté dans les observations de tous, à exposer cette partie de vérités acquises, et à y ajouter, si l'on peut, quelques vérités nouvelles ; je n'ai jamais pensé à la première manière.

Mon Traité de tenue des livres est un livre élémentaire destiné à l'enseignement de nos colléges et de nos institutions, et j'ai toujours cru que l'auteur d'un ouvrage élémentaire, doit d'abord s'attacher à présenter aux jeunes gens ce qui a été dit de bon sur la matière qu'ils ont à étudier ; dans le choix qu'il fait, c'est à la raison calme à le diriger, et non à l'esprit de parti et de coterie.

Il est certain qu'en fait de tenue de livres, il reste peu à inventer ; pénétré de cette vérité, et en conséquence des principes que je me suis sévèrement imposés, j'ai tout consulté et autant que le but et le plan de mon travail le permettaient, j'ai pris chez mes devanciers, sans distinction tout ce qui m'a paru contenir l'expression exacte de la vérité. *Le choix des pensées et des choses est invention*, a dit La Bruyère. Je ne me suis point attaché à changer l'expression quand je l'ai trouvée bonne, je n'ai point visé aux expressions neuves, mais à un total nouveau.

Je ne saurais trop répéter que la seule prétention que j'ai eue a été de faire un livre de bonne foi, qui pût servir à faciliter aux jeunes gens l'étude de la tenue des livres, et à les affranchir de la nécessité de faire un long et ennuyeux apprentissage dans un comptoir, après s'être torturés pendant plusieurs années sur les bancs des colléges ou des institutions.

La première partie de mon ouvrage se compose du Brouillard ou main-courante, c'est-à-dire, des éléments d'une comptabilité, les autres parties renferment la théorie; c'est-à-dire, les raisonnements qu'il faut faire pour passer les articles du *brouillard* au *journal* et du *journal* au *grand-livre*.

On trouvera à la fin comme *memento*, toutes les formules nécessaires pour arriver promptement et sans efforts d'intelligence, à calculer l'intérêt et l'escompte d'une somme quelconque à un taux et pour un temps quelconque.

Ces formules écrites d'abord en langage ordinaire, puis en chiffres pris dans des exemples, sont ensuite traduites en langage algébrique, afin d'aider la mémoire à retenir plus facilement les opérations à faire pour atteindre le but proposé.

Ces mêmes formules simplifiées m'ont conduit à donner un tableau de tous les diviseurs fixes, c'est-à-dire, des nombres par lesquels il suffit de diviser le produit d'un capital quelconque, par le nombre de mois ou de jours portant intérêt, pour trouver l'intérêt cherché. Ce travail qui peut être d'un très-grand secours dans le commerce, est suivi de quelques explications sur les *Rentes*, les *Règles de change*, *Conjointe*, *d'Échéance commune*, du *Temps pour les paiements*, *d'Intérêts Cumulés*, *d'Avarie*, de *Grosse aventure*, de *Commission*, de *Courtage*, de *Profits et Pertes*, de *Troc*, de *Voiture*, de *Tare*, de *Société*, et d'une instruction sur les *lettres de change*, *billets à ordre*, etc.,

Inutile de dire que mes jeunes lecteurs seront dispensés de recourir aux ouvrages d'arithmétique, qui renferment le plus souvent de fort belles théories, mais rien de ce qu'il faut pour la pratique du calcul.

J'ajouterai, avant de terminer ces lignes, que mon Traité de tenue des livres, est accompagné d'un ouvrage, qui selon moi, n'est pas moins important, jugé sous le double point de vue d'utilité et de commodité.

Cet ouvrage, dont j'ai déjà épuisé deux éditions en moins de six mois, renferme sous le titre de *Jeune Commerçant*, tous les registres imprimés, nécessaires au commerce le plus varié et le plus étendu.

L'expérience nous a prouvé que l'emploi de ces registres offre de très-grands avantages pour l'élève et pour le professeur. Pour l'élève : économie de temps, économie d'argent, propreté. Pour le professeur : ordre:— plus de registres suspendus devant l'élève qui les dérobaient le plus souvent à sa surveillance, plus de registres traînant sur les tables, salis ou déchirés, application, progrès de ses élèves.

Je les recommande surtout aux maîtres qui ont de nombreux élèves et qui savent, comme moi, combien il est difficile, à moins de très-fortes dépenses, de se procurer des registres commodes.

Un simple coup d'œil, jeté sur les modèles, en fera comprendre l'importance et l'utilité.

LA TENUE DES LIVRES

EN PARTIE DOUBLE,

telle qu'on la pratique dans le commerce, dans la banque et dans l'industrie.

PRÉLIMINAIRE.

La tenue des livres est l'art d'inscrire sur divers registres et conformément à des règles reçues, toutes les affaires du commerçant ou de l'industriel.

Elle a pour but de faire connaître, jour par jour au négociant, le résultat de ses opérations, le montant de ce qu'il doit et de ce qui lui est dû, de ses pertes, de ses bénéfices, en un mot de son avoir réel.

Deux raisons majeures obligent le négociant à avoir des livres bien tenus : 1° son intérêt personnel qui se trouverait gravement compromis par la confusion que jetterait dans ses opérations une mauvaise comptabilité, ou l'absence complète de comptabilité ; 2° l'obligation que lui en fait la loi.

Tout commerçant, dit le *Code de Commerce*, est tenu d'avoir un livre-journal qui présente , jour par jour, ses dettes actives et passives, les opérations de son commerce, ses négociations, acceptations ou endossements d'effets, et généralement tout ce qu'il reçoit et paie, à quelque titre que ce soit, et qui énonce, mois par mois, les sommes employées à la dépense de sa maison, le tout indépendamment des autres livres usités dans le commerce, mais qui ne sont pas indispensables.

Il est tenu de mettre en liasse, les lettres missives qu'il reçoit et de copier sur un registre celles qu'il envoie. (*Code de Commerce*, livre 1er, art. 8).

Il est tenu de faire tous les ans, sous seing-privé, un inventaire de ses effets mobiliers et immobiliers, de ses dettes actives et passives, et de le copier année par année, sur un registre spécial à ce destiné. (*Code de Commerce*, livre 1er, art. 9).

Le livre-journal et le livre des inventaires seront paraphés et visés une fois par année. — Le livre des copies de lettres ne sera pas soumis à cette formalité.— Tous seront tenus par ordre de dates, sans blancs, lacunes, ni transport en marge. (*Code de Commerce*, livre 1er, art. 10).

Les commerçants seront tenus de conserver les livres pendant 10 ans. (*Code de Commerce*, livre 1er, art. 11).

Les livres de commerce régulièrement tenus, peuvent être admis par le juge, pour faire preuve entre commerçants pour faits de commerce. (*Code de Commerce*, livre 1er, art. 12).

Pourra être poursuivi comme banqueroutier simple, et être déclaré tel, le failli qui présentera des livres irrégulièrement tenus, sans néanmoins que les irrégularités indiquent de fraude, ou qui ne les présentera pas tous. (*Code de Commerce*, livre 3, art. 597).

Pourra être poursuivi comme banqueroutier frauduleux et être déclaré tel, le failli qui n'a pas tenu de livres, ou dont les livres ne présenteront pas sa véritable situation active et passive. (*Code de Commerce*, livre 3, art. 594).

Comme on vient de le voir, la loi exige du commerçant : 1° un Livre-Journal ; 2° un Livre d'Inventaire ; 3° un Livre de Copie de lettres. Ces trois livres lui seraient donc rigoureusement suffisants ; mais s'il veut se procurer promptement les renseignements dont il a souvent besoin, contrôler facilement son travail, mettre de l'ordre et de la lucidité dans ses comptes, il lui faut d'autres livres dont nous parlerons plus loin.

Il y a deux manières de tenir les livres ; il y a, conséquemment, deux méthodes de tenue des livres : la *partie simple* et la *partie double* ; la partie simple, méthode incomplète, insuffisante, et pour cette raison, peu pratiquée de nos jours, est ainsi appelée parce qu'elle ne considère les opérations commerciales que sous un point de vue : débiteur ou créancier, suivant que le négociant a vendu ou acheté des marchandises ; elle n'ouvre des comptes qu'aux personnes avec lesquelles on fait des affaires à crédit.

La partie double, au contraire, est ainsi appelée parce qu'elle considère les opérations commerciales sous deux rapports, deux points de vue : point de vue *débiteur*, point de vue *créancier* ; elle tient des comptes, non-seulement pour les autres, mais aussi pour le négociant qui emploie cette méthode. Il suit de là que chaque opération figure au moins sur deux comptes ; un compte qui reçoit et qui est débiteur, un compte qui fournit et qui est créditeur ou créancier.

Un des grands avantages de la partie double, s'est d'offrir au négociant un moyen simple, prompt et facile, de contrôler ses écritures, de connaître tous les jours et à tous les instants, s'il le veut, le résultat exact de ses diverses opérations.

La partie simple n'offre aucun moyen de contrôle des écritures ; si l'on veut connaître le résultat de ses opérations on est obligé de faire l'inventaire général de sa maison de commerce, opération longue et difficile. Nous nous occuperons d'abord, de la partie double, la seule qui soit sérieuse, et qui présente quelques difficultés. Quelques mots nous suffiront pour donner à nos lecteurs le secret de la partie simple.

Le livre fondamental de toute comptabilité, celui qui lui sert de base, c'est le *livre-journal*, exigé par la loi. Ce livre, ainsi qu'on l'a lu dans le *Code de Commerce*, doit présenter, jour par jour, les dettes actives et passives du négociant, les opérations de son commerce, ses négociations, acceptations, ou endossements d'effets, et généralement, tout ce qu'il reçoit et paie, à quelque titre que ce soit, et qui énonce mois par mois, les sommes employées à la dépense de sa maison.

Ce livre seul, régulièrement tenu, pourrait suffire au négociant et lui faire connaître ses dettes et ses créances, mais il l'exposerait à commettre des erreurs, et compromettrait peut-être ses intérêts faute de lui fournir les moyens nécessaires de contrôler ses écritures.

D'ailleurs, toutes les fois qu'il voudrait être renseigné sur sa situation, il lui faudrait une recherche nouvelle qui lui occasionnerait une grande perte de temps.

Pour obvier à tous ces inconvénients, (perte de temps, erreurs, etc.) et pouvoir connaître promptement sa situation, on a inventé un autre livre disposé de manière à pouvoir réunir sur un même folio de registre appelé compte, toutes les écritures du *livre-journal* ayant rapport à un seul débiteur ou créancier, à une seule espèce de valeurs réelles ou de convention, c'est le grand-livre. Ce second registre est ainsi nommé à cause de la grandeur de son format qui doit permettre à chacun de ses folios, de réunir le plus possible d'écritures et d'enfermer un article entier dans une seule ligne. On l'appelle aussi quelquefois, mais rarement, livre d'extrait, et livre de raison. La seconde dénomination lui vient de ce que tout ce qu'on y rapporte est extrait du journal ; la troisième de ce qu'il rend raison de toutes les affaires du négociant.

Le *livre-journal* et le grand livre suffisent pour établir une comptabilité en partie double, néanmoins il existe d'autres livres dont l'utilité est généralement reconnue, et qui sont presque aussi indispensables que les deux livres dont nous venons de parler. On les appelle *livres-auxiliaires*, parce qu'ils ne sont que les accessoires des deux autres, dont ils facilitent la tenue. Ils renferment des détails utiles auxquels le commerçant a souvent besoin de recourir, et qui rendraient plus difficile la marche de la comptabilité et la rédaction des articles. Nous ferons bientôt connaître la forme et l'emploi de ces livres.

Nous avons dit que le journal est le livre par excellence, le livre indispensable, le dépositaire de toutes les choses pécuniaires qui intéressent le négociant, et que le *grand-livre* a pour objet le report, à l'aide d'un classement méthodique, dans le même relevé ou compte, des écritures portées au journal. Or, ce classement n'est autre chose qu'une rédaction particulière desdites écritures du journal, et c'est dans cette manière d'écrire les choses sur un registre, pour les reporter ensuite sur un autre que consiste la science du teneur de livres ; nous allons tâcher de la communiquer à nos lecteurs.

Le commerce proprement dit est un échange continuel de valeurs réelles et de conventions. Un négociant est un homme qui, possédant une somme quelconque, un *capital*, cherche à l'augmenter par une suite d'échanges de valeurs, ou d'opérations commerciales.

Le capital du négociant doit donc être le point de départ de tout commencement de comptabilité. Le capital, la mise de fonds, est un argent que l'on met en caisse, et destiné à subir diverses transformations. Avec cet argent, le négociant achète des marchandises, meubles, immeubles, ou autres objets qu'il vend ensuite, et en échange desquels il peut recevoir ou de l'argent, ou des billets appelés *effets à recevoir*, ou des marchandises, meubles, immeubles, etc., ou enfin plusieurs des valeurs ci-dessus combinées entre elles. S'il veut acheter des marchandises lorsqu'il n'a pas d'argent, ou qu'il ne veuille pas se dessaisir de celui qu'il a, il souscrit des billets appelés *effets à payer*. C'est au moyen de ces valeurs d'échange, qu'ont lieu les opérations commerciales dans un certain nombre de combinaisons plus ou moins heureuses, qui donnent des *profits* ou des *pertes*.

Le capital, la caisse, les valeurs d'échange, les profits et les pertes, constituent autant de comptes, qui ont été personnifiés, et considérés, comme pouvant fournir et recevoir, c'est-à-dire, être débiteurs et créanciers.

———

Nota. — Les valeurs réelles sont: les espèces monnayées ayant cours, les marchandises, meubles et immeubles.

Les valeurs d'échange de convention, sont : Les promesses écrites, ou billets à payer ou à recevoir, et le crédit, c'est-à-dire les dettes ou créances contractées ou acquises.

———

Voici les noms qu'on a donné à ces divers comptes :
Le premier a été appelé : Compte de capital.
Le 2⁰. . . . . Compte de caisse.
Le 3⁰. . . , ... Compte de marchandises
générales.
Le 4⁰. . . . . Compte d'effets à recevoir.
Le 5⁰. . . . . Compte d'effets à payer.
Le 6⁰. . . . . Compte de profits et pertes.

Ces six comptes sont ordinairement suivis de deux autres, appelés *Frais généraux* et *Dépenses domestiques*. Dans le premier, on inscrit tous les frais de commerce, tels que : frais de bureau, ports de lettres, loyer, chauffage, éclairage, appointements des commis, etc. Dans le second figurent toutes les dépenses particulières et de ménage. L'on peut encore diviser et subdiviser tous ces comptes, suivant qu'il est plus avantageux pour la nature des affaires dont on s'occupe.

De tous les comptes qui constituent la partie double, les uns représentent le négociant, ce sont : *Le Capital, les Profits et Pertes, Frais généraux, Dépenses domestiques;* les autres, tels que : *Caisse, Marchandises générales, Effets à recevoir, Effet à payer, etc.,* ne sont, comme nous l'avons déjà dit, que la personnification des objets de commerce, et doivent être considérés comme des individus auxquels le commerçant confierait ces objets, pour leur en demander compte au moment de l'inventaire.

En tenue de livres, écrire sur le journal qu'un individu ou une valeur doit, c'est le débiter ; écrire qu'il lui est dû c'est le créditer.

On a vu, plus haut, que le compte de capital est le compte personnel du négociant, et qu'il réunit le résultat de tous les autres comptes. Le négociant le crédite de tout ce qu'il possède (mise de fonds, héritages, fonds fournis par ses associés, s'il en a, bénéfices) ; il le débite de tout ce qu'il doit. La différence du débit sur le crédit est son avoir réel.

Le compte de caisse est débité de l'argent reçu, et crédité de celui que l'on donne en paiement.

Le compte de marchandises générales est débité de toutes les marchandises que l'on reçoit, et crédité de toutes celles qui sont vendues, ou qui sortent des magasins.

Le compte d'effets à recevoir est débité de tous les effets dont on doit encaisser le montant, lorsque ces effets entrent en porte-feuille, et crédité de ces mêmes effets, lorsqu'ils sortent du porte-feuille.

Le compte d'effets à payer est crédité de tous les billets que l'on souscrit, et débité de ces mêmes effets, lorqu'ils reviennent au souscripteur.

Le compte de *Profits* et *Pertes* est débité de toutes les pertes éprouvées par le négociant, (Négociations d'effets, Intérêts payés pour argent emprunté ou reçu avant le terme convenu, Comptes des débiteurs insolvables, etc.); il est crédité de tous les bénéfices qu'il fait, (Escompte des effets, Intérêts provenant d'argent prêté, ou de paiements anticipés, etc.). A l'époque de l'inventaire, on réunit à ce compte, tous les bénéfices et toutes les pertes des comptes qui ont produit du bénéfice ou de la perte ; comme marchandises, frais généraux, etc.; et c'est la balance du compte de profits et pertes qui sert à grossir l'avoir ou le doit du capital.

Le compte de Frais Généraux est débité des dépenses occasionnées par le commerce auquel on se livre, telles que: loyers échus, appointements de commis, frais de bureau, chauffage, etc. Il est crédité des frais dans lesquels on rentre.

Le compte de *Dépenses Domestiques* est débité des dépenses que l'on fait, pour nourriture, entretien, et autres dépenses faites pour des besoins personnels ou de famille ; il est crédité des frais ou dépenses dans lesquels on rentre.

On ouvre aussi un compte aux personnes avec lesquelles on fait des affaires à crédit : ces comptes sont débités de toutes les valeurs fournies à ces personnes, ou payées pour leur compte ; ils sont crédités de toutes les remises qu'elles nous adressent et des paiements qu'elles font pour nous.

Le *Débit* ou le *Doit* des comptes des correspondants exprime leurs dettes, ce qu'ils ont reçu, en marchandises, en espèces, en valeurs de porte-feuille ou autrement ; le crédit ou l'avoir exprime leur créance, ce qu'ils ont fourni, en marchandises, en espèces, etc.

Le compte de divers est établi pour ceux qui n'ont qu'une dette ou une créance momentannée, auxquelles on ne veut pas ouvrir un compte particulier.

LIVRES

Nécessaires à la Tenue des Livres en partie double.

Outre les livres principaux exigés par la loi (Livre-Journal, Livre d'Inventaire, Livre de Copie de Lettres), et le Grand-Livre dont nous avons parlé, et dont nous reparlerons plus loin; il en existe d'autres dont l'usage est commandé par le besoin, et la raison ; de ce nombre est le *Brouillard* ou *Main-courante.*

DU BROUILLARD.

Le Brouillard qu'on appelle aussi quelquefois mémorial, est un livre sur lequel on prend note de toutes les opérations commerciales, de quelque nature qu'elles soient, à mesure qu'elles ont lieu. C'est lui qui fournit les matériaux au journal. La tenue du Brouillard ne demande aucune étude préparatoire, il suffit qu'il soit rédigé en termes simples et clairs qui nous permettent de comprendre les diverses opérations qu'on y a inscrites et nous fassent éviter toute erreur, toute confusion de personnes, car une erreur sur ce registre se propagerait sur tous les autres.

Il faut avoir soin de bien désigner les personnes, de faire connaître leurs noms et leurs résidences; chaque objet doit y être désigné avec toutes les circonstances essentielles. Si c'est une marchandise, il faut en faire connaître la nature, le poids ou les dimensions, le prix etc.; si c'est un billet, sa date, le souscripteur, l'échéance, le cédant, etc.

Beaucoup de commerçants rédigent le Brouillard comme le Journal, afin d'être plus surs de porter les articles sur ce dernier livre, sans surcharges ni ratures. Ainsi que nous l'avons énoncé dans notre préface, notre Brouillard est composé d'un grand nombre d'articles, simples, variés, gradués et tels qu'ils se présentent tous les jours dans le commerce.

Afin que nos jeunes lecteurs nous comprennent facilement nous avons mis, ainsi qu'on le verra dans les modèles, une note marginale à côté de chaque article pour en faire connaître la nature.

Au commencement de chaque article, nous avons placé

la date entre deux traits horizontaux, fragment d'une ligne droite et sur le côté droit de la page sur laquelle nous écrivons, deux colonnes : l'une, après le détail des articles, destiné aux francs, l'autre aux centimes.

BROUILLARD.

Nature des articles et leurs n. d'ordre.	1er Janvier 1858.	F.	C.
1. *Composition du Capital.*	Je verse cinquante mille francs dans ma Caisse pour former mon capital, ci..........	50000	
	Du 1er Janvier.		
2. *Achat de Mobilier.*	Acheté au comptant, de Bérard, de Paris, un mobilier de bureau et magasin....	1600	
	2 Idem.		
3. *Loyer payé par avance.*	Payé 6 mois de loyer par avance, de mes magasins, bureaux, etc..........	1800	
	3 Idem,		
4. *Frais de Commerce.*	Acheté au comptant 5 stères de bois pour le chauffage de mes magasins, bureaux, etc........................	85	
	4 Idem.		
5. *Achat de marchandises au comptant.*	Acheté au comptant, de Guirette, de Paris, 5 balles coton pesant 600 kil. chacune, ens/ 3000 kil. à fr. 1..............	3000	
	5 Idem.		
6. *Versement chez un Banquier*	Versé à la caisse de Romagnac, banquier à Paris, qui m'ouvre un compte courant portant intérêts réciproques à 6 p. 0/0 l'an, une somme de fr. 10000..............	10000	
	6. Idem.		
7. *Dépenses domestiques.*	Payé à mon tailleur une facture de fr. 185, 50.	185	50

Nature des articles et leurs n. d'ordre	Du 7 janvier.	F.	C.
8. *Achat de marchandises à crédit.*	Reçu de Rey, de Bordeaux, 6 tonneaux vin de Bordeaux jaugeant ens/ 1200 litres à fr. 1, ens/ 1200 fr., payables à présentation de ma facture.	1200	
	8 Idem.		
9. *Achat de marchandises réglé en un effet à payer.*	Acheté à Gauthier, de Marseille, 600 kil. café Bourbon, à fr. 3, 50 l'un, ens/ 2100 fr., remis à Gauthier pour solde : N° 1, m/ b^ct à son ordre, 10 février, de fr.	2100	
	9 Idem.		
10. *Vente de marchandises au comptant.*	Vendu au comptant, à Cahuzac, de Reims, 5 balles coton, pesant 600 kil. chacune, ens/ 3000 kil., à fr. 1, 25.	3750	
	10 Idem.		
11. *Vente de marchandises à crédit.*	Vendu à Maire, à Paris, 6 tonneaux vin de Bordeaux, à fr. 225 chacun, ens/ fr. 1350, payables à présentation de ma facture.	1350	
	11 Idem.		
12. *Vente de marchandises réglée en un effet à recevoir.*	Vendu à Ardisson, de Marseille, 600 kil. café Bourbon, à fr. 4 l'un, ens/ fr. 2400, reçu en paiement : N° 101, s/ billet à mon ordre, 10 février, de fr.	2400	

Nature des articles et leurs n. d'ordre.		F.	C.
	12 Janvier.		
13. *Paiement en espèces.*	Adressé en espèces, à Rey de Bordeaux, le montant de sa facture du 8 courant, ci	1200	
	15 Idem.		
14. *Perte.*	On a forcé mon magasin, et l'on m'a volé, suivant ma déclaration à la police, la somme de fr..	1400	
	14 Idem.		
15. *Achat de marchandises à terme.*	Acheté à Blanchet, à Lyon, à 2 mois de terme, 4 ballots, drap couleurs assorties, ens./ 1200 mètres à fr. 10 l'un, ens./ fr. . . .	12000	
	15 Idem.		
16. *Échange de marchandises*	Vendu à Ardisson, de Marseille, 4 ballots, drap couleurs assorties, ens./ 1200 m., à fr. 10, 50, ens./ . . . . Et Ardisson me remet en échange, 10 barriques, huile d'olive surfine, jaugeant ens./ 6300 litres, à fr. 2 l'un, ens / fr. 12600.	12600	
	16 Idem.		
17. *Échange de valeurs de portefeuille.*	Remis à Gauthier, de Marseille; N° 101, b^et Ardisson, de fr. 2400, au 10 février. . . . . Contre m./ b^et, n° 1, à son ordre, 10 février, de fr. 2100. et 300 fr. en espèces.	2400	

Nature des articles et leurs n. d'ordre		F.	C.
	17 Janvier		
18. *Acceptation d'une traite*	Accepté la traite Blanchet, de Lyon, à son ordre sur moi, au 15 mars, de fr. . .	12000	
	Et j'en fais écritures, sous le n° 2, de mes effets à payer.		
	18 Idem.		
19. *Achat de marchandises Réglé par divers objets.*	Acheté de Fontagnère, à Paris, 10 balles coton, pesant chacune 600 kil., ens./ 6000 kil. à fr. 1,10 ens./	6600	
	Remis en paiement :		
	N° 3, m./ b^{et}, à son ordre, au 28 janvier, de fr. 4400		
	En espèces pour solde. 2200		
	19 Idem.		
20. *Héritage.*	La succession de mon père, mort ce jourd'hui, m'a procuré, après vente des biens, meubles et immeubles, la somme de fr.	90000	
	20 Idem.		
21. *Vente de marchandises à terme.*	Vendu à Plenet, à Lyon, 10 tonneaux, huile d'olive surfine, ens./ 6300 litres, à fr. 2, 25 l'un, ens/. fr.	14175	
	Payables à présentation de ma facture.		
	21 Idem.		
22. *Achat d'un Immeuble.*	Acheté de Lombard, à Paris, la maison rue Vaugirard, n° 16.		
	Remis en paiement :		

Nature des articles et leurs n. d'ordre.		F.	C.
	Suite de l'article ci-contre		
	En espèces. . . . . fr. 40000		
	Nº 4, m/ bᵉᵗ, à son ordre,		
	fin février. . . . . fr. 20000	60000	
	— 22 Idem. —		
23. *Argent reçu à la caisse du banquier.*	Reçu à la caisse de Romagnac, mon banquier, à Paris, la somme de fr.	4000	
	— 23 Idem. —		
24. *Retour de marchandises*	Reçu en retour . les marchandises adressées à Plenet, à Lyon, le 20 courant : 10 tonneaux, huile d'olive surfine, ens/ 6300 litres, ens/	14175	
	— 24 Idem. —		
25. *Port de marchandises renvoyées.*	Payé au roulage, le port des marchandises que Plenet, à Lyon, m'a renvoyées, fr. . .	125	
	— 25 Idem. —		
26. *Vente de marchandises dont on se rembourse en tirant un mandat sur l'acheteur.*	Vendu à Payan, à Bordeaux, 10 tonneaux, huile d'olive surfine, ens/ 6300 kil., à fr. 2, 25, ens/ . . . . Et je tire, sur Payan, le mandat ci-dessous, que je mets en porte-feuille. Nº 102, m/ mandat, ordre Lombard, à vue, de fr. 14175.	14175	

Nature des articles et leurs n. d'ordre.	26 Janvier.	F.	C.
27. *Remise d'un effet en Compte*	Remis en compte, à Lombard : N° 102, m/ mandat, à son ordre, à vue, sur Bordeaux, de fr.	14175	
	27 Idem.		
	Escompté à Fontagnère, à Paris, à 6 p. 0/0. N° 103, b^{et}, Plenet, à Lyon, fin mars, de fr. . . . . 600 N° 104, b^{et}, Gauthier, à Marseille, 15 mars, de fr. 900		
28. *Escompte d'effets*	———— 1500 Je lui retiens, pour escompte, à 6 p. 0/0 : fr. . . . . 17, 25 Commission et change de place, 3/8 0/0 : fr. . . . . 11, 25 ———— 28, 50 Et compté, à Fontagnère, en espèces, fr. 1471, 50	1500	
	28 Idem.		
29. *Achat d'actions au Comptant*	Acheté au comptant, à la bourse de ce jour, 10 actions des Mines de Montrambert, près St-Etienne, de fr. 1000 chacune, au cours de fr. 950.	9500	
	29 Idem.		
30. *Acquittement d'un billet.*	Payé à Fontagnère : N° 3, m/ b^{et} à son ordre, du 18 janvier, échu ce jour	4400	
	30 Idem.		
31. *Vente d'actions au Comptant.*	Vendu au pair et contre espèces, à la bourse de ce jour, mes 10 actions des Mines de Montrambert, près St-Etienne, de fr. 1000.	10000	

Nature des articles et leurs n. d'ordre.		F.	C.

31 Janvier.

32.
Dépenses de ménage.

Payé pendant le mois de janvier, pour dépenses de mon ménage. . . . . . fr. 600

Les gages de ma domestique. . . . 25 — **625**

Total. 625

31 Idem.

33.
Frais de Commerce

Payé pour réparations de mes magasins et bureaux. . . . . F. 400

Les appointements de mes employés, pendant le mois de janvier :

A m/ premier commis. . . . . » 300

A m/ deuxième commis. . . . » 200 — **965**

A m/ garçon de magasin. . . . » 65

F. 965

1er Février.

34.
Achat de marchandises de divers.

Acheté des suivants :

A Champsaur, de Marseille, 20 caisses sucre brut, de 150 kil. chacune, ens/ 3000 kil. à fr. 1, ens/ fr. 3000.

A Varage, de Grasse :

30 barriques, huile d'olive, jaugeant ens/ 3300 litres, à fr. 1, 90 ens/ fr. 6270. . . . . **9270**

2 Idem.

35.
Achat de diverses marchandises

Acheté de Béranger, de Grasse, Var, 20 caisses, parfumeries, pesant ens/ 200 kil., à fr. 20 chacune; ens/ 4000.

2 barriques, huile d'olive, jaugeant ens/ 220 litres, à fr. 2, 40, ens/ fr. 528. . . . . **4528**

Nature des articles et leurs n. d'ordre.		F.	C.

3 Février.

Vendu aux suivants :

A Sicard, de Paris :

36.
Vente de marchandises à Divers.

10 balles coton, pesant net 600 kil. chacune, ens/ 6000 kil., à fr. 1, 10, ens/ fr. 6600.

A Lombard, à Paris :

20 caisses, sucre brut, de 150 kil. chacune, ens/ 3000 kil., à fr. 1, 25, ens/ 3750. 10350

4 Idem.

Vendu à Maire, à Paris :

37.
Vente de diverses marchandises

30 barriques, huile d'olive, pesant net, ens/ 3300 kil., à fr. 2, ens/ fr. 6600.

20 caisses parfumeries, ens/ 200 kil., fr. 5000.

2 barriques, huile d'olive, pesant net, ens/ 220 kil., à fr. 3, ens/ fr. 660. 12260

5 Idem,

38.
Paiement en espéces à Divers

Envoyé aux suivants, le port restant à leur charge :

A Champsaur, à Marseille, fr. 3000.

A Varage, à Grasse, fr. 6270. 9270

6 Idem.

39.
Recette en espèces de Divers.

Encaissé :

Chez Sicard, à Paris, m/ facture du 3 courant. . . . . fr. 6600

Chez Lombard, à Paris, ma facture du 3 courant. . . . . » 3750 | 10350

10350

Nature des articles et leurs n. d'ordre.	7 Février.	F.	C.

7 Février.

40.
Recette sous déduction de l'escompte

Reçu comme suit, de Maire, à Paris, le paiement de m/ facture du 4 courant :

En espèces. . . . . fr. 11647
Escompte, 5 p. 0/0. . . . . »   613 | 12260

8 Idem.

41.
Achat de marchandises réglé en partie.

Acheté de Varage, de Grasse, les marchandises ci-après :

1 kil. Essence de rose, à fr.   700
200 flacons, huile antique, à fr. 1 .   200
100 Estagnons eau de fleur d'oranger ens/.   2000
40 douzaines savons parfumés fr. .   240 | 3140
Remis en compte :
N° 5, m/ bᵉᵗ à son ordre, 10 mars, de fr.   2000
Je reste lui devoir, fr.   1140
Que je lui paierai sur sa demande.

9 Idem.

42.
marchandises achetées au comptant p. compte d'amis.

Acheté au comptant, de Maire, de Paris, pour le compte de Gauthier, de Marseille, 20 caisses savon, bleu-pâle, pesant net, ens/ 3125 kil., à fr. 100 le cent, ens/ fr. | 3125

10 Idem.

43.
Rembourse- ment du montant des marchandises ci-dessus.

Expédié à Gauthier, de Marseille, pour son compte, 20 caisses savon, bleu-pâle, pesant net, ens/ 3125 kil., à fr. 100 le cent, ens/ 3125 fr.
Et je me rembourse desdites marchandises

Nature des articles et leurs n° d'ordre.	Suite de l'article ci-derrière.	F.	C.
	et autres frais, en tirant sur Gauthier, n° 105, m/ mandat à m/ ordre, fin avril, de fr. . . .	3320	

11 Février.

44. *marchandises achetées au comptant pour le compte d'amis moyennant une Commission.*	Acheté à Sicard, à Paris, pour compte de Blanchet, de Lyon, moyennant une commission à 2 1/2 p. 0/0 : 5 caisses indigo, pesant net, ens/ 2625 kil., à fr. 30 le kil., rendues à Lyon, et pour prix desquelles j'ai remis à Sicard m/ traite, à son ordre, à 90 jours, sur Blanchet, n° 106, de fr. 78750. Blanchet me doit, pour ma commission, fr. 1968, 75.	80718	

12 Idem.

45. *Perte de diverses marchandises causée par une incendie.*	Le feu ayant pris dans mes magasins, les marchandises ci-après ont été perdues : 1 kil. essence de rose, à fr. . . . . 700 200 flacons, huile antique. . . . . . 200 100 estagnons, eau de fleurs d'oranger 2000 40 douzaines, savons parfumés. . . 240 Les autres dégâts et réparations locatives à faire, par suite de ce sinistre, ont été expertisés à fr. 1000	4140	

13 Idem.

46. *marchandises achetées à terme pour compte d'amis.*	Acheté d'Ardisson, à Marseille, pour le compte de Pagano, de Gènes, 10 barriques sucre brut pesant net ens/ 4080 k., à fr. 73, 53 les 50 kil., payables fin mars prochain. . .	6000	

Nature des articles et leurs n. d'ordre.		F.	C.
	14. Février.		
47. *Facture des marchandises ci-dessus.*	Dressé la facture des 10 barriques sucre brut ci-dessus, expédiées à Pagano, de Gênes, par le navire *la Caroline*, capitaine Girard, et avec assurance.		
	15 Idem.		
48. *Remise d'un effet pour solde des marchandises ci-dessus.*	Remis à Ardisson, de Marseille, n° 6, m/b^{et}à s/ ord/, fin mars prochain, de fr. 6000, en paiement de 10 barriques, sucre brut, achetées pour le compte de Pagano, de Gênes. . .	6000	
	16 Idem.		
49. *Remb^{sement} du montant des marchandises ci-dessus.*	Pagano de Gênes, par sa lettre de ce jour, me remet, pour son compte, une traite sur Romagnac, mon banquier, n° 107, de fr. 6244, 86, payables fin courant, en paiement des 10 barriques, sucre brut, achetées pour son compte le 12 courant.	6244	86.
	17 Idem.		
50. *Complément de solde.*	Remis à Varage, de Grasse, la somme de fr. 1140, pour solde de sa facture du 8 courant.	1140	
	18 Idem.		
51. *Billet de complaisance*	Souscrit à l'ordre de Roger, de Paris, pour l'obliger, un billet, n° 7, de fr. 2000, de ce jour au 15 mars prochain.	2000	

Nature des articles et leurs n. d'ordre.		F.	C.
	19 Février.		
	Escompté à Sicard, de Paris, le borde-reau ci-dessous :		
52. *Escompte d'un bordereau*	N° 108, sur Paris, fin mars, de fr. 10000 N° 109, sur Versailles, 20 mars. 2000 N° 110, sur Lyon, 5 avril. . . . 1200 N° 111, sur Bordeaux, 10 avril. 1000		
	fr. 14200		
	Remis à Sicard : En espèces. . . . . fr. 14095 Je lui retiens : Intérêts, commission et change de place. . . . . fr. 105	14200	
	20 Idem.		
53. *marchandises reçues en Commission, le prix de vente supposé invariable.*	Reçu de Champsaur, à Marseille, pour les vendre pour s/ c/. 6 barriques, eau de fleurs d'oranger, ens/ 1320 litres, à fr. 1, 50, ens/ 1980, avec com-mission à m/ profit, de 2 p. 0/0 sur la vente et garantie des rentrées. Payé pour frais de transport de ladite eau, fr. 90.	2070	
	21 Idem.		
54. *Négociation d'effets.*	Négocié à la Banque de France le bor-dereau ci-dessous : N° 103, sur Lyon, fin mars. . F. 600 N° 104, sur Marseille, 15 mars. 900 N° 108, sur Paris, fin mars. . 10000		

Nature des articles et leurs n.. d'ordre.	Suite de l'article ci-contre.		F.	C.
	N° 109, s/ Versailles, 20 mars.	2000		
	N° 110, sur Lyon, 5 avril. . . .	1200		
	N° 111, sur Bordeaux, 10 avril.	1000		
	Reçu de la Banque :			
	En espèces, fr. 15597, 07.			
	Elle me retient, pour intérêts et change de			
	place, fr. 102, 93.		15700	
	22 Idem.			
	Reçu de Gauthier, de Marseille, 20 bal-les coton, pesant chacune 500 kil., ens/ 10000			
	kil., à fr. 1, ens/ fr.	10000		
55.	300 bouteilles, vin de Champagne,			
Achat de diverses marchandises réglé par divers objets.	à fr. 4 la bouteille, ens/ fr.	1200		
	N° 112, b⁶ᵗ Baude, sur Paris, fin			
	mars, de fr.	1000	12200	
	Remis en paiement :			
	N° 8, m/ bᵗ à s/ ord/, 10 avril, de fr.	8000		
	En espèces, pour solde, fr.	4200		
	23 Idem.			
	Vendu, par l'entremise de Degrange, courtier, 20 balles coton, pesant net, ens/			
	10000 kil., à fr. 1, 25, ens/	12500		
56.	300 bouteilles, vin de Champagne,			
marchandises vendues par l'entremise d'un Courtier.	à fr. 5 la bouteille, ens/ fr. . . .	1500		
	Il a retenu sa commission, à 1 pour 0/0,			
	fr.	140	14000	
	Et m'a remis pour l'acheteur, en			
	espèces, fr.	13860		

Nature des articles et leurs n. d'ordre		F	C.
	24 Février.		
57. *Achat de marchandises réglé avec un tiers par ordre et p. compte du vendeur.*	Reçu de Béranger, de Grasse, Var, 20 barriques, huile d'olive surfine, pesant chacune, net, 200 kil., ens/ 4000 kil., à fr. 2 le kil., ens/ fr. . . . . 8000 Frais de transport. . . . . . 300 Et compté à Lombard, par ordre et pour compte de Béranger, fr. 8000	8300	
	25 Idem,		
58. *Commission sur la vente des marchandises reçues en commission.*	Je prélève, à 2 p. 0/0, sur le chiffre de la vente faite ce jour, pour le compte de Champsaur, à Marseille, fr.	39	60
	26 Idem.		
59. *Solde du compte des marchandises reçues en commission.*	Je solde le compte des marchandises de Champsaur ; Le doit est de fr. . . . . . 2109, 60 L'avoir de fr. . . . . 1980 Différence à porter au doit du compte particuliér de Champsaur, fr. . . . . J'envoie le compte de vente à Champsaur et l'autorise à fournir sur moi la somme de fr. 1850, 40	129	60
	27 Idem.		
60. *marchandises données en commission.*	Adressé à Blanchet, à Lyon, à vendre pour m/ compte, avec commission à son profit de 3 p. 0/0, 20 barriques, huile d'olive surfine, pesant chacune, net, 200 kil., ens/ 4000 kil., que j'ai achetées et payées à raison de fr. 2 le kil. ens/ fr.	8000	

Nature des articles et leurs n° d'ordre.		F.	C.

28 Février.

Payé pendant le mois de février :

Les dépenses de ménage. . . . F. 550

61.
Frais de commerce et de ménage.

Les appointements de m/ premier commis. 300

Les appointements de mon deuxième commis. 200

Les appointements de m/ garçon de magasin. 65

| | | 1115 | 1115 |

1er MARS.

62.
Recette en espèces.

Reçu à la caisse de Romagnac, mon banquier, à Paris, la somme de fr. . . . 2000

2 Idem.

63.
Achat de marchandises de compte à demi moyennant une commission pour l'acheteur.

Acheté de Champsaur, de Marseille, en participation avec Maire, 200 caisses sucre raffiné, de 100 kil. chacune, ens/ 20000 kil., à fr. 1, 50, ens/ 30000 fr. que j'ai payés comme suit :

En espèces. . . . . . . F. 25000

En m/ b^{et}, n° 9 de ce jour, à son ordre, fin avril. . . . 5000 | 30000

4 Idem.

64.
Frais des sucres achetés en participation

Payé pour frais des sucres, en participation avec Maire, fr. 400

Nature des articles et leurs n/ d'ordre		F.	C.
	6 Mars.		
	Reçu de Blanchet, à Lyon, le compte de vente des 20 barriques, huile d'olive surfine, qu'il s'est chargé de vendre pour mon compte.		
65. *Solde des marchandises données en commission.*	L'huile a produit, déduction faite des frais et de sa commission, fr. 9098, 50, pour laquelle somme il m'adresse sa traite sur Fontagnère, à Paris, au 15 mars, n° 113, de fr. 9098, 50. Ces marchandises m'avaient coûté fr. 8000. Je fais donc un bénéfice de 1098, 50 pour lequel je solde le compte des marchandises, chez Blanchet, par profits et pertes.	9098	50
66. *Vente des marchandises achetées en participation*	**8 Idem.** Vendu à Sicard, de Paris, les 200 caisses sucre raffiné, en participation avec Maire, pesant chacune 100 k., ens/ 20000 kil., à fr. 2.	40000	
	10 Idem. Remis en compte à Romagnac, mon banquier, le b^{et} ci-dessous :		
67. *Remise d'effets en compte avec déduction de l'escompte.*	N° 105, s/ Marseille, fin avril, fr. 3320, 87 Escompte en faveur de Romagnac : Intérêts, à 5 p. 0/0 l'an, fr. . . 4, 30 Changement de place. . . . 5 ——— 9, 30 Reste à porter à mon crédit, valeur de ce jour, pour produit net de m/ effet, fr. 3311, 57	3320	87
68. *Échange d'effets avec bonification.*	**12 Idem.** Remis à Plenet, de Lyon, sur sa demande, mon bon sur la caisse de Romagnac, m/ banquier, à Paris. de fr. . . . 2000 Reçu en échange, n° 114, s/ traite s/ Rey, à Bordeaux, de fr. 2000, à vue, et qu'il me paie, en espèces, une bonification de fr. 3	2003	
69. *Prêt d'argent.*	**15 Idem.** Prêté à Sicard, à Paris, en espèces, fr	4000	

Nature des articles et leurs n. d'ordre		F.
	18 Mars.	
70. *Billet de complaisance*	Souscrit à l'ordre de Sicard, de Paris, pour l'obliger, un billet, n° 10, de fr. 2000, de ce jour, au 20 avril prochain.	2000
	20 Idem.	
71. *Réparation d'un immeuble.*	Réparations à ma maison, rue Vaugirard, n° 16, que j'ai payées comptant. . .	1500
	22 Idem.	
72. *Perte occasionnée par une faillite.*	Reçu de Sicard, à Paris, après faillite, suivant accord avec ses créanciers, pour solde 60 pour 0/0, sur 46000 fr. qu'il me devait, ci. . . . . F. 27600 Perte, 40 pour 0/0. 18400	46000
	24 Idem.	
73. *Perte. d'une créance.*	Perdu par le décès de Roger, de Paris, mort insolvable, la somme de fr.	2000
	26 Idem.	
74. *Echange de valeurs en portefeuille et de marchandises*	Cédé à Lombard, de Paris, ma créance sur Rey, de Bordeaux, de fr. 2000 et à lui vendu, 5 barriques de sucre brut, pesant chacune, net, 200 kil., ens/ 1000 kil., à fr. 1, ens/ 1000 fr. Reçu en paiement 400 litres, huile d'olive surfine, à fr. 2 le litre, fr. . . . . 800 N° 115, s/ b^{et} à m/ ord/, de ce jour, fin avril, fr. . . . . 1200 Espèces. 1000	3000

Nature des articles et leurs n. d'ordre.		F.	C.
	28 Mars.		
75. *Remise d'un effet en compte.*	Remis en compte à Romagnac, mon banquier, la traite Pagano, sur lui, payable ce jour, fr.	6244	86
	31 Idem.		
76. *Frais de Commerce et dépenses domestiques.*	Payé pendant le mois de février : Les dépenses de ménage, fr. . . 550 Les appointements de mon premier commis, fr. . . . . 300 Les appointements de m/ deuxième commis, fr. . . . . 200 Les appointements de m/ garçon, fr. 65 ————— 1115	1115	c
	31 Idem.		
77. *Intérêts d'un compte courant avec un banquier.*	Reçu le compte de Romagnac, banquier, à Paris, et, après l'avoir reconnu exact, je passe écritures de : Fr. 43, 82, d'intérêts en ma faveur. . .	43	82
	31 Idem.		
78. *Compte soldé et rouvert en même temps.*	Je solde le compte ancien de Romagnac, banquier, à Paris, et je lui en rouvre un nouveau. Ce compte présente un solde en ma faveur de fr. . . . . , ...	11229	
	31 Idem.		
Loyer à payer.	Voulant faire mon inventaire aujourd'hui, je porte en dépense au compte de frais généraux, 3 mois de loyer échu. J'ouvre donc un compte de loyer à payer, et j'y porte 3 mois de loyer échu, ci.	450	

FABRICATION.

La manière de passer les écritures d'une fabrication, quelle qu'elle soit, est en tout conforme aux opérations dont nous venons de nous occuper.

Le négociant qui possède une fabrique, usine ou manufacture, doit, pour en connaître tous les détails, lui ouvrir un compte sous le nom de *Fabrique* ou de *Manufacture*, débiter le compte de la valeur de l'Établissement, tant en bien-fonds qu'en ustensiles, du prix d'achat de toutes les marchandises qui y sont employées, et de tous les frais qu'elle occasionne, en fabrication, impositions, réparations, etc., le créditer de toutes les ventes de marchandises; ou autres objets, provenant de la manufacture.

Pour solder le compte, on estime les biens-fonds, les ustensiles, les marchandises restantes provenant de la manufacture, on la crédite du montant de cette estimation par balance de sortie, et par profits et pertes du bénéfice qu'elle a produit, ou de la perte qu'elle a occasionnée.

Si le négociant place à la tête de sa fabrique une personne chargée de la diriger, et d'en tenir la comptabilité, il doit ouvrir un compte à cette personne, débiter le compte de toutes les remises qu'il fera au gérant, et, quand celui-ci rendra ses comptes, le créditer en débitant *Fabrique* ou *manufacture*.

———

FABRIQUE A SAVON.

Cette fabrication, qui est une des principales branches de commerce en France, nécessite les comptes suivants :

1° Huiles diverses, pour toutes les qualités d'huile achetées pour la fabrication ;

2° Matières diverses (Soudes douces, soudes salées) ;

3° Dépenses de fabrique (loyer de fabrique, charroi, courtage, poids et autres frais) ;

4° Charbon et Chaux. — Le charbon et la chaux étant des objets de grande consommation, doivent être réunis ou séparés dans un compte à part ;

5° Ouvriers. — Il est essentiel de leur ouvrir un compte particulier, afin de pouvoir connaître ce qu'on leur aura payé dans une campagne (on appelle campa-

gne, en terme de fabrique, le laps de temps compris entre deux inventaires ;

6° Savons fabriqués. — Ce compte n'a que le *Crédit*.
Son *Débit* est formé au moment du bilan, et se compose
de tous les soldes des comptes ouverts ci-dessus, qui ont
un rapport quelconque avec la fabrication ;

7° Savons de n/c. chez un *Tel* ou chez divers. — Ce
compte n'est ouvert que dans le cas où l'on expédie des
savons pour son propre compte ou en participation; il est
le même que celui des marchandises chez un *Tel* dont
nous avons parlé.

Afin de ne pas nous répéter nous nous contenterons de
passer les articles qui ont rapport à la fabrication qui
nous occupe, du Brouillard au Journal, en nous réservant
de donner une explication à l'article qui en exige une.
Nous engageons nos jeunes lecteurs à les porter au Grand-
Livre, comme exercices.

Nature des articles et leurs n. d'ordre.	FABRIQUE A SAVON.	F.	C.
	1er Avril.		
80. *Loyer payé par Avance.*	Payé à Dupuy, six mois de loyer par avance de ma fabrique à savon, fr. . . .	1500	
	2 Idem.		
81. *Achat d'huile à terme.*	Acheté de Martin, de Marseille, 5 barriques, huile d'œillette, jaugeant chacune 1200 litres, à fr. 100 le cent, ens/ fr. . . . . . Payables, fin mai prochain.	6000	
	3 Idem.		
82. *Achat de soude au comptant.*	Acheté, au comptant, de Granger, de Marseille, kil. 4666, 750 soude douce, à fr. 15 le cent, ens/ fr. . . . . 700 Kil. 2000, soude salée, à fr. 10 le cent, ens/ fr. . . . . 200 / 900	900	
	4 Idem.		
83. *Salaire des ouvriers.*	Payé aux ouvriers, pour huit jours de travail, fr.	125	
	5 Idem,		
84. *Paiement de diverses marchandises*	Payé à divers : 40 charges charbon, à fr. 3, ens/ fr. . . . . 120 25 charges, chaux, à fr. 2, 50, ens/ fr. 62, 50	182	50
	6 Idem.		
85. *Frais de fabrique.*	Payé pour charroi, courtage et autres frais , fr.	250	
	7 Idem.		
86. *Vente de savon payable moitié comptant, moitié à terme.*	Vendu à Rastoul, de Marseille, kil. 5400, savon blanc, à fr. 100 le cent, payables moitié comptant et moitié au 9 mai. . . . F. 2700 reçu comptant. 2700 reçu son billet au 9 mai pour / 5400 solde.	5400	

Nature des articles et leurs n. d'ordre.		F.	C.
	8 Avril.		
	Acheté, de Dufêtre, 10 barriques, huile de Calabre, jaugeant ens/ 6500 litres, à fr. 1,		
87. *Achat d'huile à terme.*	ens/ fr.	6500	
	Payables au 29 mai.		
	F. 2000 ⎫ Billets Roux, 29 mai.		
	1800 ⎭		
	2700 m/ b^{et}, 29 avril, pour solde.		
	6500		
	9 Idem.		
88. *Paiement d'une traite.*	Payé une traite de Neyret, de fr. 3000, au 9 mai.	3000	
	10 Idem.		
	Acheté de Preire, 6 futailles, huile d'olive, jaugeant ens/ 4500 litres, à fr. 1, ens/ fr. 4500.		
89. *Achat d'huile payable en valeurs sur l'étranger et comptant.*	Reçu en paiement, un billet de 400 ducats, à 50 jours, sur Naples, à fr. 4, 25 le ducat, ens/ fr. 1700		
	Solde remis comptant, fr. . . . 2800	4500	
	F. 4500		
	11 Idem.		
	Vendu, au comptant, à Giraudy, kil. 3450, savon blanc, à fr. 96 le cent.		
90. *Vente au comptant.*	Reçu en paiement :		
	F. 3328, 56, son billet, à mon ordre, au 14 mai.		
	16, 56 agio bonifié.	3345	12
	F. 3345, 12		
	12 Idem.		
91. *Expédition de savon avec assurance. vente pour mon compte*	Expédié à Dulac, du Havre, à vendre pour mon compte, kil. 5210, 500, à fr. 95 le cent, par le navire l'*Économe*, capitaine Fraissigne, avec assurance.	4949	95

Nature des articles et leurs n. d'ordre		F.	C.
	13 Avril.		
92. *Achat de soude au Comptant.*	Acheté de Raibaud, au comptant, kil. 7769, 5, soude douce, à fr. 13 le cent, ens/ fr.	1075	
	14 Idem.		
93. *Expédition de savon, avec assurance, pour vendre en compte à demi.*	Expédié à Boissieux, de Rouen, pour vendre en compte à demi, kil. 5720, savon bleu pâle, à fr. 100 le cent, voie de Rouen, par le navire l'*Économe*, capitaine Fraissigne, avec assurance sur ma demie seulement. .	5720	
	15 Idem.		
94. *Salaire des ouvriers.*	Payé aux ouvriers, pour huit jours de travail, fr.	150	
	16 Idem.		
95. *Vente au Comptant.*	Vendu à Rampal, au comptant, kil. 3826, 5, savon bleu pâle, à fr. 98 le cent, ens/ fr.	3750	
	17 Idem.		
96. *Achat de combustible.*	Acheté de divers, 75 charges, charbon, à fr. 3, 50, ens/ fr.	262	50
	18 Idem.		
97. *Frais de Commerce.*	Payé, pour divers frais, fr.	170	
	19 Idem.		
98. *Remise d'un compte de Vente.*	Dulac du Havre, par sa lettre de ce jour, me remet compte de vente et net produit, de kil. 5210, 5, savon, de mon envoi, et me crédite de fr.	4975	

Nature des articles et leurs n. d'ordre		F.	C.
	20 Avril.		
99. *Remise d'une traite.*	Dulac du Havre, par sa lettre de ce jour, me remet, pour mon compte, une traite sur Pascal, de Marseille, au 29 mai prochain, de fr. 5000, et me débite d'autant. . . .	5000	
	21 Idem.		
100. *Remise d'un compte de vente.*	Boissieux de Rouen, par sa lettre de ce jour, me remet compte de vente de kil. 5720, savon bleu pâle, de mon envoi en compte à demi, et me crédite de fr. 3050 pour ma demie au net produit.	3050	
	22 Idem.		
101. *Traite fournie sur un correspondant.*	Par ma lettre de ce jour, je donne avis à Boissieux, de Rouen, que j'ai fait traite sur lui, pour mon compte, de fr. 1530, au 9 mai, ordre Fontagnère.	1530	
	23 Idem.		
102. *Remise d'une traite.*	Boissieux, de Rouen, par sa lettre de ce jour, me remet, pour son compte, une traite de fr. 3000 sur Lombard, de Paris, au 9 mai.	3000	
	24 Idem.		
103. *Traite fournie sur un correspondant.*	Par ma lettre de ce jour, je donne avis à Boissieux, de Rouen, que j'ai fait traite sur lui, pour mon compte, de fr. 2800, du 24 mars, à 60 jours de date, à mon ordre. . .	2800	

Nature des articles et leurs n. d'ordre.		F.	C.
	25 Avril.		
104. *Achat d'huile payable en divers effets.*	Acheté de Maire, kil. 4680, huile d'olive, à fr. 100 le cent, payables, en effets, sur Paris.	4680	
	F. 3150 du 8 mars, à 60 jours, } sur 1530 au 9 mai, } Paris. —— 4680		
	26 Idem.		
105. *Vente de Savon au comptant.*	Vendu à Lombard, 6025 kil., savon bleu pâle, à fr. 100 le cent, payables comptant, ens/ fr.	6025	
	27 Idem.		
106. *Vente de savon payab. moitié comptant et moitié à terme.*	Vendu à Laurent, kil. 7411, 150, savon bleu pâle, à fr. 99 le cent, payable, moitié comptant et moitié au 14 mai. F. 3668, 50 reçu comptant. 3668, 50 reçu, pour solde, son billet au 14 mai.	7337	
	28 Idem.		
107. *Paiement d'un billet.*	Payé m/ b^{et}, au 29 avril, ord/ Dufêtre.	2700	
	29 Idem.		
108. *Solde*	Solder la caisse à nouveau en fr. 13582, 41.	13582	41
	30 Idem.		
109. *Idem.*	Solder le compte des huiles diverses par le débit de savons fabriqués.		

Nature des articles et leurs n. d'ordre.		F.	C.

—— 31 Avril. ——

110.
Solde.

Solder le compte des matières diverses par le débit de savons fabriqués

—— 31 Idem. ——

111.
Idem.

Solder les dépenses de fabrique par le débit de savons fabriqués.

—— 31 Idem. ——

112.
Idem.

Solder le compte des ouvriers par le débit de savons fabriqués.

—— 31 Idem. ——

113.
Idem.

Solder le compte de charbons et chaux par le débit de savons fabriqués.

—— 31 Idem. ——

114.
Idem.

Solder les savons fabriqués par profits et pertes.

NOTA. ¶ Dans ces derniers articles, qui servent à solder les savons fabriqués, nous n'avons point mis de somme afin de laisser à nos jeunes lecteurs le soin de recourir au Grand-Livre.

On additionne les quantités et le montant du compte que l'on veut solder, et le solde est le débit de savons fabriqués.

MANIÈRE

DE SOLDER LA FABRIQUE A SAVON.

Le jour fixé pour arrêter les opérations de la fabrique on dresse un état : 1º de ce qui existe en nature
dans la Fabrique (huiles, matières, charbon, savon, etc.);
2º de ce qui est dû aux porte-faix, emballeurs, ou autres
frais, que l'on porte au compte nouveau, et l'on écrit
au débit de savons fabriqués, le solde qui en résulte
dans l'un ou l'autre de ces comptes.

Pour solder les comptes de la fabrique, on est obligé
d'ouvrir le Grand-Livre ; et, trouvant par le compte
d'*Huiles diverses*, que l'on a consommé en fabrique,
une quantité que nous représenterons ici par A, laquelle
quantité a coûté une somme que nous appellerons B, on
en débite les savons fabriqués par le crédit des huiles.

Huiles diverses, compte nouveau, — à *Elles-mêmes*,
compte vieux :

F. . . . . pour transport à nouveau de M . . . existantes en fabrique. . . . . Fr. . . . . .

La quantité qui resterait serait portée au crédit du compte vieux, en l'estimant au prix du cours du jour. La différence du *Débit* au *Crédit* dans la quantité, serait les huiles consommées.

S'il restait en nature des soudes ou matières, on opérerait comme nous avons opéré pour les huiles ; on les porterait à nouveau, et le solde ou la différence du *Débit* au *Crédit* serait les matières consommées, que l'on porterait au débit de savons fabriqués.

S'il y avait quelque compte à payer, avant de solder le compte de *dépenses de fabrique*, on le porterait à nouveau, en disant :

Dépenses de Fabrique, compte vieux, à *Elles-mêmes*, compte nouveau :

Fr. . . . pour transport à compte nouveau, de divers comptes de porte-faix, emballeurs, et autres, à payer.

On voit, par cet article que les dépenses seraient débitées dans le compte vieux par le crédit du compte nouveau, attendu que le compte nouveau en sera débité lorsqu'on paiera les comptes.

Quand on solde quelque compte où il se trouve plusieurs articles, on doit se servir de la même date.

S'il restait en fabrique du charbon ou de la chaux on en porterait la quantité en compte nouveau.

Tous les articles passés ci-dessus étant rapportés au Grand-Livre, au débit de *Savons fabriqvés* ; on fait l'addition du débit et du crédit de ce compte, et trouvant que le résultat de ces additions donne un solde qui est bénéfice, on le passera au crédit de *profits et pertes*.

Cette manière de passer les écritures d'une fabrique à savon peut servir de modèle pour toute sorte de fabrication; c'est la manière la plus simple et la plus claire.

Afin de terminer les opérations auxquelles donnent lieu l'achat ou la vente des marchandises, nous allons faire connaître les armements de navires, dont les articles se rapportent encore à la marchandise.

ARMEMENT DE NAVIRES.

Armer un navire, c'est le charger de diverses marchandises et l'envoyer dans un pays plus ou moins éloigné, d'où il rapportera d'autres marchandises.

Il y a 3 sortes d'armements :

1° Armement par un seul armateur ;

2° Armement par intéressés sur le corps et intéressés sur la cargaison ;

3° Armement par actions;

La manière de passer écritures sur le journal de ces 3 armements est à peu près la même ; toutefois, l'armement par actions nécessite des comptes différents des deux premiers.

ARMEMENT PAR UN SEUL ARMATEUR.

Le débit de l'armement par un seul armateur est formé des objets suivants :

1° Achat du navire ;

2° Frais de chargement, radoub, achat des objets qui concernent le navire ;

3° Facture des marchandises chargées sur le navire ;

4° Achat des objets qui doivent servir à l'avitaillement et usage du navire ;

5° Assurance d'entrée à sa destination sur le corps du navire et sur les marchandises qui y sont chargées ;

6° Achat de marchandises chargées en retour ;

7° Assurance de sortie du lieu où elles sont chargées, soit sur le corps du navire, soit sur les marchandises ;

8° Salaires payés à l'équipage au lieu de sa destination ;

9° Frais faits en route ou sur les lieux ;

10° Salaires payés à l'équipage de retour ;

11° Frais de désarmement au lieu du départ.

Son crédit est formé :

1° Du net produit des marchandises vendues au lieu de sa destination ;

2° Du montant de la somme que l'on retire des passagers ;

3° Du fret ou nolis sur les marchandises chargées au lieu du départ pour compte de divers ;

4° Du fret ou nolis sur les marchandises chargées en retour pour compte de divers ;

5° Du net produit de marchandises chargées en retour et vendues ;

6° De la vente du navire.

Il faut ouvrir un compte au navire, et un compte à la cargaison qui ne doit comprendre que la marchandise. C'est la marche que nous suivrons dans cet armement.

Comme le navire que l'on arme peut être à même de faire plusieurs voyages, on doit désigner les voyages de ce même navire par les titres de *navire le*..... 1er *voyage*, 2e *voyage*, etc., cela est indispensable parce que dans un de ces voyages ou dans plusieurs, il peut rester des marchandises invendues sur les lieux de sa destination, ainsi que celles chargées en retour au lieu ou il aura été armé, c'est-à-dire, au lieu de son départ : par ce moyen on connaîtra ce qui appartient à tel ou tel voyage. Une autre raison nous oblige d'employer cette distinction : c'est si l'on a des intéressés différents pour divers voyages. Dans l'un ou l'autre cas il est nécessaire que les marchandises invendues soient détaillées et portées dans un compte séparé du 1er et 2e voyage, etc., ayant pour titre *marchandises invendues* du 1er voyage du navire le..... dans lequel on fait sortir au crédit celles que l'on veut.

Nature des articles et leurs n. d'ordre.	ARMEMENT DE NAVIRE.	F.	C.
	1er Mai.		
115. *Achat du Navire.*	Acheté au comptant, de Varage, le navire l'*Économe*, de 400 tonneaux, avec tous ses agrès et apparaux, au prix de fr. 50000. .	50000	
	2 Idem.		
116. *Paiement d'un courtage.*	Payé à Degrange, pour son courtage, à l'achat du navire l'*Économe* fr.	250	
	3 Idem.		
117. *Frais de Commerce.*	Payé pour journées d'ouvriers, radoub et autres frais, fr.	6000	
	4 Idem.		
118. *Achat de marchandises*	Acheté de Maire, 960 hectolitres, vin de Bordeaux, à fr. 100 l'hectolitre, ens/ fr. remis en paiement, nos b^{ets} à son ordre, fin courant. F. 20000 / 24000 / 22000 / 30000 / 96000	96000	
	5 Idem.		
119. *Facture des marchandises ci-dessus.*	Dresser la facture de 960 hectolitres, vin de Bordeaux, chargés sur le navire l'*Économe*, capitaine Michel, en destination pour Alger, à l'adresse et consignation de Bérard.	96000	

Nature des articles et leurs n. d'ordre.		F.	C.
	6 Mai.		
120. *Achat de provisions.*	Acheté de divers : Biscuits, légumes, eau-de-vie, café, ustensiles, poteries, etc., pour l'avitaillement et usage du navire l'*Économe*, fr.	3000	
	7 Idem.		
121. *Assurance d'entrée.*	Fait l'assurance d'entrée à Alger sur le corps et cargaison du navire l'*Économe*, capitaine Michel, fr. . . . . Fr. 50000 sur le corps, à 1 1/2 et frais, franc. . . . . 770 Fr. 96000 sur la cargaison et frais. 1480 ——— 2250	2250	
	8 Idem.		
122. *Argent reçu des passagers.*	Reçu comptant et en espèces, de Desbief et sa famille, pour leur passage, à Alger, sur le navire l'*Économe*, capitaine Michel, fr.	600	
	10 Idem.		
123. *Remise d'un compte de vente d'un correspondant.*	Bérard, à Alger, par sa lettre de ce jour, me remet compte de vente de 960 hectolitres, vin de Bordeaux, de mon envoi, par le navire l'*Économe*, et me crédite, pour le net produit, de fr.	105000	
	14 Idem.		
124. *Connaissement et facture d'un correspondant.*	Bérard, à Alger, par sa lettre de ce jour, me remet, connaissement et facture de 4000 charges de blé, qu'il a chargé sur le navire l'*Économe*, capitaine Michel, en retour de mes 960 hectolitres, vin de Bordeaux, et me débite de fr.	105000	

Nature des articles et leurs n. d'ordre		F.	C.
	11 Mai.		
125. *Assurance de sortie.*	Fait l'assurance de sortie d'Alger à Marseille, sur le corps et cargaison du navire l'*Économe*, capitaine Michel : Sur fr. 50000 sur le corps, à 1 3/4 et frais, franc. . . . . 898 Sur fr. 120000 sur la cargaison, à 1 3/4 et frais, fr. . , ... 2150 ——— 3048	3048	
	12 Idem.		
126. *Billets encaissés.*	Encaissé, un b^{et} de Rastoul, au 9 mai, de fr. . . . . 2700 Une traite s/ Lombard, au 9 mai. . 3000 ——— F. 5700	5700	
	13 Idem.		
127. *Crédit du capitaine*	Crédité le capitaine Michel, de fr. 3900 pour salaires payés à l'équipage, à Alger, fr. .	3900	
	14 Idem.		
128. *Débit du Capitaine.*	Débité, le capitaine Michel, de fr. 22500, pour nolis exigé, à Alger, sur marchandises, chargées à Marseille, pour compte de divers.	22500	
	15 Idem.		
129. *Billets encaissés*	Encaissé, un b^{et} de Giraudy, au 14 mai, de fr. . . . . 3328, 56 Encaissé, un b^{et} de Laurent, au 14 mai, de fr. . . . . . . 3668, 50 ——— 6997, 06	6997	06
	16 Idem.		
130. *Crédit du Capitaine.*	Crédité, le capitaine Michel, de fr. 3600, pour salaires payés à l'équipage, à Marseille, fr.	3600	
	17 Idem.		
131. *Débit du Capitaine.*	Débité, le capitaine Michel, de fr. 12000 pour nolis exigé, à Marseille, sur marchandises chargées, à Alger, pour compte de divers.	12000	

Nature des articles et leurs n. d'ordre.		F.	C.
	18 Mai.		
132. *Solde du compte du Capitaine.*	Soldé le compte du capitaine Michel, fr.	18600	
	19 Idem.		
133. *Somme reçue du Capitaine pour solde de son compte.*	Reçu du capitaine Michel, fr. 18600, pour solde de son compte, ci	18600	
	20 Idem.		
134. *Vente de marchandises payables en partie.*	Vendu à Cahuzac, 4000 charges de blé, du compte de la cargaison du 1er voyage du navire l'*Économe*, à fr. 30 la charge, payables partie comptant et partie fin courant. Reçu en paiement : F. 105000 comptant. 7500 b^{et} Michel, jeune, ⎫ fin cou- 7500 mon billet. ⎭ rant, fr.	120000	
	21 Idem.		
135. *Compte de vente.*	Dressé le compte de vente de 4000 charges de blé, du compte de la cargaison, du 1er voyage du navire l'*Économe*, fr. . . .	120000	
	22 Idem.		
136. *Valeur actuelle du navire.*	Porté, à nouveau, le montant du navire l'*Économe* avec tous ses agrès et apparaux. .	46000	
	23 Idem.		
137. *Débit de la cargaison du navire.*	Débité la cargaison du navire l'*Économe* par le crédit du navire, du nolis qu'aurait dû supporter la cargaison, si la marchandise avait été chargée sur un autre navire : sur 960 hectolitres, vin de Bordeaux, fr. . . . . 1200 4000 charges de blé, en retour, fr. 20000 21200	21200	

Nature des articles et leurs n. d'ordre.		F.	C.

24 Mai.

Pris à escompte, de Maire, m/b^{et} à son ordre, fin courant.

138.
Escompte de billets.

F. 20000
24000
22000
30000
—————
96000

} bonification, fr. 132.

96000

25 Idem,

Négocié, à Baude, deux effets sur Paris de fr. 13000, du 17 février, à 90 jours ; fr. 2800, du 25 mars, à 60 jours, à 1/4 p. 0/0 de perte, contre trois effets sur la même place

139.
Négociation d'effets

Fr. 7000
4000
5082

} du 24 avril, à 100 jours, à 2 p. 0/0 de perte.

(Faire la note de négociation.)

15800

27 Idem.

140.
Solde du compte du navire.

Solder le compte du navire l'*Économe* par profits et pertes.

30 Idem.

141.
Solde du compte de la cargaison.

Solder le compte de la cargaison du navire l'*Économe* par profits et pertes.

EXPLICATIONS

On a compris, sans peine, que les articles qui forment notre comptabilité du mois de mai se rapportent tous à la première sorte d'armement, c'est-à-dire, à l'armement par un seul armateur.

Le deuxième armement, c'est-à-dire, l'armement par intéressés sur le corps et intéressés sur la cargaison, a lieu lorsque l'armateur cède un intérêt quelconque à une ou plusieurs personnes, soit sur le corps, soit sur la cargaison.

Cet armement est exactement conforme au premier auquel nous renvoyons nos lecteurs, pour les articles qui s'y rapportent.

Supposons que A et B nous comptent chacun une somme ; le 1ᵉʳ fr. 9000, le 2ᵉ fr. 7000, pour leur céder un intérêt sur le corps et sur la cargaison du navire *l'Econome*, dans son second voyage. Nous ne leur ouvrirons point de compte particulier, mais nous les réunirons dans un seul compte qui aura pour titre : *Intéressés sur le 2ᵉ voyage du navire l'Econome*, et qui sera conforme à celui de divers. Nous les créditerons dans ce compte par le crédit de la *Caisse*, et nous écrirons au journal :

Caisse à intéressés sur le 2ᵉ voyage du navire l'*Econome*, fr. 16000.

Reçu de divers :

De A, pour un intérêt à lui cédé sur le corps dudit navire.   .   .   .   . F.   9000

De B, pour un intérêt à lui cédé sur la cargaison dudit navire.   7000

Total.   16000

Cependant il est facultatif d'ouvrir séparément un compte-courant aux intéressés, mais il vaut mieux les réunir dans un seul compte.

L'achat du navire ne doit pas figurer dans le journal par un nouvel article, puisque ce compte a été porté à nouveau avant de solder le 1ᵉʳ voyage.

Les assurances faites sur le corps et sur la cargaison du navire doivent être passées séparément, parce que les intéressés sur le corps du navire ne sont pas les mêmes que les intéressés sur la cargaison, et que les premiers ne doivent pas participer aux frais de la cargaison. Nous passerons donc les assurances au journal comme dans le premier armement, et nous dirons en faisant deux articles:

Navire l'Econome, 2ᵉ voyage, à assurances générales fr. x pour assurance d'entrée à ..... sur le corps dudit navire, capitaine Michel, sur fr. 50000, à 1 p. $0/0$, et police, fr.   .   .   .   . y }
ma commission à 1/2 p. $0/0$, fr.   .   .   . z }   F. x.

5

Cargaison du navire l'*Econome*, 2ᵉ voyage, ... à .....
Assurances Générales. . . . . fr. x, pour assurance d'entrée à . ... sur facultés à bord dudit navire, capitaine Michel, sur fr. 120000, à 1 p. 0/0, et police, fr. y { tot. x
notre commission, à 1/2 p. 0/0. . . . . fr. z }
*

Quand la commission provient de l'assurance on peut la laisser dans ce compte, qui se solde par *Profits et Pertes*. Elle doit compenser les pertes qui pourraient résulter de ce compte d'assurances dans l'hypothèse où l'on garderait quelques risques pour son propre compte.

Il serait peut-être mieux d'ouvrir un compte aux assurances ; mais cela n'empêcherait pas d'ouvrir le compte d'assurances générales, d'après la note d'assurance qui serait faite dans le livre de factures. L'on débiterait ce compte par le crédit de celui d'*Assureurs divers*, quand cette assurance serait tout-à-fait remplie et que l'on aurait sous les yeux la police que le notaire d'assurance aurait donnée. En passant l'article sur le Journal il faudrait donner les noms des assureurs pour pouvoir les détailler aussi dans le Grand-Livre, et croiser au fur et à mesure que le notaire d'assurance viendrait à les payer, soit séparément, soit en totalité.

Lorsque tous les comptes du 2ᵉ armement sont passés au Journal et que la marchandise est vendue, il ne reste

---

*__Nota__. Dans le premier armement nous n'avons pas pris de commission, parce que cet armement regardait exclusivement l'armateur ; mais la commission est dûe dans le 2ᵉ armement, parce qu'il y a des intéressés, et qu'on est chargé de gérer pour leur compte.

plus qu'à terminer l'expédition, en commençant par la vente du navire.

Le 3° armement, c'est-à-dire l'armement par actions, a lieu lorsque la personne qui est chargée de faire cet armement en fixe le montant et le divise en parties égales qu'elle sépare à divers.

Les comptes à ouvrir diffèrent de ceux dont nous avons déjà parlé. Cet armement se divise en six parties qui sont :

1° Armement dans la ville où il a lieu ;

2° Désarmement dans le lieu de sa destination ;

3° Armement dans le lieu de sa destination pour retourner ;

4° Désarmement dans la ville d'où il est parti ;

5° Actionnaires du navire ;

6° Intérêt sur ledit navire.

Le premier compte se compose, savoir :

Achat du navire ;

Frais de radoub, journées d'ouvriers, calfatage, achat de voiles, cordages, etc. etc. ;

Facture des marchandises embarquées ;

Avitaillement, objets à l'usage du navire ;

Assurance d'entrée au lieu de sa destination.

Les 2° et 3° comptes se composent, savoir :

Compte de vente des marchandises expédiées ;

Facture d'achat des marchandises en retour ;

Salaires payés à l'équipage ;

Frais faits sur les lieux ; achats faits pour l'usage du navire ;

Nolis sur les marchandises chargées sur le navire pour compte de divers ;

Argent fourni au capitaine ou reçu de lui, sur les lieux ;

Fret que le navire peut gagner si on l'expédiait du lieu de sa destination à un autre port ;

Enfin tout ce que l'on achète, l'on vend, l'on reçoit et l'on donne dans la monnaie du pays où il a été expédié.

Le 4e compte, qui est le désarmement dans le lieu d'où il est parti, est composé, savoir :

Assurance sur les marchandises en retour ;

Argent qu'on retire des passagers à son départ ou à son arrivée ;

Salaires payés à l'équipage de retour et pour solde ;

Frais de relâche en route s'il y a lieu ;

Nolis sur les marchandises chargées pour compte de divers ;

Compte de vente de la marchandise en retour ;

Vente du navire.

Un navire doit toujours être désarmé au lieu de départ, c'est-à-dire, que l'armateur doit donner compte aux actionnaires alors même que la cargaison de retour ait été vendue dans un autre port, ce qui arrive quelquefois. On entend également par *désarmer*, une reddition de comptes aux actionnaires par la personne qui a été chargée du soin de cet armement.

Supposons qu'un navire, armé à Marseille, en destination pour l'Amérique, ait été chargé en retour pour le lieu de son départ, qui est Marseille, et qu'il ne puisse pas y arriver à cause du mauvais temps qui l'aurait forcé de relâcher dans un port quelconque; s'il parait convenable et avantageux à l'armateur de Marseille, de faire vendre la marchandise dans la ville où il aurait relâché, on passera cette vente comme celle de : Marchandises chez divers, et l'on créditera le désarmememt à Marseille par le débit de la personne qui aura vendu cette marchandise. On ajoutera au débit du désarmement à Marseille tous les frais que l'armateur aura été dans le cas de faire à ce sujet par lui où par son commettant. Il en serait de même si l'armateur se déplaçait et était obligé de faire le voyage pour vendre lui-même cette cargaison ; il se supposerait être à Marseille, et tiendrait note de ses frais de voyage et autres pour les déduire sur le compte de vente ; il pourrait aussi en donner compte séparément et les passer au débit du désarmement.

ARMEMENT A MARSEILLE.

Acheté, de Baude, le navire le *Vainqueur*, avec tous ses agrès et apparaux, fr. 60000
Remis en paiement.

F. 28000 ⎱
   20328 ⎰ du 24 mai, à 100 jours, sur Paris, au pair.

   11672   Solde comptant.
  60000

Dans les deux précédents armements nous avons ouvert un compte à navire le. . . . ; dans le 3ᵉ armement nous

remplaçons le titre de navire le. . . . par celui d'*Armement à*. . . .; parce que l'armement par actions n'est
terminé que du moment que le navire met à la voile, et
que ce n'est que de ce moment qu'on fixe les actions. Il
suit de là, qu'on doit se servir d'un titre qui ne présente
aucune suite, et celui d'*Armement à*. . . .; est le plus
convenable, attendu que lorsque le navire retournera on
dressera un nouveau compte ayant pour titre : *Désarmement à*. . . ., lieu de son départ.

Nous passerons donc l'article ci-dessus, au journal, de
la manière suivante :

Armement du navire le Vainqueur, fr. 60000.

Acheté de Baude ledit navire, avec tous ses agrès et
apparaux, à effets à recevoir fr. 48328.

Remis en paiement :

F. 28000 ⎱
   20328 ⎰ du 24 mai, à 100 jours, sur Paris, au

pair. . . . . F. 48328
à *Caisse*, fr. 11672. Remis comptant pour solde.   11672
                                             60000

Reçu comptant des suivants, à valoir sur les actions
qu'ils doivent prendre sur le navire le *Vainqueur* :

F. 24000 de Miller.
   18000 de Neyret.
   12000 de Hilaire.

Les actions ne pouvant être encore fixées et ne devant
l'être qu'après que le navire sera sorti du port, nous recevons de divers, à compte des actions qu'ils doivent

prendre, une somme qui se trouve portée au livre de caisse. Nous écrirons donc au journal :

Caisse... à actionnaires du navire le *Vainqueur*, fr. 60000

   à Miller, reçu à compte de ses actions, fr. 24000
   à Neyret,   »   »   18000
   à Hilaire,   »   »   12000
                54000

Nous n'ouvrons pas un compte à chacun des actionnaires, parce qu'il vaut mieux les réunir daus un seul compte, afin de pouvoir le retrouver sans peine quand on voudra le solder ou donner un *à-compte* aux actionnaires au retour du navire.

— Payé fr. 8000 pour radoub, journées d'ouvriers, et autres frais pour le navire le *Vainqueur*.

Lorsqu'on paie les ouvriers qui ont travaillé au navire, d'après les comptes remis et visés par le capitaine, on doit passer tous les frais en un seul article comme nous l'avons fait dans les deux premiers armements, en ayant soin, toutefois, de les détailler en les passant au journal. Nous écrirons donc dans ce dernier livre :

Armement du navire le *Vainqueur*. . . à . . Caisse, fr. 8000, payé pour journées d'ouvriers, radoub et autres frais, etc.

— Reçu comptant, fr. 2000, de deux passagers, pour leur passage à St-Pierre (Martinique.)

Nous devons passer cet article dans un compte de désarmement à Marseille, au lieu de le passer dans le compte de l'armement, parce que l'armement ne doit avoir qu'un débit formé par les achats et les frais, et cette somme de

2000 fr., étant un bénéfice, ne peut pas y être porté ; on ne doit en donner compte qu'au retour du voyage, avec ce qui aura été reçu et payé pour le navire, de sorte qu'on est obligé d'ouvrir d'avance un compte de *désarmement à Marseille*, dans lequel cette somme de fr. 2000 reçu pour deux passagers, doit figurer.

Si les passagers ne payaient pas à Marseille leur passage aux Iles, il faudrait, lorsqu'ils effectueraient ce paiement, les passer dans le compte de désarmement *aux Iles*, s'ils payaient à leur arrivée, puisqu'ils paieraient en monnaie étrangère ; et s'il arrivait que les passagers donnassent un à-compte à Marseille et le solde aux Iles, ce serait dans le compte de *désarmement à Marseille* pour celui reçu à Marseille, et *désarmement aux Iles* pour le solde, lorsque le capitaine ou le correspondant en donnerait compte.

— Allard, de St-Pierre, (Martinique) par sa lettre du. . . . , nous remet compte de vente de 400 barriques, vin rouge, de notre envoi, et nous crédite, pour le net produit, de. . . . . livres 66666-13 sous.—F. 40000.

— Au lieu d'ouvrir un compte séparé au désarmement et armement aux Iles, nous les mettons ensemble, ce qui revient au même, pourvu que l'on présente le titre de ce compte par *désarmement* avant *armement*, parce qu'on est obligé de désarmer le navire avant de l'armer en retour. Nous écrirons donc au journal :

— Allard, de St-Pierre, (Martinique), à *désarmement* et *armement* aux Iles du navire le *Vainqueur*, fr. 40000, valeur de L. 66666-13 sous., suivant compte de vente, par sa lettre du, . . ., net produit de 400 barriques, vin rouge de notre envoi. . . . L. 66666-13 sous., F. 40000.

Nota. Pour réduire en francs les livres des Colonies on doit déduire les deux cinquièmes, et pour réduire les francs en livres des Colonies on ajoute les deux tiers. — Aujourd'hui les livres des Colonies sont égales au franc.

Faire l'assurance de sortie de St-Pierre, (Martinique) sur facultés en cafés, à bord du navire le *Jongleur*, capitaine Laurent, sur fr. 60000, à 3 1/2 p. 0/0 et frais de police.

Dans cet article nous passerons l'assurance au compte du *désarmement à Marseille*, parce que devant rendre compte aux actionnaires, à Marseille, toutes les opérations qui se feront de l'expédition du navire doivent entrer dans ce compte. Nous écrirons au journal :

Désarmement à Marseille du navire le *Jougleur* à divers, fr. 2500, pour assurance de St-Pierre, (Martinique) sur facultés en cafés chargés à bord du navire le *Jongleur*, capitaine Laurent.

A Assurances générales fr. 2200, pour la prime sur fr. 60000, à 3 1/2 p. 0/0, et police. . . . F. 2200

A Commissions, fr. 300 pour n/ commission, 300

2500

— Solder le compte du désarmement à Marseille par le compte des actionnaires.

Lorsqu'on n'a plus rien à passer dans le compte du désarmement à Marseille du navire, on doit rendre compte aux actionnaires du résultat de l'expédition; à cet effet, on a recours au Grand-Livre : on ouvre le compte du désarmement à Marseille dans lequel on a passé toutes les opérations, on en dresse le compte courant pour le soumettre aux actionnaires, et le solde qui en résulte et qui représente la totalité des actions avec bénéfice ou perte, doit être partagé aux actionnaires au prorata de leurs actions.

Pour connaître à quelle somme l'action sera portée, on doit diviser le solde du désarmement à Marseille, qui est de fr. 232506, 68, par exemple, par le nombre des actions, qui est 20, et l'on aura pour résultat fr. 11625, 33 1/2, qui sera le montant d'une action dont on donnera compte aux actionnaires ; en sorte qu'il reviendra

à A, pour 5 actions. . . . . . . F.	58126,	68
à B, pour 4 actions.	46501,	32
à C, pour 3 actions.	34876	
à nous-mêmes, pour 8 actions . .	93002,	68
	232506,	68

Lorsqu'on a désarmé le navire, on doit donner compte aux actionnaires du résultat du désarmement et leur faire connaître par un compte détaillé le résultat des opérations aux Iles, ainsi que tous les comptes du capitaine.

Pour terminer l'armement par actions il reste à payer aux actionnaires le solde qui leur est dû, ainsi qu'à solder par *Profits* et *Pertes* notre intérêt à cet armement.

Il arrive quelquefois que l'on remet une pacotille au capitaine du navire. On commence alors par débiter la marchandise achetée pour en former sa pacotille par le crédit de la caisse, qui la paie ; on dresse une facture de cette marchandise avec les frais qu'elle a occasionnés ; on en débite un compte intitulé : *pacotille en mains du capitaine...*, qui devra à la marchandise, aux frais et à l'assurance, si l'on en fait une.

Le capitaine vend la pacotille, il en remet un compte de vente ; on le débite du net produit par le crédit de ce compte de *pacotille en mains du capitaine...*, et ce compte devra au capitaine pour l'achat.

Les frais, quels qu'ils soient, faits par cette marchandise ainsi que le nolis, seront portés dans ce compte : cette marchandise en retour sera créditée lorsqu'elle sera vendue, dans le compte de *pacotille en mains du capitaine...*, et ce compte sera soldé par profits et pertes.

BANQUE.

Le principal commerce de la Banque est de prendre des lettres de change sur divers pays, ou sur différentes places ou villes. L'essence de l'état de banquier est donc le commerce des lettres de change, et en général de tous les effets commerçables susceptibles d'*agio*. (Nous donnerons, à la fin de notre Cours, des modèles de lettres de change, billets à ordre, etc., avec l'explication nécessaire pour nous faire comprendre des jeunes gens qui se destinent au commerce.)

D'après ce que nous venons de dire, on voit que les lettres de change sont une branche de commerce, par cela seul qu'on les vend et qu'on les achète ; les négociants chez qui elles ne sont qu'accessoires sont réputés faire la banque, et ceux qui s'y dévouent exclusivement se nomment banquiers.

Par conséquent, les banquiers spéculent sur les changes, comme les négociants sur les marchandises.

Le change est un commerce par lequel on donne de l'argent dans un lieu pour le remettre ou le recevoir dans un autre. C'est aussi le profit ou l'intérêt qu'un banquier d'une ville prend sur une somme qu'il reçoit et pour laquelle il tire une lettre de change payable dans un autre lieu et par une autre personne.

Une lettre de change est tirée d'un lieu sur un autre, distant au moins de trois lieues ; tandis que le billet peut être tiré sur le lieu même de sa confection.

Les négociations qui se font au moyen de *lettres* et *billets de change*, contre d'autres effets ou contre du numéraire, s'appellent, en terme de banque, *trafic*.

Ce trafic se fait par l'entremise des Agents de change ; il n'y a que ceux commissionnés par l'état qui ont le droit d'exercer cette profession ; ceux non autorisés qui s'occupent de cette partie s'appellent *commis-traitants*.

Les fonctions d'un Agent de change sont, dès que les conditions d'une négociation entre les parties contractantes sont arrêtées, de les rédiger le plus succintement possible, sur un petit carré de papier, signé par lui, qu'on appelle *arrêté*. Cet arrêté est un lien sacré pour les parties. Ces agents exercent aussi leurs privilèges sur les rentes placées sur l'état, ainsi que sur les actions des canaux, des chemins de fer, etc.

Le change se calcule comme les intérêts, et il se cote à tant p. 0/0 ; mais il varie suivant l'abondance ou la rareté du papier ou du numéraire. Il est donc au-dessus, au-dessous du pair ou au pair. (Voir notre memento pour le exemples de la règle de change.)

Une lettre de change s'appelle tout à la fois, *traite* ou *remise*, selon le point de vue sous lequel on l'envisage.

C'est une *traite*, quand on ne considère que l'action du tireur ou du porteur relative à la propriété qu'elle établit dans leurs mains, et c'est une *remise*, quand on n'a égard qu'à la transmission de ces mêmes droits de propriété à un tiers. Ainsi une lettre de change que l'on tire sur un individu quelconque est une *traite*, soit qu'on la garde en portefeuille ou qu'on la négocie ; et elle devient *remise* du moment qu'on l'envoie à son correspondant en recouvrement ou en négociation.

Le change est *direct* ou *indirect* entre deux places, et il est la réduction des monnaies de celle qui donne le *certain*, en monnaies de celle qui donne l'*incertain*, et *vice versâ*.

Ainsi le change de Paris, à Londres, étant à fr. 25, 21 par livre sterling, Paris tirant sur Londres donne le certain, et Londres, envers Paris, l'incertain. Il suit de là que, quand on achète des monnaies étrangères d'une place à laquelle on donne le certain, le change le plus haut est le plus avantageux , parce qu'on achète les monnaies de cette place, pour la monnaie du change invariable que l'on donne en retour ; et quand on achète des monnaies étrangères d'une place à laquelle on donne l'incertain, le change le plus bas est le plus avantageux.

OPÉRATIONS DE BANQUE.

Comptes-courants des Correspondants chez nous.

────────

——— 1er Juillet. ———

Millet de Montpellier, par sa lettre du 25 juin, nous remet, pour s/c, une traite sur Hilaire, de cette ville, de fr. 17000 au 28 août.

——— 4 Idem. ———

Par notre lettre de ce jour, nous remettons à Millet de Montpellier, une traite sur Montpellier, pour s/c, fr. 16000, du 24 mars à 100 jours, à 1/8 p. 0/0 de perte fr. 15980.

——— 6 Idem. ———

Millet de Montpellier, par sa lettre du 1er juillet, nous prévient qu'il a fait traite s/n, pour s/c, de fr. 21800 au 13 septembre.

——— 8 Idem. ———

Pris de Hilaire deux effets sur Londres, de
St.   600 }
        500 } à 60 jours de date, à fr. 24, 18 1/4 la
livre sterling, payables en effets sur Paris au pair. F. 26600.
(Faire la note de négociation.)

PAIEMENT.

F.   14600 du 28 mai , à 60 jours sur Paris.
      12000 solde au comptant.
      ———
      26600

—————— 10 Idem. ——————

Négocié à Laurent une traite sur Gênes de fr. 6000, du 8
mai, à 45 jours, à fr. 4, 62, valeur comptant.   F. 27720
     (Faire la négociation.)

PAIEMENT.

F.   16000 ⎞ Billet de Bonhomme au 20 août.
      12000 ⎠
F.   28000
       210 Agio de 1 mois 1/2, à 1/2 p. 0/0 par mois.
      ———
      27790
       70 Rendu comptant pour solde.
F.   27720

Comptes-courants chez nos Correspondants.

—————— 12 Idem. ——————

Par notre lettre de ce jour, nous remettons à Millet, de
Montpellier, pour n/c, une traite sur Montpellier de fr. 24000
du 17 octobre, à 90 jours de date.

—————— 14 Idem. ——————

Millet de Montpellier, par sa lettre du 12 courant, nous
remet, pour n/c, une traite sur Laurent, de cette ville, de
fr. 18000, au 25 août, et nous débite de fr. 17910.

16 Idem.

Par notre lettre de ce jour, nous donnons avis à Millet, de Montpellier, que nous avons fait traite sur lui, pour n/c. de F. 11200, au 11 septembre.

18 Idem.

Millet de Montpellier, par sa lettre du 13 courant, nous avise de sa traite sur nous, pour n/c., de fr. 8000, au 24 août.

20 Idem.

Pris de Laurent un effet sur Naples de 4600 ducats, à 60 jours de date, à fr. 4, 24. . . . . . . , ... , . F. 19504

(Faire la note de négociation.)

PAIEMENT.

F. 16500 du 20 juin, à 30 jours de date, sur Paris,
au pair.

    3004

F. 19504

Les articles de banque que nous venons de donner, joints à ceux dont nous nous sommes occupés dans notre comptabilité des 3 premiers mois de l'année, suffiront pour donner une idée claire et précise des opérations de ce genre de commerce. Nous traiterons plus loin des comptes courants et de la manière de les régler.

Dans la banque, le compte d'*effets en portefeuille* remplace les comptes d'*effets à recevoir*, d'*effets sur France* et d'*effets sur l'Étranger*. La raison en est que dans les notes de négociation les agents de change peuvent comprendre les 3 classes et ne former qu'une seule perte que le teneur de livres serait obligé de séparer pour les faire supporter au compte qui lui serait propre. D'ailleurs, comme ces 3 comptes réunis peuvent se solder par *profits et pertes*, il convient de ne former qu'un seul *profits et pertes* lorsqu'on réglera le compte.

Dans la banque chaque correspondant peut avoir deux comptes appelés : *son compte, notre compte ;* c'est son compte :

Lorsque nous achetons et nous vendons dans notre monnaie, lorque nous prenons ou négocions un effet à payer ou à recevoir dans notre monnaie.

C'est notre compte lorsque le correspondant achète ou vend dans sa monnaie, qu'il reçoit ou qu'il paie dans sa monnaie.

Ce qui oblige le banquier à avoir ces deux comptes ouverts pour chaque correspondant avec qui il fait des affaires suivies, c'est que par le compte du correspondant chez nous, soit *son compte*, ce correspondant peut disposer à son gré et à sa volonté de tous les fonds disponibles que nous avons en mains pour son compte ; puisqu'il nous paie les intérêts et une commission de banque, et que par notre compte chez lui, *soit notre compte*, nous disposons à notre gré et à notre volonté de tous les fonds disponibles qu'il a en mains pour notre compte, puisque nous lui payons les intérêts et une commission de banque.

Les comptes ayant pour titre : *notre compte*, doivent être en double colonne sur le Journal et sur le Grand-Livre ; l'une est pour le correspondant, l'autre pour nous.

6

La somme qui nous concerne et qui se trouve dans la colonne en dehors de l'article sur le Journal, doit correspondre avec celle qui est immédiatement après le créancier de l'article ; celle qui concerne le correspondant est celle qui est en dedans à côté de la nôtre, qui se trouve en dehors, et doit correspondre avec celle qui est après le mot *valeur à.... de*, c'est-à-dire que les deux plus rapprochées sont au correspondant et les deux plus éloignées sont les nôtres.

Supposons que par notre lettre de ce jour, (16 juin,) que notre maison de Marseille remette à Raybaud, notre correspondant, à Paris, pour notre compte, une traite sur Paris, de fr. 12000, du 17 mai à 90 jours de date.

Nous écrirons au journal :

Raybaud, de Paris, notre compte, à *effets en portefeuille*, fr. 11895, valeur à 7/8 de fr. 12000, faisant fr. 11920. Suivant sa lettre du 26 juin, notre remise, ce jour, sur Paris du 17 mai, à 90 jours de date,

F. 11920   F. 11895

26 juin

On connaîtra facilement la valeur à mettre dans la colonne du correspondant lorsqu'elle n'est pas désignée dans les lettres, si l'on se rappelle :

1° Que quand le correspondant nous fait une remise, c'est valeur du jour qu'il la fait ;

2° Que quand il fait traite sur nous, c'est le jour qu'il la fait ;

3° Que quand nous remettons quelque effet, c'est le jour qu'il l'encaisse ou qu'il le négocie ;

4° Que quand nous faisons traite sur lui, c'est le jour qu'il paie cette traite.

Pour passer en écritures les articles de banque, comme ils doivent l'être, on doit déduire toutes les remises faites ou reçues de part et d'autre, au change ou à la perte du jour, comme on peut voir dans l'article ci-dessus.

Raybaud nous remet fr. 12000 qui coûtent chez lui fr. 11920 et chez nous fr. 11896, de sorte que le brut de l'effet sera au milieu des deux sommes réduites.

Je dois faire observer encore que, quand on fait une remise au correspondant, pour notre compte, susceptible d'être négociée par lui, on doit laisser en blanc la colonne du correspondant pour la remplir lorsqu'il en donnera la négociation ; c'est la même chose que dans *son compte*, avec cette différence que c'est notre colonne qui reste en blanc, quand c'est *son compte*, et que c'est la sienne qui reste en blanc, quand c'est *notre compte*.

Voici un exemple d'une remise faite au correspondant pour *notre compte*, laissée ne blanc jusqu'à l'avis de la négociation :

Raybaud, de Paris, notre compte, à *effets en portefeuille*, fr. 11895, valeur à 5/8 de fr. 12000, faisant fr. . . . . . suivant sa lettre du. . . . ., notre remise sur Paris du 17 mai, à 90 jours de date, fr. . . . . .   fr. 11875, de sorte que l'on remplira ces blancs lorsqu'on en recevra la négociation.

Dans les *notre compte*, notre colonne ne doit jamais rester en blanc ; car dès que le correspondant fait une remise dans une monnaie quelconque, on doit, dès qu'on la passe en écritures, lui donner l'évaluation au change du jour.

Dans la banque, comme l'argent du banquier forme son commerce, tous les comptes d'effets se soldent par profits et pertes, et il n'y a pas de distinction pour les effets à recevoir. Les effets doivent être regardés comme une marchandise, et l'on ne doit passer que le net produit; mais l'agio perçu sur l'argent, reçu ou donné, doit être classé à part dans le compte d'*intérêts généraux*.

Lorsqu'un correspondant nous remet l'extrait d'un compte courant, voici la manière d'opérer et de le passer sur le journal :

Dès que nous avons reçu l'extrait de notre compte et que nous voulons en faire écriture, nous portons les articles de cet extrait avec ceux rapportés sur le Grand-Livre, pour nous convaincre s'il n'y aurait pas d'omissions sur le compte remis ou sur le Grand-Livre, et ce qui ne serait pas pointé sur l'un ou sur l'autre serait une omission que l'on serait obligé de chercher ; pour cela on aurait recours à la correspondance, et on la relirait pour connaître si les articles omis d'un côté ou de l'autre, ne seraient pas un double emploi ou une omission.

Les erreurs ou omissions étant reconnues, on doit les porter en compte nouveau pour ne rien changer au solde du compte-courant remis. Si ces erreurs ou omissions étaient dans notre Grand-Livre, on les corrigerait ou on en ferait un article particulier, afin que le solde de ce compte dans nos écritures vint égal à celui de l'extrait remis.

Tous les articles d'accord et le calcul des intérêts reconnu juste, on fait sur son cahier de chiffres les quatre additions du compte dans le Grand-Livre, comme suit :

Colonne du Correspondant.   Notre colonne. Colone du Correspondant.   Notre colonne

DÉBIT.   CRÉDIT.

F.   67402   66516 | F. 86411,14   F. 86930,14

On ajoute ensuite les frais et les autres articles que porte l'extrait du compte-courant, lesquels ne sont pas encore passés dans le journal , ainsi que le solde à porter à nouveau.

F. 67402 additions	F. 66516	F. 86411,14 additions	F. 86930,14
19530,20 solde	19530, 20	189,82 intérêt	189,82
		332,24 commissions courtage, etc	332,24
86932,20	86046,20	86933,20	87452,20
	différence 1406		
	84640,20		

Les sommes prises dans l'extrait de notre compte sont passées également dans les deux colonnes, attendu que ce sont des francs; mais, si la colonne du correspondant était en monnaie étrangère, on lui donnerait une évaluation au change du jour que l'on porterait dans la nôtre, et la différence dans notre colonne, en la soldant, serait portée au compte de profits et pertes.

Ce compte ainsi soldé d'après le tableau ci-dessus et d'accord avec l'extrait remis, on en passe écriture sur le Journal.[*]

On ne doit porter dans le compte de commissions que

[*] *Nota.* Pour le calcul des intérêts et des frais des comptes courants voir notre *memento.*

celles qu'on nous alloue ou que nous bonifions sur celles déjà passées ; mais celles que le correspondant passe sur son compte, ne nous étant pas personnelles, doivent être considérées comme frais de commerce et portées par conséquent dans ce compte.

Les comptes à demi en banque ne sont autre chose qu'un *notre compte*, dont la différence du débit au crédit de notre colonne ou de celle de notre correspondant, se solde par la demie à chacun.

Il y a trois manières de solder les comptes à demi en banque : La première est lorsque le correspondant remet le premier sa colonne soldée et que nous soldons la notre par la moitié pour chacun ; la deuxième est lorsque nous remettons les premiers notre colonne soldée, et que le correspondant nous remet ensuite la sienne soldée par la moitié pour chacun ; la troisième est lorsque l'un ou l'autre remet les deux colonnes ensemble soldées par le bénéfice ou la perte, la moitié pour chacun.

Les comptes à tiers en banque se passent sur le Journal de la même manière que les comptes à demi en banque ; il n'y a de différence que dans la manière de les solder. Ces comptes demandent une correspondance claire entre les associés, et la plus grande attention de la part du teneur de livres qui pourrait faire des erreurs en passant à un compte ce qui se rapporterait à un autre.

COMPTES-COURANTS

portant intérêt.

Les comptes courants sont des tableaux que les banquiers et les négociants adressent à leurs correspondants, et où il est tenu compte des valeurs (argent, effets, marchandises, etc.) réciproquement reçues et données à un intérêt convenu et calculé dans ces tableaux.

Leur objet est de faire connaître au correspondant les remises réciproques et les intérêts dûs sur ces remises, c'est-à-dire, ce qu'il doit ou ce qui lui est dû en capital et intérêts.

Ces comptes s'établissent par *débit* et par *crédit*; il est d'usage de les arrêter tous les 3 mois ou tous les 6 mois, fin juin et fin décembre, suivant les conventions antérieures.

Pour dresser un compte courant, deux méthodes sont connues : l'une est appelée *Méthode ancienne*, l'autre, *Méthode nouvelle;* cette dernière a sur l'autre de grands avantages.

Chez les banquiers et les négociants, qui font beaucoup d'affaires, le nombre des comptes courants à envoyer aux époques convenues, est très-considérable. S'ils font usage de la Méthode ancienne, le teneur de livres et les divers employés de la maison ne peuvent suffire; s'ils emploient la Méthode nouvelle, ce travail est très-court et très-facile. En effet, l'objet de cette méthode est de permettre de préparer à l'avance tous ces comptes courants, de manière à n'avoir plus, en quelque sorte, qu'à les clore à l'époque où l'on veut les envoyer.

Dans l'une et l'autre méthode, on cherche l'intérêt que doit produire une somme connue, dans un temps donné, sachant ce qu'elle produirait dans un an. Par exemple, ce que produirait cent francs, prêtés à intérêt pendant 6 mois, sachant que cette somme produirait six francs au bout d'un an. (Voir notre *memento*, pour les calculs d'intérêt.)

Dans les deux méthodes la forme du tableau du compte courant est la même; il se compose de huit colonnes, au débit; et au crédit, de huit autres colonnes exactement semblables à celles du débit.

On écrit en tête : Doit un tel, son compte courant et d'intérêt à 6 p. 0/0 l'an, chez. . . . réglé au. . . . , et l'on tire une ligne au dessous.

Au débit comme au crédit, la première colonne est destinée à recevoir l'année et le mois; la deuxième, la date du mois ; la troisième, la somme en francs; la quatrième, les centimes ; la cinquième, l'exposé de la cause pour laquelle les sommes ont été données ou reçues ; la sixième, la date à partir de laquelle la somme commence à porter intérêt ; la septième, le nombre de jours pendant lesquels la somme a porté intérêt ; la huitième, le produit de la somme multipliée par le nombre de jours ; ce produit s'appelle nombre.

MÉTHODE ANCIENNE.

Dans l'ancienne méthode, on multiplie chaque somme par le nombre de jours pendant lesquels le cessionnnaire en a joui; puis, prenant l'intérêt et faisant la balance, on fait ressortir le capital net. Pour cela, on porte au débit toutes les sommes que le correspondant a reçues; au crédit, toutes celles qu'il a remises, leur désignation, l'époque à laquelle elles commencent à porter intérêt, en ayant soin de placer chaque chose dans la colonne qui lui est destinée.

On cherche, pour chaque somme, le nombre de jours qui se sont écoulés depuis l'époque à laquelle elle a commencé à porter intérêt jusqu'au jour de la clôture du compte, et on place le nombre dans la septième colonne.

On multiplie chaque somme, tant au *débit* qu'au *crédit*, par le nombre de jours qui lui correspond, et on place le produit, qu'on appelle *nombres*, dans la huitième colonne.

On additionne ensuite, tant au débit qu'au crédit, les nombres de la huitième colonne, on prend la différence entre les deux totaux, et cette différence est portée au-dessous du total le plus faible, pour le balancer.

Cette différence des nombres fait connaître l'intérêt que doit le correspondant ou qui lui est dû, pour les sommes qu'il a reçues ou remises. Or, on sait qu'en multipliant une somme quelconque par le nombre de jours, et divisant le produit par 6, on a l'intérêt de cette somme, après qu'on en a retranché les trois derniers chiffres à droite par une virgule (voir notre *Memento*). Mais au lieu de prendre cet intérêt sur chaque produit de multiplication, nous pouvons le prendre sur la différence du total des nombres du débit à celui du crédit.

L'intérêt ainsi trouvé, on le porte dans la page opposée à celle où se trouve la différence des nombres *pour balance.*

On additionne ensuite toutes les sommes du débit et du crédit, et l'on prend la différence de l'un à l'autre total, qu'on porte au-dessous du plus faible, pour balance ; l'on fait une nouvelle addition de cette somme avec le total sous lequel elle est placée, et l'on tire une ligne au-dessous de la somme dernière, tant au débit qu'au crédit.

Cela fait, le compte courant est terminé. On porte *à nouveau* la somme qui balance le compte au débit, si elle est due par le correspondant ; au crédit, si elle lui est due.

Cette méthode est simple et naturelle : on y prend l'intérêt pendant le temps où il est réellement dû ; mais elle ne permet pas de dresser d'avance les comptes courants ; car elle exige la connaissance du jour de la clôture des comptes, époque qu'on ne peut jamais prévoir exactement. Cet inconvénient vivement senti a fait découvrir une autre méthode qui permet de préparer les comptes courants d'avance et sans connaître l'époque de l'arrêté de compte. Nous en parlerons tout à l'heure.

DES NOMBRES ROUGES.

S'il se trouve dans un compte courant des valeurs qui ne doivent porter intérêt qu'à une époque plus éloignée que celle de l'arrêté de compte, il est évident qu'il n'est point dû d'intérêt sur ces sommes pour le temps à courir jusqu'à cette époque, les intérêts ne devant être calculés que du jour où les sommes ont été reçues ou données ; mais le compte courant ne présente pas moins le montant des capitaux dus au jour où il est arrêté, capitaux rapportant intérêt dès le jour de la clôture du compte. Or, ces c aitaux, ou plutôt ce solde ancien produirait une erreur dans le compte suivant, car ce solde, se composant de sommes dûes antérieurement, et de sommes non encore dûes à l'arrêté de compte, s'il était multiplié par toute la durée du compte suivant, sans une rectification antérieure, produirait en intérêts une somme plus forte qu'elle ne devrait l'être.

Ponr remédier à cet inconvénient, si les sommes dont il s'agit sont au débit du correspondant, on le crédite, dans le compte qu'on lui remet, de l'intérêt qu'elles produiront de trop dans le compte courant qui suivra ; et on le débite au contraire si elles sont à son crédit. Pour cela, on multiplie les sommes en question par le nombre de jours qui s'écouleront depuis la clôture du compte jusqu'à l'époque où les sommes porteront intérêt, et on place le produit dans la colonne des nombres ; mais en *encre rouge*. On additionne les nombres rouges du débit, et on les porte en *encre noire* dans la colonne des nombres du crédit ; on additionne aussi ceux du crédit, qu'on porte au débit, en ayant soin de ne pas les additionner dans la colonne où ils sont écrits en *encre rouge*. Ainsi déplacés, ils sont soumis aux mêmes calculs que les autres et amènent, par leur déplacement, le résultat que nous cherchons.

MÉTHODE NOUVELLE.

La nouvelle Méthode des Comptes-courants donne les mêmes résultats que l'ancienne, mais par une marche différente. Elle a pour but de permettre de dresser un compte-courant d'avance, et sans connaître l'époque de l'arrêté de compte, ce qui décharge le teneur de livres d'un travail pénible à l'époque de l'émission de ces comptes.

Elle est fondée sur ce principe, que, étant donnée une somme divisée en deux parties, si l'on connaît une de ces parties, on peut trouver l'autre par soustraction. Ainsi, étant donné le nombre 20, divisé en deux parties, dont l'une est 8, si l'on nous demande quelle est l'autre partie, nous retrancherons 8 de 20, et nous obtiendrons 12, nombre cherché.

Or, toute somme dont l'échéance est placée dans l'intervalle d'un compt-courant à l'autre, divise cet intervalle en deux parties, dont la première est comprise entre l'époque de la clôture du dernier compte et celle de l'échéance de la somme ; la seconde, entre l'époque de l'échéance et celle de la clôture du présent compte.

Aucune somme ne peut produire d'intérêt pour le premier intervalle, mais toutes en produisent pour le second.

Supposons que la somme porte intérêt pendant l'intervalle entier compris entre les deux comptes; si nous connaissons l'intérêt qu'elle donnerait pendant tout cet intervalle, si nous connaissons aussi celui qu'elle donnerait pour la première partie de cet intervalle, nous pourrons, par soustraction, connaître l'intérêt pour la seconde partie.

Nous nommons *intérêts totaux* les intérêts que donnerait une somme pendant l'intervalle entier ; *intérêts complémentaires*, ceux qu'elle donnerait pendant la première partie; *intérêts réels*, ceux qu'elle donnerait pendant la seconde partie.

Si on ne connaît pas la durée du second intervalle, on connaît celle du premier. Si donc on calcule à l'avance les intérêts que donnerait une somme pendant le premier intervalle, c'est-à-dire, si on calcule les *intérêts complémentaires* à l'époque de la clôture des comptes, il restera à calculer les *intérêts totaux*, et à soustraire de ceux-ci les intérêts complémentaires pour obtenir les *intérêts réels*. Ce travail semble long et difficile, mais en réalité il est court et facile.

D'abord, au lieu de calculer, comme nous l'avons supposé, les intérêts complémentaires et les intérêts totaux de chaque somme, on ne calcule que les nombres, pour prendre ensuite les intérêts sur la différence de ces nombres.

La marche à suivre, qui se présente la première à l'esprit pour arriver à la connnaissance des nombres qui doivent donner l'intérêt réel, est de prendre le total des nombres complémentaires du débit, celui des nombres complémentaires du crédit, et de soustraire chaque total des nombres totaux correspondants, pour ensuite, balancer les produits de la soustraction et en prendre l'intérêt.

Nous supposerons qu'on suive une autre marche ; qu'ayant calculé d'avance les nombres complémentaires, on calcule les nombres totaux du débit, et qu'on inscrive leur somme au crédit; qu'on calcule aussi les nombres totaux du crédit, et qu'on inscrive leur somme au débit. En faisant la balance, la soustraction existerait de fait : car les nombres complémentaires du débit se trouvent contre-balancés par la transposition au crédit des nombres totaux du débit, et les nombres complémentaires du crédit se trouvent aussi balancés par la transposition au débit des nombres totaux du crédit. Seulement nous remarquerons que, par là, l'excédant des nombres totaux du débit se trouve porté au crédit, et réciproquement.

En achevant la balance, cette opération nous mène à la connaissance d'un nombre qui peut être pris pour la différence des nombres totaux, et ce nombre est toujours placé du côté où se trouve l'excédant des capitaux.

Or, cette différence dans les nombres totaux n'est que la conséquence de la différence des capitaux. On peut donc (en admettant qu'à fur et à mesure on ait calculé les intérêts complémentaires), au lieu de l'opération que nous avons supposé se borner, à l'époque de la clôture des comptes , à prendre la différence des capitaux, et à en chercher les nombres totaux, pour les placer du côté qui nous aura donné l'excédant des capitaux.

Il ne nous restera plus ensuite qu'à additionner tous les nombres de la colonne du débit, tous ceux de la colonne du crédit, à les balancer, à prendre l'intérêt sur les nombres faisant balance, pour le porter du côté où se trouvent les m mes nombres, et à balancer les capitaux eux-mêmes.

Cette méthode est préférable à l'ancienne, car, indépendamment de l'avantage qu'elle donne de préparer les comptes d'avance, elle fait disparaître *les nombres rouges*, nombres qui souvent donnaient lieu à erreur.

Elle a aussi cet avantage, que la balance des nombres reste du côté où elle se trouve, pour être résolue en intérêts, tandis que dans l'ancienne méthode, les intérêts produits par la balance du débit doivent être transportés au crédit, et réciproquement.

DU JOURNAL.

Le Journal est le livre par excellence, le livre fondamental, celui que la loi prescrit, comme devant servir de base à toute comptabilité commerciale. Il résume, pour ainsi dire, en lui seul tous les autres ; il est aussi le seul, avec le Grand-Livre, qui demande une étude sérieuse, et qui doive être tenu avec le plus grand soin. Il n'est plus soumis, comme autrefois, au timbre, mais il doit être visé et paraphé une fois par année, et être tenu sans blanc, lacunes, ni transports en marge.

Formule du Visa que doit porter le Journal :

Le présent registre contenant. . . . . feuillets, devant servir de Livre-Journal à. . . . . demeurant à . . . . . a été coté par premier et dernier sur chacun desdits feuillets, par nous, Juge au Tribunal de Commerce du département de. . . . . . séant à. . . . . . (ou par nous Maire ou adjoint), cejourd'hui. . . . . . mil huit cent . . .

Suit l'enregistrement.

On passe écritures au Journal de toutes les opéra-

tions de commerce ; rien n'y doit être omis des choses
pécuniaires qui intéressent le commerçant, et dont il
est le dépositaire. Dans toute opération de commerce,
soit achat, soit vente, il y a échange de valeurs réelles ou de convention ; conséquemment, dans chaque
échange, l'une des deux valeurs entre, tandis que l'autre sort ; lorsque le négociant achète de la marchandise à
crédit, une valeur entre : c'est la marchandise ; une
valeur sort : c'est la créance qu'il donne sur lui en
échange de la marchandise qu'il achète. Lorsqu'il achète
de la marchandise au comptant, une valeur entre : c'est
toujours la marchandise ; une valeur sort : c'est l'argent
que fournit la caisse, et qui est donné en échange de la
marchandise achetée. Dans les deux cas, le compte de
Marchandises est débité de la valeur qu'il a reçue, et le
vendeur est crédité d'autant. Caisse, à son tour, est créditée des espèces sorties, qui ont acquitté la dette de
Marchandises. — La même chose a lieu pour le compte
d'*effets*, si, ayant acheté à terme, le négociant solde
par des valeurs de portefeuille ; de là, cette formule
bien simple :

Tout ce qui entre est débiteur, et s'inscrit au *Doit*
ou *Débit* des comptes généraux.

Tout ce qui sort est créancier ou créditeur, et s'inscrit
à l'*Avoir* des comptes généraux.

Toute la difficulté consiste donc à trouver le débiteur
et le créancier. Or, cette difficulté disparaîtra, si l'on se
rappelle ce que nous avons dit plus haut, à savoir : que
le négociant se personnifie dans chacune des parties de

7

son négoce, et qu'il ouvre un compte particulier à chacune d'elles. Ce sont les six comptes dont nous avons déjà parlé : *Capital, Caisse, Marchandises générales, Effets à recevoir, Effets à payer, Profits et Pertes* ; que ces comptes ainsi personnifiés, substitués au négociant, sont considérés comme des individus susceptibles de recevoir et de donner. D'où ce principe, sur lequel est fondée la méthode appelée Partie double : La personne qui reçoit, ou le compte de l'objet qu'on reçoit est débiteur et doit être débité ; la personne qui fournit, ou le compte de l'objet qu'on fournit, est créditeur ou créancier et doit être crédité. Là où il y a un débiteur il y a aussi un créancier ; là où il y a un créancier il y a aussi un débiteur.

Il est donc de toute nécessité, dans les opérations de commerce, de distinguer le débiteur du créancier. Pour cela, il faut, et il suffit de s'habituer aux questions. Qui est-ce qui reçoit ? Qui est-ce qui fournit ? La réponse à la première question fait connaître le compte qu'il faut débiter, ou le compte débiteur ; la réponse à la seconde question fait connaître le compte qu'il faut créditer. C'est à l'aide de ces deux questions si simples que nous passerons tous les articles au Journal ; mais qu'elle que soit la simplicité de ce principe, on aura encore de la difficulté à saisir l'application des comptes des Profits et Pertes, de Capital et d'Effets à payer.

On comprend, sans peine, que les comptes de Marchandises, de Caisse et d'Effets à recevoir, doivent être débité quand il entre des marchandises, de l'argent, ou des billets dont le négociant doit toucher le montant ; on comprend encore que ces comptes doivent être crédités, dans le cas contaire ; mais on pourrait, de prime abord, se méprendre sur les cas où les comptes de Profits et Pertes, de Capital et d'Effets à payer, doivent être débités, sur les cas où ils doivent être crédités.

On pourrait croire que quand on fait un bénéfice les Profits et Pertes doivent être débités ; que, quand on fait une perte, les Profits et Pertes doivent être crédités ; que, quand on reçoit un héritage, ou une valeur quelconque, qui doit grossir le capital, le compte de Capital doit être débité, et crédité lorsqu'on diminue son capital d'une manière quelconque ; que, lorsqu'on souscrit un billet à quelqu'un, ce billet augmentant le nombre de ceux qu'on a déjà souscrits, le compte d'Effets à payer doit être débité, et crédité lorsqu'on le paie, parce qu'alors le nombre de ces mêmes billets diminue. C'est le contraire qui a lieu.

Lorsque le négociant souscrit un billet, ce billet est reçu par la personne au profit de qui il est fait, cette personne doit en être débité ; ce billet est, supposé lui être remis par un individu fictif, *Effets à payer* ; donc, le compte de ce nom doit être crédité.

Lorsque le billet rentre, il faut débiter ce compte et créditer celui qui le paie, Caisse ou Marchandises générales, suivant qu'on donne en échange des espèces ou des marchandises. Lorsqu'on fait un bénéfice, s'il est en espèces, il entre à la Caisse, la Caisse reçoit et doit être débitée. La Caisse est supposée tenir ce bénéfice d'un individu fictif, nommé *Profits et Pertes*, donc le compte de ce nom doit être crédité. Si, au contraire, on fait une perte en marchandises, par exemple, les marchandises diminuant, fournissent une valeur, et doivent être créditées ; *Profits et Pertes*, individus fictifs, sont supposés recevoir la valeur et doivent être débités. Toutes les fois qu'on reçoit un héritage, s'il est en espèces, il entre à la Caisse ; la Caisse recevant doit être débitée ; si la valeur est en marchandises, les Marchandises augmentant reçoivent, et doivent être débitées ; Caisse, comme Marchandises, sont supposées recevoir cette valeur de l'individu fictif nommé *Capital* ; donc, Capital doit être crédité. Lorsqu'au contraire on fait un présent considérable ou qu'on éprouve une perte qui diminue sensiblement le capital, si cette valeur qu'on donne ou qu'on perd est fournie par la Caisse, la Caisse doit être créditée ; si elle est fournie par Marchandises, le compte de Marchandises générales doit être crédité ; dans l'un et l'autre cas, la valeur fournie est supposée reçue par un individu fictif, nommé *Capital*, lequel doit être débité.

Toutes les considérations possibles sur les comptes généraux et sur les comptes personnels peuvent être ramenées aux principes suivants :

La personne qui reçoit une valeur, qu'on ait déjà fait des affaires avec elle, ou qu'on en ait pas encore fait, doit être débitée ; elle doit être créditée toute les fois qu'elle fournit.

S'il entre des valeurs en espèces, la Caisse doit être débitée ; elle doit être créditée lorsqu'il en sort.

S'il entre un billet en portefeuille, le compte d'Effets à recevoir doit être débité ; si, au contraire, nous remettons un billet de portefeuille, le compte d'Effets à recevoir doit être crédité.

Si l'on souscrit un billet à quelqu'un, le compte d'Effets à payer doit être crédité ; si un billet de cette nature rentre, soit que nous le recevions en paiement, soit que nous en payions la valeur à l'échéance, le compte doit être débité.

Si l'on fait un bénéfice quelconque, le compte de Profits et Pertes doit être crédité ; nous devons le débiter lorsque nous éprouvons une perte.

Si le Capital augmente d'une manière considérable, le compte de ce nom doit être crédité ; il doit être débité lorsqu'il diminue. Si la perte ou le bénéfice est de peu d'importance, nous devons en passer écriture par Profits et Pertes, ou par des comptes qui sont des subdivisions de celui-ci.

Pour passer un article au Journal, on place d'abord le débiteur, puis le créancier, séparés par la préposition à, le mot *doit* étant sous-entendu.

EXEMPLE :

Caisse . . . . à . . . . Capital.

S'il y avait plusieurs débiteurs et un seul créancier, ou plusieurs créanciers et un seul débiteur, ou plusieurs débiteurs et plusieurs créanciers, la formule deviendrait, dans le premier cas :

DIVERS. . . . . . . à . . . . TEL COMPTE.

Dans le second cas :

TEL COMPTE. . . . . à . . . . . . DIVERS.

Dans le troisième cas :

DIVERS. . . . . à . . . . . DIVERS.

Après cette formule, viennent tout naturellement les débiteurs et les créanciers, avec la somme qui concerne chacun d'eux et les raisons de la dette et de la créance.

DISPOSITION DU JOURNAL.

Tous les articles du journal doivent être distincts et séparés ; on tire au-dessous de chacun, deux lignes d'égale longueur entre lesquelles on place la date. Si la date de l'article que l'on écrit est la même que celle de l'article qui le précède sur la même page, on met à sa place le mot *idem* ou le mot *dito*.

Sur la ligne placée immédiatement au-dessous de celle qui porte la date, on écrit en grosses lettres le nom du débiteur et celui du créancier, ou le mot *Divers* à la place de plusieurs créanciers ou de plusieurs débiteurs. On écrit ensuite la somme puis l'exposé de l'affaire. Cet exposé doit être concis, mais clair ; il doit rappeler toutes les circonstances essentielles de l'opération ; renfermer la désignation de la valeur, et de la personne qui l'a reçue ; les conditions, l'escompte que l'on gagne ou que l'on perd. Avant de porter les articles du Journal au Grand-livre, on écrit en marge de chaque article du Journal, dans deux colonnes à ce destinées, et devant le nom de la personne ou de l'objet qui est débité, le numéro du folio du Grand-livre sur lequel le compte de ce débiteur est ouvert. Nous mettons dans la première colonne les folios des comptes débiteurs, et dans la seconde ceux des comptes créanciers. A la droite de l'exposé de l'affaire, se trouvent deux autres colonnes ; la première, qui est la plus grande, est destinée à recevoir la somme totale de chaque article, la seconde, les centimes.

(Voir nos registres.)

Telles sont à peu près les seules considérations générales que nous pouvons donner sur le Journal. Nous allons maintenant prendre un à un les articles du brouillard pour les commenter et les raisonner et en faire des articles du Journal.

Manière de passer les Articles du Brouillard ou des Livres auxiliaires au Journal.

Ainsi qu'on a dû le voir, nous avons donné aux articles du brouillard, un numéro d'ordre. Nous devons faire remarquer en passant, que ces numéros n'existent nulle part dans les livres du commerce. Nous les avons employés dans l'unique but de retrouver plus promptement et plus facilement les articles au brouillard. Nous devons ajouter que ces numéros sont impossibles dans la plupart des cas, attendu qu'il arrive très-souvent que plusieurs articles du brouillard n'en font qu'un au Journal, ou qu'un seul article se divise en plusieurs.

Dans le commerce, lorsqu'un article est passé du brouillard au Journal on l'indique en marge du premier livre, à côté de l'article, au moyen de l'abréviation J^{al} suivie du chiffre numéral de la page du Journal où il a pris une nouvelle forme. Nous n'avons point fait usage de cette indication à cause des notes marginales que nous avons mises au brouillard.

Solution raisonnée des Articles du Brouillard pour les passer au Journal.

Article Premier. — 1er janvier.

Je verse cinquante mille fr. dans ma Caisse pour former mon Capital, ci. . . . . F. 50,000

RAISONNEMENT.

Je commence mon commerce avec 50000 francs, c'est ma mise de fonds, mon Capital. Cette mise de fonds est reçue par un individu imaginaire auquel j'ouvre un compte, après l'avoir personifié. Cet individu, c'est la Caisse qui est censée recevoir de Capital, qui est mon compte personnel; donc, si nous nous faisons les deux questions : Qui reçoit? Qui fournit? dont nous avons parlé, et à l'aide desquelles nous passerons tous les articles au Journal, nous connaîtrons immédiatement le compte qu'il faudra débiter et celui qu'il faudra créditer.

1re *Question.* Quel est le Compte qui reçoit?

Réponse. La Caisse.

2me *Question.* Quel est le compte qui fournit?

Réponse. Le commerçant représenté par le compte de Capital, c'est-à-dire, que le compte de Caisse doit au compte de Capital une somme de 50000 fr. Il faudra donc débiter Caisse et créditer Capital; c'est-à-dire, écrire au Journal, en sous-entendant le mot doit :

Caisse. . . . . . . à . . . . . . Capital . . Fr. 50000

M/ versemement à la caisse.   (Voir le Journal, art. 1er)

Art. 2. — 1er Janvier.

Acheté au comptant, de Bérard, de Paris, un mobilier de bureau et magasin. . . . .   Fr.   1600

1re *Question*. Quel est le compte qui reçoit ?
  Réponse. Mobilier.

2me *Question*. Quel est le compte qui fournit ?
  Réponse. Caisse.

Le compte de Mobilier doit donc au compte de Caisse une somme de 1600 fr. : débitons le premier et créditons le second ; c'est-à-dire écrivons au Journal, en sous-entendant le mot doit :

Mobilier. . . . . . . à . . . . Caisse   F. 1600

Prix d'un mobilier. (Voir le Journal, art. 2.)

Remarque. Il ne doit figurer au compte de mobilier que le mobilier nécessaire au commerce, les autres meubles ne faisant point partie du capital commercial.

Art. 3. — 2 Janvier.

Payé 6 mois de loyer par avance, de mes magasins, bureaux, etc. . . . . Fr. 1800

1re *Question*. Quel est le compte qui reçoit ?
  Réponse. Loyer payé par avance.

2me *Question*. Quel est le compte qui fournit ?
  Réponse. Caisse.

Nous écrirons donc au journal :

Loyer Payé par avance. . à . . . Caisse. Fr. 1800

Payé 6 mois à mon propriétaire.

Nota. L'argent remis au propriétaire n'étant point dépensé lorsqu'on le lui donne, puisque ce n'est qu'une avance qu'on est obligé de lui faire, doit toujours figurer à l'actif du commerçant. Le propriétaire de la maison dont on a payé le loyer doit la somme qu'il a reçue jusqu'à ce qu'elle lui soit acquise; il faut donc en débiter son compte, ou un autre compte spécial.

Art. 4. — 3 Janvier.

Acheté au comptant de Dufètre, de Paris, 3 stères de bois pour le chauffage de nos magasins, bureaux, etc. Fr. 85.

1re *Question.* Quel est le compte qui reçoit?

Réponse. Frais généraux.

2me *Question.* Quel est le compte qui fournit ?

Réponse. Caisse.

Le Compte de Frais Généraux doit donc au Compte de Caisse. Débitons le premier, créditons le second, et écrivons au journal :

Frais Généraux. . . . . à . . . . Caisse Fr. 85
Prix de 3 stères de bois. (Voir le Journal, art. 4.)

Art. 5. — 4 Janvier.

Acheté au comptant, de Guirette de Paris, 5 balles coton, pesant 500 kilog. chacune, ens/ 3000 kilog. à fr. 1 ens/ Fr. 3000

RAISONNEMENT.

Des marchandises entrent en magasin; le compte de ce nom recevant, doit être débité. Je remets en espèces, à Guirette, la valeur de ces marchandises; la Caisse fournissant le prix de ces marchandises doit être créditée. Nous écrirons donc au journal :

Marchandises Générales. . . à . . . Caisse. . Fr. 3000
Facture Guirette, à Paris.

Nota. Cette formule est en usage dans les maisons qui ont un livre d'*Achats.* Les maisons qui n'ont point de livres d'Achats et qui conservent seulement en bon ordre les factures de leurs vendeurs, doivent motiver l'article de la manière suivante :

Art. 6. — 4 Janvier.

Marchandises Générales. . . . . à . . . Caisse Fr. 3000
Acheté au comptant de Guirette, à Paris, 5 balles coton pesant 600 kil. chacune, ens/ 3000 kil. à fr. 1.

Art. 7. — 5 Janvier.

Versé à la Caisse de Romagnac, banquier, à Paris, qui m'ouvre un Compte-courant portant intérêts réciproques à 6 p. o[o l'an, une somme de. . . . . . . Fr. 10000

1re *Question.* Quel est le Compte qui reçoit ?

Réponse. Romagnac.

2me *Question.* Quel est le Compte qui fournit ?
Réponse. Caisse.

Débitons le premier et créditons le second, et écrivons au journal :

Romagnac. . . . à Caisse. . . . . . Fr. 10000
Mon versement à sa Caisse.

Art. 8. — 6 Janvier.

Payé à mon tailleur une facture de. . . Fr. 185, 50
1re *Question.* Quel est le Compte qui reçoit ?
Réponse. Dépenses domestiques.

2me *Question*. Quel est le Compte qui fournit ?

Réponse. Caisse.

Débitons le premier et créditons le second.

Dépenses Domestiques. . . . à . . . Caisse Fr. 185, 50
Payé à mon tailleur. (Voir le journal , art. 7.)

Art. 9. — 7 Janvier.

Reçu de Rey, de Bordeaux , 6 tonneaux vin de Bordeaux, à fr. 200 chacun , ens/ fr. 1200 payables à présentation de sa facture, ci. . . . . Fr. 1200

1re *Question* Quel est le Compte qui reçoit ?

Réponse. Marchandises générales,

2me *Question*. Quel est le Compte qui fournit ?

Réponse. Rey.

Débitons le premier et créditons le second.

En effet, j'achète des marchandises ; le Compte de ce nom recevant, doit être débité. Comme je ne donne rien en échange de ces marchandises, et que j'obtiens un terme pour me libérer envers mon vendeur, j'ouvre un compte à Rey, et je le crédite du prix de ses vins.

J'écris donc au Journal :

Marchandises Générales. . . à Rey, de Bordeaux :
Sa facture. . . . . F. 1200

Art. 10. — 8 Janvier.

Acheté de Gauthier, de Marseille , 600 kil. café Bourbon à fr. 3, 50 l'un, ens/ Fr, 2100.

Remis à Gauthier pour solde :
N° 1, m/ b^{et} à son ord/, 10 février, de fr. 2100.

RAISONNEMENT.

Des marchandises entrent en magasin ; le compte de Marchandises doit donc être débité de la valeur des cafés ; mais au lieu de donner, en échange, de l'argent à mon vendeur, je lui souscris un billet à s/ ord/ ; les Effets à payer fournissant la contre valeur des marchandises reçues, le compte de ce nom doit être crédité. Nous dirons donc comme toujours :

1re *Question*. Quel est le compte qui reçoit ?

Réponse. Marchandises générales.

2me *Question*. Quel est le Compte qui fournit ?

Réponse. Effets à payer.

Et nous écrirons au journal ;

MARCHANDISES GÉNÉRALES. . à. . EFFETS A PAYER Fr. 2100

Facture Gauthier de Marseille.

Remis en paiement :

No 1, m/ b^{et} à s/ ord/, 10 février, de fr. 2100.

Art. 11. — 9 Janvier.

Vendu au comptant, à Cahuzac, à Rouen, 5 balles coton, pesant 600 kil: chacune, ens/ 3000 kil. à fr. 1,25 ens/ F. 3750

1re *Question*. Quel est le Compte qui reçoit ?

Réponse. Caisse.

2me *Question*. Quel est le Compte qui fournit ?

Réponse. Marchandises générales.

Débitons le premier, créditons le second, et écrivons au Journal :

CAISSE. . . . à . . . . MARCHANDISES GÉNÉRALES. Fr. 3650

Ma facture à Cahuzac, à Rouen.

Cette formule est celle en usage dans les maisons qui ont un livre de *ventes* ; les maisons qui n'en ont pas doivent rédiger l'article de la manière suivante :

CAISSE. , . . à. . . . MARCHANDISES GÉNÉRALES. Fr. 3750

Vendu au comptant, à Cahuzac, de Rouen, 5 balles coton, pesant ens/ 3000 kil. à fr. 1,25 ens/ 3750.

Art. 12. — 10 Janvier.

Vendu à Maire, à Paris, 6 tonneaux, vin de Bordeaux, à fr. 225 chacun, ens/ 1350 fr. payables à présentation de ma facture.

1re *Question*. Quel est le compte qui reçoit?
Réponse. Maire, à Paris.

2me *Question*. Quel est le compte qui fournit?
Réponse. Marchandises Générales.

Débitons le premier , créditons le second, et écrivons au journal :

MAIRE, à Paris. . à. . . MARCHANDISES GÉNÉRALES. F. 1350
M/ facture.

Art. 13. — 11 Janvier.

Vendu à Ardisson, de Marseille, 650 kil. café Bourbon, à fr. 4 l'un, ens/ 2400 fr.

Reçu en paiement :

No 101, s/ bet à m/ ord/, 10 février, de. . . . Fr. 2400

RAISONNEMENT.

Je vends des marchandises ; je reçois en paiement un effet à recevoir ; le compte de Marchandises doit être crédité des marchandises vendues ; celui d'Effets à recevoir doit être débité de celui qu'on me remet, ce qui est encore indiqué par les réponses aux deux questions connues.

1re *Question*. Quel est le compte qui reçoit?

Réponse. Effets à recevoir.

2me *Question*. Quel est le compte qui fournit?

Réponse. Marchandises générales.

D'où les écritures au journal :

EFFETS A RECEVOIR. . à. MARCHANDISES GÉNÉRALES. Fr. 2400

Reçu d'Ardisson, de Marseille :

N° 101 s/ b⁰ᵗ à m/ ord/, 10 février, de fr. 2400, en paie-ment de ma facture de ce jour.

Nota. Cette formule doit être employée lorsque l'acheteur n'a pas de compte ouvert sur nos livres ; s'il en avait un et qu'on désirât y faire figurer cette opération, il faudrait remplacer l'article ci-dessus par les deux articles suivants :

Art. 14. — 11 Janvier.

ARDISSON, de Marseille, à MARCHANDISES GÉNÉRALES. F. 2400
  Ma facture.

EFFETS A RECEVOIR. . à . . . ARDISSON, de Marseille, F. 2400
N° 101 s/ b⁰ᵗ à m/ ord/, 10 février, de fr. 2400.

Art. 15. — 12 Janvier.

Adressé en espèces à Rey, de Bordeaux, le montant de sa facture du 8 courant, ci. . . . . Fr. 1200

1re *Question*. Quel est le Compte qui reçoit?

Réponse. Rey, de Bordeaux.

2me *Question*. Quel est le Compte qui fournit ?

Réponse. Caisse.

Débitons le premier, créditons le second, et

Ecrivons au journal :

REY, de Bordeaux. . . . . . à . . . . . . CAISSE. F. 1200
  M/ envoi en espèces. (Voir le Journal, art. 13.)

Art. 16. — 13 Janvier.

On a forcé mon magasin, et l'on m'a volé, suivant ma
déclaration à la police, la somme de. . . , . . Fr. 1400

RAISONNEMENT.

Il s'agit ici d'une perte réelle que j'éprouve ; que j'y aie
consenti ou non, une somme est sorti de ma caisse. Or, la
Caisse fournissant, doit être créditée. Cette somme sortie de
la caisse, le compte de Profits et Pertes est censé l'avoir reçue et doit être débité. *

1re *Question.* Qui est-ce qui reçoit ?
Réponse. Profits et pertes.

2e *Question.* Qui est-ce qui fournit ?
Réponse. Caisse.

Écrivons donc au Journal :

PROFITS ET PERTES. . . . . à . . . . . . CAISSE Fr. 1400
Somme qui m'a été volée.

Art. 17. — 14 Janvier.

Acheté de Blanchet, de Lyon, à 2 mois de termes, 4 ballots, drap couleurs assorties, ens/ 1200 m. à fr. 10 l'un, ens
fr. 12000.

RAISONNEMENT.

J'achète des marchandises ; le compte de ce nom recevant
est débiteur et doit être débité. Comme je ne paie point le

Nota. On ne doit pas oublier que le compte de profits et pertes, qui est
une division du compte de capital, est débité ou crédité dans le cas où ce
dernier serait débité ou crédité, c'est-à-dire, débité quand le passif du
commerçant augmente ou quand il y a perte, et crédité quand c'est son
actif qui augmente ou quand il y a profit ; en d'autres termes, le
compte de profits et pertes reçoit les pertes et fournit les bénéfices.

prix de ces marchandises, et que j'obtiens un terme pour me libérer envers mon vendeur, j'ouvre un compte à Blanchet et je le crédite du prix de ses marchandises.

1re *Question*. Quel est le Compte qui le reçoit?
Réponse. Marchandises générales.

2e *Question*. Quel est le Compte qui fournit?
Réponse. Blanchet.

Nous écrirons donc au Journal :

MARCHANDISES GÉNÉRALES. . . . . à . . . . . BLANCHET.
Sa facture de ce jour. . . . . F. 12000

Art. 18. — 15 Janvier.

Vendu à Ardisson, à Marseille, 4 ballots, drap couleurs assorties, ens/ 1200 m. à fr. 10, 50 l'un, ens/ fr. 12600.

Et Ardisson me remet en échange, 10 barriques, huile d'olive surfine, jaugeant ens/ 3600 litres, à fr. 2 l'un, ens/ fr. 12600.

RAISONNEMENT.

Des marchandises sortent du magasin, le compte de ce nom doit être crédité ; mais, au lieu de recevoir de l'argent de mon acheteur, il me remet des marchandises qui entrent en magasin ; à son tour, le compte de marchandises recevant doit être débité. Le compte de marchandises est donc à la fois débiteur et créancier.— Nous écrirons au Journal :

MARCHANDISES GÉNÉRALES. . . à. . MARCHANDISES GÉNÉRALES.
F. 12600

Reçu d'Ardisson, à Marseille, 10 barriques huile d'olive surfine, jaugeant ens/ 3600 litres, à fr. 2 l'un, ens/ fr. 12600, en échange de 4 ballots, drap couleurs assorties, ens/
F. 12600.

Nous avons passé l'article au Journal, dans l'hypothèse qu'on ne veut pas faire figurer l'opération au compte de la personne avec qui l'échange se fait. Si l'on voulait qu'elle y figurât, il faudrait faire deux articles au Journal comme suit :

Art. 19. — 15 Janvier.

ARDISSON. . . . . à. . . . . MARCHANDISES GÉNÉRALES.
Ma facture. . .   F. 12600

Art. 20 — 15 Janvier.

MARCHANDISES GÉNÉRALES. . . . . à. . . . . ARDISSON.
S/ facture. . .   F. 12600

Il vaudrait même mieux faire ces deux articles ; on ne peut guère s'en dispenser, bien que le crédit annihile le débit, ou que le débit annihile le crédit ; car, il est indispensable de porter au Journal toutes les opérations que l'on fait ; et quand même la loi ne nous imposerait pas cette obligation, il n'en faudrait pas moins constater l'entrée de l'objet reçu et la sortie de l'objet fourni.

Art. 21. — 16. Janvier.

Remis à Gauthier, de Marseille, nᵒ 101, billet Ardisson, de fr. 2400, au 10 février, contre mon billet nᵒ 1, à son ordre, 10 février, de fr. 2100, et 300 fr. en espèces. . . F. 2400.

RAISONNEMENT.

Je donne un effet à recevoir ; le compte de ce nom fournissant doit être crédité. On me remet en échange : 1ᵒ Un de mes billets ; le compte d'effets à payer, recevant, doit être débité ; 2ᵒ de l'argent ; la Caisse, recevant, doit être débitée.

1ʳᵉ *Question.* Quel est le compte qui reçoit ?

Réponse. Effets à payer et caisse.

2e *Question.* Quel est le compte qui fournit?

Réponse. Effets à recevoir.

Ecrivons donc au Journal :

DIVERS. . . . à. . . . EFFETS à recevoir.

Effets à payer :

No 1, m/ b^{et} ord/ Ardisson, 10 février, fr. 2100 ⎫
Caisse. . .   300 ⎬ 2400

Art. 22. — 17 Janvier.

Accepté la traite blanchet, de Lyon, à son ordre, sur moi, 15 mars, de fr. 12000, et j'en fais écritures sous le no 2, de mes effets à payer.

1re *Question.* Qui est-ce qui reçoit?

Réponse. Blanchet.

2e *Question.* Qui est-ce qui fournit?

Réponse. Effets à payer.

La valeur ici est pour le compte de Blanchet, il doit en être débité ; c'est un billet qu'il faudra payer ; créditons donc effets à payer dont il fait partie, et écrivons au Journal :

Blanchet, de Lyon, . . . à . . . Effets à payer fr. 12000

Pour acceptation de sa traite sur moi, no 2, à son ordre, au 15 mars prochain.

Art. 23. — 18 Janvier.

Acheté de Fontagnère, de Paris, 10 balles de coton pesant chacune 600 kil., ens/ 6000 kil., à fr. 1, 10, ens/ fr. 6000.

Remis en paiement :

No 3, mon b^{et} à son ord/ au 28 janvier, fr. 4400 ⎫
En espèces pour solde. . .   2200 ⎬ 6600
         6600 ⎭

J'achète des marchandises ; je donne en paiement, un effet à payer et de l'argent. Le compte de marchandises doit être débité des marchandises achetées ; celui d'effets à payer doit être crédité de celui que je donne. La caisse doit être créditée de l'argent qu'elle fournit.

1re *Question*. Quel est le compte qui reçoit ?

Réponse. Marchandises générales.

2e *Question*. Quel est le compte qui fournit ?

Réponse. Effets à payer et caisse.

Ecrivons donc au Journal :

MARCHANDISES GÉNÉRALES. . .   à . . . . . DIVERS.

A effets à payer, no 3, m/ b^{et} ord/ Fontagnère, 28 janvier,
F. 4400.

A caisse, ma commission en espèces pour solde, fr. 2200.
Total 6600.

Art. 24 — 19 Janvier.

La succession de mon père, mort cejourd'hui, m'a procuré, après vente des biens, meubles et immeubles, la somme de fr. 90000.

Il s'agit ici d'un bénéfice réel que je fais ; une somme est rentrée dans la caisse ; or, la caisse, recevant, doit être débitée. Cette somme rentrée dans la caisse, le compte de capital est censé l'avoir fourni et doit être crédité, opération qui a pour but de constater l'augmentation de l'avoir du commerçant.

1re *Question*. Quel est le compte qui reçoit ?

Réponse. Caisse.

2e *Question*. Quel est le compte qui fournit ?

Réponse. Capital.

Nous écrirons donc au Journal :

CAISSE . . . . . .   à . . . . . .   CAPITAL Fr. 90000.

produit net de la succession de mon père, mort cejourd'hui 19 janvier.

Art. 25. — 20 Janvier.

Vendu à Plenet, à Lyon, 10 tonneaux, huile d'olive surfine, ens/ 6300 kil., à fr. 2, 25 l'un, ens/ fr. 14175

    1re *Question*. Quel est le Compte qui reçoit?

    Réponse. Plenet.

    2e *Question*. Quel est le Compte qui fournit ?

    Réponse. Marchandises générales.

Nous devons donc débiter le premier compte, créditer le second, et écrire au Journal :

    PLENET, à Lyon. . .   à . . . MARCHNDISES GÉNÉRALES.

    Ma facture. . .   F. 14175

Payables à présentation de ma facture.

Je vends des marchandises à terme, à Plenet, à Lyon ; les marchandises, fournissant, doivent être créditées ; Plenet, re-revant, doit être débité.

Art. 26. — 21 Janvier.

Acheté de Lombard, de Paris, la maison que j'habite, rue Vaugirard, n° 16.

    Remis en paiement :

    En espèces. . .   F. 40000

    N° 4, mon billet à son ordre, fin février. . . 20000

    1re *Question*. Quel est le Compte qui reçoit ?

    Réponse. Maison rue Vaugirard.

    2e *Question*. Quel est le Compte qui fournit ?

    Réponse. Caisse et effets à payer.

En achetant cette maison, comme elle doit me donner des bénéfices ou des pertes, je dois lui ouvrir un compte ; en ouvrant un compte à maison, je dois le débiter de sa valeur, et créditer les comptes qui la paient ; or, je vois qu'elle est payée

par la caisse et par effets à payer, je crédite ces deux comptes,
et j'écris au journal :

Maison rue Vaugirard. . .   à. . . .   Divers.

A caisse. . .   F. 40000 ⎫
A effets à payer   ⎬ 60000
N° 4, m/ b⁹ ord/ Lombard, fin février.   20000 ⎭

Art. 27. — 22 Janvier.

Reçu à la caisse de Romagnac, mon banquier, à Paris, la
somme de. . .   F. 4000

1re *Question*. Quel est le Compte qui reçoit ?
Réponse. Caisse.
2e *Question*. Quel est le Compte qui fournit ?
Réponse. Romagnac.

Débitons le premier, créditons le second, et écrivons au
Journal :

Caisse. . .   à. . . Romagnac, à Paris, 4000
Reçu à sa caisse, fr. 4000.

Art. 28. — 23 Janvier.

Reçu, en retour, la marchandise adressée à Plenet, à Lyon,
le 20 courant.

10 tonneaux, huile d'olive surfine, ens/ 6300 kil., fr. 14175

1re *Question*. Quel est le Compte qui reçoit?
Réponse. Marchandises générales.
2e *Question*. Quel est le Compte qui fournit ?
Réponse. Plenet.

Débitons le premier, créditons le second, et écrivons au
Journal :

Marchandises Générales. . .   à. , Plenet, à Lyon.
Retour de mon envoi du 20 courant, fr. 14175.

Cet article est l'inverse de celui que nous avons fait lors de
notre envoi de marchandises, et cela doit être, puisque le
retour annihile la vente.

Art. 29. — 24 Janvier.

Payé au roulage le port des marchandises que Plenet, à Lyon, m'a renvoyées, fr. 125.

1re *Question*. Quel est le Compte qui reçoit?

Réponse. Marchandises générales.

2e *Question*. Quel est le Compte qui fournit?

Réponse. Caisse.

Débitons le premier, créditons le second, et écrivons au Journal:

Marchandises Générales. . . à . . . Caisse Fr. 125.
Port du retour de Plenet.

Nous pensons qu'il faut bien se garder, dans cet article, de débiter *frais généraux*, ainsi que nous le voyons dans la plupart des cours de tenue de livres. Tout le monde sait que le compte de *frais généraux* ne doit renfermer que les frais occasionnés par le commerce. C'est là l'unique objet de ce compte, il n'a pas d'autre rôle à remplir. On serait donc loin de comprendre le principe établi, et de s'y conformer, si on portait dans le compte des Frais généraux, le retour des marchandises. Le négociant qui se retirerait des affaires et céderait sa maison pourrait-il, en tenant ainsi ses livres, prouver à son acheteur, par son compte de *frais généraux*, quels sont les frais nécessités par son commerce?....

Nous ne pensons pas non plus qu'on doive porter les frais de retour dans le *compte de profits et pertes*, car il est évident que ce n'est point là une perte, puisqu'en revendant cette marchandise on peut encore bénéficier sur elle. Lors même que ce serait une perte, ce serait encore à tort qu'on voudrait la distraire du *compte de marchandises*, pour la faire figurer au *doit* d'un autre compte, parce que le compte de marchandises ne présenterait plus à l'inventaire le résultat exact des opérations sur les marchandises. A notre avis, qui est celui de quelques teneurs de livres dont le nom fait autorité, et que nous avons longtemps pris pour modèle, cette dépense doit être considérée comme une augmentation du prix d'achat, et être portée comme les achats au compte de mar-marchandises générales.

Art. 30. — 25 Janvier.

Vendu à Payan, de Bordeaux, 10 tonneaux huile d'olive surfine, ens/ 6300 kil., à fr. 2,25 ens/ F. 14175.

Et je tire sur Payan le mandat ci-dessous que je mets en portefeuille.

    No 102. M/ mandat ord/ Lombard, à vue, de F. 14175

1re *Question.* Quel est le Compte qui reçoit?
    Reponse. Effets à recevoir.

2me *Question.* Quel est le Compte qui fournit?
    Réponse Marchandises générales.

Débitons le premier, créditons le second, et écrivons au Journal :

    Effets à recevoir. . à Marchandises générales. F. 14175
        Tiré sur Payan, à Bordeaux :
    No 102. M/ mandat ord/ Lombard, à vue, de F. 14175
        En paiement de :
10 tonneaux huile d'olive surfine.

Remarque. Cette manière de rédiger l'article n'est applicable que dans le cas où l'on ne veut pas que l'opération figure au compte de la maison avec laquelle elle se fait.

Mais si Payan est un de nos correspondants, et que nous voulions faire figurer l'échange à son compte, nous devons adopter les deux articles suivants : (Voir le Journal.)

Art. 31. — 25 Janvier.

Payan, à Bordeaux. . . à. . . . Marchandises Générales.
10 tonneaux d'huile d'olive surfine ens/ F. 14175.

Art. 32. — 25 Janvier.

Effets à recevoir. . . à . . . . Payan, à Bordeaux.
No 102. M/ mandat ord/ Lombard, à vue, de F. 14175.

Art. 33. — 26 Janvier

Remis en compte à Lombard :
No 102. M/ mandat à s/ ord/ à vue, s/ Bordeaux, F. 14175
1re *Question*. Quel est le compte qui reçoit?
   Réponse. Lombard.
2me *Question*. Quel est le compte qui fournit?
   Réponse. Effets à recevoir.
Débitons le premier, créditons le second et écrivons au
Journal :
Lombard, à Paris. . à. . . Effets à recevoir. F. 14175
No 102. S/ Bordeaux, à vue.

Art. 34. — 27 Janvier.

Escompté à Fontagnère, à Paris, à 6 o/o :
No 103. Bet Plenet, à Lyon, fin mars, de F. 600.
No 104. Bet Gauthier, à Marseille, au 15 mars, de F. 900
Je lui retiens pour escompte à 6 o/o. . 17, 25
Commission et change de place 5/8 p. o/o 11, 25
                                          ‾‾‾‾‾‾
                                          28, 50

Et compté à Fontagnère, en espèces. . . . F. 1471, 50
Remarque. Avant de passer cet article au Journal, il est
bon de faire connaître la différence qn'il y a entre escompter
et négocier des effets.

Escompter un effet, signifie payer à quelqu'un le montant d'un effet avant l'échéance, moyennant un escompte.

Négocier un effet, signifie le céder à un autre qui en donne la valeur, en retenant l'escompte.

Comme on le voit, escompter un effet, c'est l'acheter ; négocier un effet, c'est le vendre.

1re *Question*. Quel est le Compte qui reçoit ?
Réponse. Effets à recevoir.

2me *Question*. Quel est le Compte qui fournit ?
Réponse. Caisse et Profits et Pertes.

Écrivons au Journal :

Effets à recevoir. . . . à Divers. . . . . F.   1500

Escompté à Fontagnère les effets ci-dessous :
N° 103. B^{et} Plenet, à Lyon, fin mars , de F.   600
N° 104. B^{et} Gauthier, à Marseille, 15 mars, F.   900
                                                    ————
                                                    1500

A Caisse :
Ma remise en espèces. . . . . . F.   1471, 50
  A Profits et pertes :
Intérêt à 6 %. 17, 25
Commission et change de
place à 5/8 p. %. 11, 25
                              ————
                              28, 50

Art. 35. — 28 Janvier.

Acheté au comptant, à la bourse de ce jour, 10 actions des Mines de Montrambert, près Saint-Etienne, de fr. 1000 chacune, au cours de f. 950. . . . . F.   9500

En achetant des actions, j'ouvre un compte à Actions des Mines de Montrambert, et je débite ce compte de leur valeur, je crédite au contraire le compte de Caisse de l'argent qui est sorti pour les payer.

1re *Question*. Quel est le Compte qui reçoit ?

Réponse. Actions des Mines de Montrambert.

2me *Question*. Quel est le Compte qui fournit ?

Réponse. Caisse.

Débitons le premier, créditons le second, et écrivons au Journal.

ACTIONS DES MINES de Montrambert. . . . à CAISSE. F. 9500

Art. 36. — 29 Janvier.

Payé à Fontagnère :

No 3. M/ b^{et} à s/ ord/ du 15 janvier, échu ce jour. F. 4400

J'acquitte un de mes billets. Le Compte d'effets à payer, recevant, doit être débité ; la Caisse, qui fournit les fonds avec lesquels je paie mon billet, doit être créditée.

1re *Question*. Quel est le Compte qui reçoit ?

Réponse. Effets à payer.

2me *Question*. Quel est le Compte qui fournit ?

Réponse. Caisse.

Écrivons au Journal :

EFFETS A PAYER . . . . . à . . . . . CAISSE. F. 440 0

Acquitté m/ b^{et} ord/ Fontagnère no 3, échu ce jour.

Art. 37. — 30 Janvier.

Vendu au pair, et contre espèces, à la bourse de ce jour, mes 10 actions des Mines de Montrambert, près St—Etienne, de fr. 1000 chacune, ens/. . . . . F. 10000

1re *Question*. Quel est le Compte qui reçoit ?

Réponse. Caisse.

2me *Question*. Quel est le Compte qui fournit ?

Réponse. Actions des Mines de Montrambert.

Débitons le premier et créditons le second.

Caisse. . . . à. . . . . Actions des Mines de Montrambert.
Le montant de mes 10 actions. . . . . F. 10000

Art. 38. — 31 Janvier.

Payé pendant le mois de janvier pour dépenses de mon ménage. . . . . F. 600
Les gages de ma domestique. . . . . F. 25

F. 625

Les dépenses de ménage se montent à fr. 625 ; je crédite la Caisse, qui a fourni les fonds pendant le mois, et je débite *Dépenses de ménage* de la même somme.

   1re *Question.* Quel est le Compte qui reçoit ?
   Réponse. Dépenses de ménage.
   2me *Question.* Quel est le Compte qui fournit ?
   Réponse. Caisse.

Débitons le premier et créditons le second.

Dépenses de Ménage. . . . à. . . . . . Caisse. . F. 625

Les dépenses du mois. { pour ma cuisine . . . F. 600
pour gages de ma cui-
sinière. . . . . . . F. 25

F. 625

Art. 39. — 31 Janvier,

Payé pour réparations de mes magasins et bureaux, fr. 400.
Les appointements de mes employés pendant janvier :
A mon premier commis. . . . . F. 300
A mon second commis. 200
A mon garçon de magasin. 65

F. 965

Il s'agit ici de réparations faites à mes magasins, bureaux, etc., et des appointements de mes employés ; ces dépenses se portent ordinairement au compte de Frais généraux : la Caisse fournit, créditons-la, et débitons frais généraux.

1re *Question.* Quel est le Compte qui reçoit ?

Réponse. Frais généraux.

2e *Question.* Quel est le Compte qui fournit ?

Réponse. Caisse.

Débitons le premier, créditons le second, et écrivons au Journal :

Frais Généraux. . . . . à . . . . . Caisse. . . . . F. 965

pour réparations à mes magasins et bureaux, et les appointements de mes employés pendant ce mois.

DU GRAND-LIVRE.

Livre d'Extraits, ou Livre de Raison.

Nous avons déjà dit que le Grand-Livre est ainsi appelé à cause de la grandeur de son format ; il est en effet le plus gros, le plus volumineux, de tous les livres qu'on emploie dans le commerce. On le tient avec cette dimension, afin de pouvoir placer un article entier dans une seule ligne. Nous avons dit aussi qu'on l'appelle quelquefois livre d'extraits, et livre de raison, parce que tous les matériaux qu'il renferme sont extraits du Journal, et qu'il rend raison de toutes les affaires du commerçant. On pourrait l'appeler encore livre des Comptes-courants, parce qu'il a pour objet de faire connaître le Compte-courant du commerçant, personnifié dans les Comptes généraux, avec chacun des individus qui font des affaires avec lui. C'est dans le Grand-Livre que viennent se résumer toutes les opérations du négociant ; et de même qu'au Journal chaque opération a son débiteur et son créancier, de même aussi, au Grand-Livre, chaque opération doit figurer au Compte du débiteur et du créancier.

Dans le Grand-Livre, on ouvre, outre les Comptes généraux, un Compte à tous les individus avec lesquels on fait des affaires à crédit, et qui sont portés au Journal comme débiteurs ou créanciers.

Chaque Compte est divisé par *débit* et *crédit*, ou *doit* et *avoir*. On y porte, au *débit*, toutes les valeurs que reçoit la personne; au *crédit*, toutes celles qu'elle fournit. Il suit de là que le négociant qui veut connaître sa situation à l'égard de chacune des personnes avec lesquelles il fait des affaires, n'a qu'à ouvrir leur Compte et comparer le total des sommes du *débit* au total de celles du *crédit*. Cette comparaison lui fait connaître ce qu'il doit et ce qui lui est dû.

Tous les folios du Grand-Livre doivent porter un numéro; mais ces numéros, au lieu d'augmenter, de page en page, comme au Journal, ne croissent d'une unité que de deux en deux pages, de sorte que chaque folio du Grand-Livre est composé de deux pages en regard.

Pour y ouvrir un Compte, on numérote tous les folios, en mettant en tête, aux extrémités des deux pages, Fol. 1, Fol. 1. On écrit sur la même ligne le nom de la personne ou de l'objet que le compte concerne, précédé du mot *doit*, à gauche; suivi du mot *avoir*, à droite, pour rapporter à la page gauche, ou au débit, tout ce dont ce compte est débité au Journal, et à la page droite, ou au crédit, tous les articles dont il est crédité.

Les pages du Grand-Livre sont divisées en 7 colonnes; (Voir nos régistres). Dans la première, à gauche, on écrit le mois et l'année; dans la deuxième, la date du mois; au débit de la troisième, qui est la plus large, le nom du Compte à qui le débiteur doit, précédé de la préposition *à*, et suivi de l'exposé de l'opération. Au crédit, le nom du débiteur qui doit au

Compte que l'on crédite, précédé de la préposition *par*, et suivi de l'exposé de l'opération.

Les mots écrits au haut du Grand-Livre, et ceux écrits pour chaque article, forment, tant au débit qu'au crédit, une phrase complète que l'on traduit ainsi : Pour le débit: Doit A. . . . . à. . . B. . . pour

Pour le crédit: Avoir dans le sens de : (il est dû à) A par B pour. . .

On place dans la quatrième colonne les francs et les centimes ; dans la sixième, le numéro de la page du Journal où l'article a été passé ; dans la septième, le folio du Grand-Livre où est ouvert le Compte débiteur ou créditeur. La septième colonne s'appelle la colonne des folios de rencontre, parce qu'au doit d'un compte elle indique le folio du Compte créditeur de la somme qui y est portée, et à l'avoir elle indique au contraire le folio du Compte débiteur.

DE L'UTILITÉ ET DE L'IMPORTANCE DU GRAND-LIVRE.

Nos lecteurs ont, sans doute déjà compris l'utilité et l'importance du Grand-Livre.

Le Journal présentant toutes les affaires du commerçant à mesure qu'elles ont lieu, il arrive que, sur ce livre, les personnes avec lesquelles il fait des affaires, sont débitées et créditées à la date du jour où elles ont reçu et fourni des valeurs. Il en est de même des divers objets de commerce auxquels on ouvre des Comptes. Il en résulte que les différents articles dûs par le commerçant à ses créanciers, ou par ces derniers au commerçant, sont confondus pêle-mêle au Journal. Si donc, le négociant veut voir en particulier ce qui lui est dû par chaque personne, ou ce qu'il doit lui-même, ainsi que les variations qui se sont opérées dans ses valeurs, il est obligé d'avoir un compte par débit et par crédit pour chacun de ses débiteurs et de ses créanciers, et pour les divers objets de son commerce. S'il n'avait pas de Grand-Livre, il serait forcé, pour régler un compte, de compulser toutes les pages du Journal, et d'établir, de mémoire ou par écrit, une espèce de Grand-Livre qui l'exposerait à une foule d'erreurs.

RÉPERTOIRE DU GRAND-LIVRE.

Le Grand-Livre est ordinairement accompagné du répertoire ou tableau indicatif, dans lequel se trouvent portés par lettres alphabétiques, tous les noms des Comptes du Grand-Livre précédés de l'indication du domicile, si c'est le Compte d'un particulier ou d'un corrrespondant, et suivis du chiffre numéral des folios où ils ont été ouverts. Lorsque le répertoire est bien tenu, un coup-d'œil suffit pour trouver les folios du Grand-Livre et les Comptes que l'on veut consulter, ce qui est commode et utile.

MANIÈRE DE PORTER LES ARTICLES DU JOURNAL AU GRAND-LIVRE.

TRAVAIL PRÉPARATOIRE.

Nos lecteurs n'ont pas oublié ce que nous avons dit de la manière d'indiquer au Journal, en marge de chaque article, avant de le porter au Grand-Livre, les folios où les comptes sont ouverts. Ce travail préparatoire consiste, pour nous, à écrire dans la première des deux colonnes, à ce destinées, les folios des comptes débiteurs, et, dans la deuxième, ceux des comptes créanciers. Mais cette manière d'indiquer les folios du Grand-Livre, que nous avons adoptée comme la plus simple et la plus facile à comprendre, n'est pas la seule qui soit en usage dans le commerce. En voici une autre qui est fréquemment employée, et que l'on retrouve dans presque toutes les méthodes de tenue des livres, mais qui est loin d'offrir les avantages des deux colonnes que nous conseillons.

Lorsque l'article du Journal ne renferme qu'un seul débiteur et qu'un seul créancier, on tire en marge, vis-à-vis où les noms sont écrits, un trait horizontal ; au-dessus de ce trait, on place le folio du débiteur, et au-dessous celui du créancier.

Si l'article renferme plusieurs débiteurs et un seul créancier, on laisse en blanc le dessus de la ligne et on place au-dessous le folio du créancier. Si l'article renferme un seul débiteur et plusieurs créanciers, on place au-dessus le folio du débiteur, et on laisse le dessous de la ligne en blanc. Dans l'un et l'autre cas, on place plus bas, à côté du nom de chacun des débiteurs ou de chacun des créanciers, le folio de leur compte au Grand-Livre.

Cette préparation achevée, on rapporte au Grand-Livre les débiteurs d'abord, puis les créanciers, pour procéder avec ordre.

A mesure que l'on rapporte, il faut avoir soin de placer un point à côté du folio de chaque compte, pour indiquer que le rapport en est fait.

Revenons à notre manière et prenons pour exemple le premier article du Journal.

Caisse. . . . . à . . . . Capital.

Nous cherchons au Répertoire du Grand-Livre les folios de ces deux comptes, et nous écrivons au Journal, dans la 1re colonne, le folio 1 du compte débiteur *Caisse*, et dans la 2me, le folio 2 du compte créditeur *Capital*, comme suit :

| 1 | 2 | Caisse. . . . . à. . . . . . . Capital.

Prenons encore pour exemple le deuxième article :

Mobilier. . . . . à . . . . . . Caisse.

Dans la 1re colonne, nous écrivons le folio 2 du compte

9

débiteur *Mobilier*, et dans la 2e, le folio 1 du compte créditeur *Caisse.*, comme suit :

| 2 | 1 | Mobilier . . . . à . . . . Caisse.

Et ainsi des autres.

Soit maintenant à porter au Grand-Livre le premier article du Brouilard, ainsi conçu :

| 1 | 2 | Caisse . . . . . à . . . Capital . . F. 50000

Mon versement à la Caisse.

Le numéro 1, à gauche de l'article, nous indique qu'il faut ouvrir le Grand-Livre au folio 1, pour y trouver le Compte de Caisse, et comme ce folio est placé dans la première colonne, j'en conclus qu'il faut porter l'article au *doit* de ce compte.

Nous écrivons donc au *Doit* de Caisse au Grand-Livre :

| Janvier | 1 | A *Capital*, mon versement en es- | 2 | 1 |
| | | | pèces. . . . . . . F. 50000. | | |

On ne doit pas oublier la signification des deux numéros qui figurent dans les deux colonnes qui accompagnent la somme. Le premier est le folio du Grand-Livre où est ouvert le compte créditeur *Capital*, le second est le numéro de la page du Journal où l'article a été passé. La première de ces deux colonnes est appelée *colonne de folios de rencontre*, parce que, au *Doit* d'un compte, elle indique le folio du compte créditeur de la somme qui y est portée ; et, à l'*Avoir*, elle indique au contraire le folio du compte débiteur. Lorsque nous avons débité le Compte de Caisse au Grand-Livre, nous mettons un point à côté et à droite du folio de Caisse qui figure au Journal, et ce point nous indique que nous avons débité ce compte au Grand-Livre. Le second numéro à gauche de l'article du Journal nous indique qu'il faut ouvrir le Grand-Livre au folio 2 pour y trouver le Compte de Capital ; et, comme le folio 2 est placé dans la 2e colonne, nous en concluons qu'il faut le porter à l'*Avoir* de ce compte.

Nous écrivons donc à l'*Avoir* de CAPITAL au GRAND-LIVRE :

1858 | | par Caisse , mon versement en es- | 2 | 1 | .
Janvier | 1 | pèces. . . . . . . F. 5000. | | |

Le Compte de Capital étant crédité au Grand-Livre, nous mettons aussi, à droite du folio de Capital, un point qui nous indique que le compte est crédité au Grand-Livre.

Soit le deuxième article à porter au Grand-Livre :

| 2 | 1 MOBILIER. . . . , à . . . . . CAISSE. . F. 1600
prix d'un mobilier.

Le numéro 2, à gauche de l'article, nous indique que nous devons ouvrir le Grand-Livre au folio 2, pour y trouver le Compte de Mobilier ; et, comme le folio 2 est placé dans la première colonne, nous en concluons qu'il faut le porter au *Doit* de ce compte.

Nous écrirons donc au *Doit* de MOBILIER au GRAND-LIVRE :

1858 | | A Caisse , pour prix d'un mobi- | 1 | 1 | .
Janvier | 2 | lier. . . . . F. 1600. | | |

Le Compte de Mobilier étant débité au Grand-Livre, nous mettons un point à côté de la droite du folio de Mobilier, et ce point nous indique que le compte est débité au Grand-Livre.

Le numéro 1 , à gauche de l'article , nous dit qu'il faut ouvrir le Grand-Livre au folio 1, ponr y trouver le Compte de Caisse ; et, comme le folio 1 est placé dans la 2e colonne, nous en concluons qu'il faut le porter à l'*Avoir* de ce compte.

Nous écrirons donc à l'*Avoir* de CAISSE au GRAND-LIVRE :

1858 | | Par Mobilier. . . . . . F. 1600. | 2 | 1 |
Janvier | 2 | Prix d'un mobilier. | | |

Et après avoir crédité le Compte de Caisse au Grand-Livre,

nous mettons un point à côté et à droite du folio de Caisse ; ce point indique que le compte est crédité au Grand-Livre.

Nous ne répétons ni le mois ni l'année, tant qu'ils ne changent pas, et nous remplaçons par un guillemet les mots *à* et *par* qui précèdent les comptes créditeurs et les comptes débiteurs, au lieu de les répéter à chaque ligne.

Nous engageons le lecteur à jeter un coup-d'œil sur notre Grand-Livre, afin de se convaincre qu'il n'y a aucune difficulté à porter au Grand-Livre des articles bien rédigés au Journal. Nous ajouterons à ces explications, qu'au Compte de Divers, pour ne rien changer à la réglure du Grand-Livre, nous n'indiquons pas au *Doit* le compte créditeur, ni à l'*Avoir* le compte débiteur, nous écrivons tout de suite après la date, le nom du compte débiteur au *Doit*, et le nom du compte créditeur à l'*Avoir*.

On ne saurait faire autrement, parce que les différents articles qui y sont portés regardant différents correspondants, nous sommes obligés de faire figurer le nom de chacun d'eux à chaque article, pour être à même de nous reconnaître. Lorsque les articles se balancent, nous l'indiquons par la lettre S, qui signifie soldé.

Quand le *Doit* et l'*Avoir* des autres comptes se balancent, nous tirons des barres au-dessous des sommes ou des additions, pour indiquer qu'il n'y a plus à y revenir. Nous pensons que ces simples explications sur la manière de porter au Grand-Livre les articles simples, suffiront à nos lecteurs. Nous les engageons à suivre les articles du Journal du mois de janvier et à voir comment nous les avons tous portés au Grand-Livre.

Balance de vérification. — Balance mensuelle. — Moyen à employer pour trouver la Balance juste. — Ce qu'on entend par pointer.

La Balance est une opération par laquelle le négociant reconnaît son Actif et son Passif.

On distingue la Balance du Mois et la Balance Générale des Comptes.

BALANCE DU MOIS.

Nous avons déjà dit que les écritures en parties doubles offrent l'avantage d'un contrôle réciproque des comptes. Ce contrôle a lieu dans de certaines limites que nous allons faire connaître.

La Balance mensuelle a pour objet de contrôler les écritures du Grand-Livre ; de s'assurer que tous les articles ont été exactement portés du Journal au Grand-Livre.

En effet, puisque chaque somme a au Journal son débiteur et son créancier, qu'elle se trouve transportée au Grand-Livre au compte de ce débiteur et de ce créancier, il s'en suit que toute la somme inscrite au Journal figure tout à la fois aux *crédits* et aux *débits* du Grand-Livre.

Conséquemment, si on fait séparément l'addition de toutes les sommes portées au débit et au crédit de chaque compte du Grand-Livre, qui ne solde pas, et si l'on réunit dans deux colonnes ces additions partielles, on devra avoir deux totaux égaux. C'est ce qu'on appelle faire la balance. S'il existait une différence, on devrait en conclure qu'il y a erreur quelque part.

On fait cette balance tous les mois, et on l'inscrit sur un tableau à ce destiné. Ce tableau doit être divisé de manière à présenter une colonne pour recevoir le nom des folios de tous les comptes du Grand-Livre, une autre colonne dans laquelle on écrit les noms de ces mêmes comptes, et une série d'autres colonnes destinées à recevoir, chaque mois, le montant des sommes du *Débit* et du *Crédit* de chaque compte. (*Voir nos registres.*)

Cette Balance sert à prouver que tous les articles ont été exactement portés du Journal au Grand-Livre ; mais elle ne prouve pas qu'il n'existe point d'erreur au Journal. Une Balance juste ne prouve pas non plus qu'on ait bien passé les articles des Livres auxiliaires au Journal, ou qu'on n'en ait point omis. Nous devons donc, avant de faire la Balance, nous assurer qu'il n'existe point d'erreur ou d'omission du genre de celles que nous venons d'indiquer.

Si les additions du *Débit* et du *Crédit* de la Balance ne sont pas égales, il faudra pointer les livres, c'est-à-dire lire les articles du Journal les uns après les autres, en vérifiant sur le Grand-Livre si chacun d'eux y est exactement reporté, jusqu'à ce qu'on rencontre l'erreur qui a causé la différence entre les deux totaux. On met un point au Journal et au Grand-Livre, à côté de chaque somme trouvée juste ; c'est ce qu'on appelle pointer. Pour éviter une perte de temps, on peut ne pointer que les écritures du *Débit*, lorsque l'erreur est au *Débit*, et du *Crédit*, si l'erreur est au *Crédit*. Le plus souvent, cette opération se fait à deux ; l'un tient le Journal et l'autre le Grand-Livre. Le premier dit à haute voix les comptes et les sommes du Journal et le second répète les sommes à mesure qu'il les trouve justes au Grand-Livre. C'est quand ce dernier a répété la somme, que chacun d'eux met un point, le premier au Journal, à gauche du folio, le second au Grand-Livre, à gauche de la somme.

La plupart des Tenues de Livres indiquent, comme moyen
de vérification, l'addition du Journal ; nous ne saurions con-
seiller ce moyen, à cause de la longueur de l'opération et des
nombreux inconvénients qu'elle entraîne après elle. Outre
qu'il ne présente aucun avantage, il peut donner lieu à de
nombreuses erreurs dans les additions du Journal. Quant à
nous, nous avons toujours conseillé à nos élèves, dans le cas
où les additions du *Débit* et du *Crédit* de la Balance mensuelle
ne seraient pas égales, de s'assurer : 1° qu'il y a autant de
folios en marge de chaque article du Journal, qu'il y a de
comptes débiteurs ou créditeurs dans l'article ; 2° qu'il y a,
à droite de chaque folio, le point qui indique que l'article est
porté au Grand-Livre ; 3° que les sommes partielles, s'il y a
des articles de divers, sont égales à la somme totale ; 4° que
chaque somme est exactement portée au Grand-Livre, en
pointant chaque article.

Il est facile de saisir toute l'importance de la Balance mensuelle : elle assure l'exactitude des comptes du Grand-Livre,
et, en cas d'erreur, elle n'oblige jamais qu'à la vérification des
écritures du mois, tandis que si l'on ne faisait la Balance
qu'une fois par année, s'il se glissait seulement une erreur,
il faudrait vérifier les écritures d'une année entière. Elle
présente un autre avantage, celui de donner constamment au
négociant un aperçu de ses dettes actives et passives, et de
le guider dans le crédit qu'il doit accorder aux différentes
personnes.

DES SOLDES.

On ajoute ordinairement aux colonnes dont nous avons
parlé dans le tableau de la Balance, deux autres colonnes
destinées aux soldes des comptes. La première est réservée
aux différences du *Débit* sur le *Crédit* ; la seconde, aux diffé-

rences du *Crédit* sur le *Débit*. Ainsi, on compare l'addition du *Débit* avec l'addition du *Crédit* de chaque compte, on en fait la différence, et l'on porte cette différence au *Doit*, si le *Doit* est plus fort que l'*Avoir* ; à l'*Avoir*, si l'*Avoir* est plus fort que le *Doit*. Par ce moyen, on voit sur le champ de combien chaque compte est débiteur ou créancier. Ces deux colonnes doivent aussi se balancer elles-mêmes ; car, il est évident que quand plusieurs sommes partielles donnent des totaux égaux, les différences partielles doivent donner des totaux égaux.

BALANCE AU 31 JANVIER 1858.

Folios du Grand Livre.	COMPTES OUVERTS AU GRAND LIVRE.	ADDITIONS.		SOLDES.	
		DOIT	AVOIR	DOIT	AVOIR
1	Caisse.	158050	78557	79493	»
2	Capital.	»	140000	»	140000
»	Mobilier.	1600	»	1600	»
	Loyer payé par avance.. .	1800	»	1800	»
3	Marchandises générales..	51800	48450	3350	»
4	Effets à recevoir.. . . .	18075	16575	1500	»
»	Effets à payer..	6500	38500	»	»
»	Profits et Pertes.. . . .	1400	28 50	1371 50	32000
»	Frais généraux.	1050	»	1050	»
»	Dépenses domestiques..	810 50	»	810 50	»
7	Maire à Paris.	1350	»	1350	»
8	Romagnac..	10000	4000	6000	»
9	Lombard à Paris.	14175	»	14175	»
11	Maison Vaugirard.. . . .	60000	»	60000	»
14	Actions des mines de Montrambert.	9500	10000	»	500
		336110 50	336110 50	172500	172500

DES CONTRE-PARTIES

OU DES

ERREURS AU JOURNAL ET AU GRAND-LIVRE.

On apelle Contre-Parties, les écritures que l'on passe au Journal et au Grand-Livre, pour rectifier les erreurs qui auraient été commises sur ces registres.

Lorsque des écritures erronées existent au Journal, elles doivent exister aussi au Grand-Livre, mais elles peuvent exister au Grand-Livre sans exister au Journal.

Lorsqu'elles existent au Journal, on ne peut pas les biffer et recommencer ; la loi défend d'y faire le moindre changement, d'y effacer même un mot ou un chiffre pour en substituer un autre. Pour les rectifier, on est obligé de passer des écritures nouvelles. Pour cela, si l'article du Journal est complètement erroné, s'il énonce une opération fausse, ou s'il désigne des individus étrangers à l'opération, il faut passer un article inverse, dans lequel on crédite le débiteur et on débite le créancier du premier article ; puis, ayant crédit la somme, on écrit ces mots : pour *contre-passe de l'article du...* Il faut, en indiquant la page, renvoyer, par une note, de l'article faux à l'article qui le rectifie et réciproquement, afin de pouvoir s'y retrouver au besoin.

Si l'article erroné a été transporté au Grand-Livre, il faut y transporter aussi celui qui le rectifie et écrire sur ce livre, comme au Journal, à côté des sommes, le mot *nul.*

Lorsque ensuite on additionne les sommes du Grand-Livre, ou les sommes du Journal, il faut avoir soin de ne pas comprendre dans les additions les sommes désignées nulles.

Si dans l'article faux, au Journal, on a seulement débité une personne pour une autre, on passe un article nouveau, dans lequel on débite le véritable débiteur, en créditant celui qui était débité par erreur. Si, au contraire, on avait crédité une personne qui ne devait pas l'être, dans l'article nouveau on créditera le véritable créancier, en débitant celui qui n'était crédité que par erreur. Dans l'un et l'autre de ces deux cas, il faut, après avoir écrit le nom du débiteur, celui du créancier, et la somme, écrire ces mots : *Pour contre-passe du débit ou du crédit de l'article du.* . . . . et sortir la somme dans la colonne à ce destinée ; puis il faut transporter au Grand-Livre l'article faux ; aussi bien que l'article rectifié.

Si les articles erronés existent seulement au Grand-Livre, c'est-à-dire, si l'on a porté au débit d'un Compte ce qui devait être au crédit de ce Compte, ou bien, si l'on a inscrit à un Compte ce qui devait l'être à un autre, il suffit de gratter la somme et d'écrire le mot *nul* à l'encre rouge, sur la ligne de l'article, puis de porter cet article à la place où il aurait dû être d'abord, si on n'eût pas commis d'erreur.

Le Grand-Livre n'étant pas un livre légal, on peut y faire les corrections qu'on juge convenables ; il n'en est pas de même du Journal.

Il est bon de savoir réparer une erreur commise, mais le teneur de livres ne doit pas oublier que, pour bien remplir ses fonctions, il faut une attention soutenue et qu'un moment de distraction peut entraîner souvent des erreurs graves et faire perdre beaucoup de temps.

DES LIVRES AUXILIAIRES.

Outre les livres principaux, dont nous venons de parler, on en tient plusieurs autres, sur lesquels on inscrit des détails utiles auxquels on a souvent besoin de recourir. Ces livres ne sont que des recueils de notes pour soulager la mémoire, et suivis de développements aux livres principaux. Ce sont les *livres auxiliaires*.

Le nombre de ces livres ne peut être exactement déterminé ; il dépend des besoins et de la nature des affaires du négociant ; la forme en est arbitraire, et ils ne sont jamais que des recueils de notes inscrites en termes ordinaires pour servir de développemeuts et de preuves aux comptes établis.

Les principaux livres auxiliaires, c'est-à-dire, ceux qui sont le plus en usage, sont : les livres de *Caisse*, d'*Achats*, de *Ventes*, d'*Effets à recevoir*, d'*Effets à payer*, de *Factures*, de *Magasin*, de *Copies de lettres*, de *Frais et Dépenses*, d'*Inventaires*, d'*Entrée et de Sortie des Marchandises*, des *Comptes-Courants portant intérêts*, de *Commandes ou Commissions*, le *Carnet d'Echéances des effets à recevoir*, le *Carnet d'Echéances des effets à payer*, le livre d'*Enregistrement des effets à recevoir* et le livre d'*Enregistrement des effets à payer*.

DU LIVRE DE CAISSE.

Le livre de Caisse est d'autant plus important et demande à être tenu avec d'autant plus de soin et d'exactitude, qu'il est rare, pour peu que le mouvement de fonds soit considérable, que la Caisse ne présente pas quelque déficit à la fin de l'année, et cela, malgré la ponctualité du caissier. Dans la partie double, ce livre se tient par débit et par crédit ; c'est-à-dire, qu'il présente à gauche, toutes les sommes reçues, et à droite, toutes celles que l'on a payées.

Lorsqu'on veut solder le compte de Caisse, on additionne toutes les sommes du débit et toutes celles du crédit, on prend la différence des deux totaux, et l'excédent du débit sur le crédit donne exactement la somme qui doit se trouver en Caisse.

Tous les jours ou toutes les semaines, lorsque les recettes et les dépenses sont nombreuses, on fait ce qu'on appelle : *faire la caisse*, c'est-à-dire, qu'après nous être assuré de la somme qui est dans notre Caisse, nous portons cette somme, qui prend le nom de balance, à l'Avoir, afin qu'en faisant de nouveau l'addition du Doit et de l'Avoir, nous trouvions cette addition égale des deux côtés. Cette opération s'appelle : balancer la Caisse. Puis nous mettons une barre transversale au Doit pour remplir les lignes en blanc.

Lorsque les additions sont faites, on tire une double barre au-dessous, et l'on rouvre la Caisse à nouveau, c'est-à-dire, on reporte au Doit la balance qu'on a portée à l'Avoir, avec la date du lendemain et ces mots pour indication : *espèces en Caisse*.

Cela fait, le caissier ne s'occupe plus des recettes ni des dépenses faites jusqu'au jour où il a fait la Caisse.

La Caisse de la première semaine faite, les recettes et les dépenses de la seconde semaine portées à notre livre de Caisse, nous vérifions de nouveau, nous portons la différence à l'Avoir, pour balance, et, après avoir fait nos additions, nous rouvrons la *Caisse à nouveau* à la date du lendemain, et ainsi de suite.

CAISSE.

Doit   **CAISSE.**

1858.				
Janvier.	1	Mon versement à la Caisse.	50000	»
			50000	
Janvier.	7	Espèces en caisse.	33329	50
Id.	10	Reçu de Cahuzac pour solde de ma facture de ce jour.	3750	
			37079	50
Janvier.	14	Espèces en caisse.	34479	50
Id.	20	Reçu de la succession de mon père, mort ce jourd'hui.	90000	
			124479	50
Janvier	21	Espèces en caisse.	124479	50
Id.	22	Reçu à la Caisse de Romagnac, à Paris. . . .	4000	
			128479	50
Janvier.	28	Espèces en caisse.	86883	
Id.	30	Reçu en espèces pour mes dix actions des mines de Montrambert.	10000	
			96883	

CAISSE.   *Avoir.*

1858.				
Janvier.	1	Acheté comptant un mobilier de bureau, etc.	1600	
Id.	2	Payé six mois de loyer par avance.	1800	
Id.	3	Acheté comptant 3 stères de bois.	85	
Id.	4	Payé la facture de Guirette à Paris. , ...	3000	
Id.	5	Versé à la Caisse de Romagnac, m/ banquier.	10000	
Id.	6	Payé comptant la facture de m/ tailleur. . . .	185	50
		Balance.	33329	50
			50000	»
Janvier.	12	Payé à Rey, de Bordeaux, pour solde de sa facture du courant.	1200	
	13	On m'a volé la somme de fr. , ...	1400	
		Balance.	34479	50
			37079	50
Janvier.	21	Payé comptant pour la maison rue Vaugirard.	40000	
	25	Payé pour le retour de Plenet.	125	
	27	Compté à Fontagnère le net de son bordereau.	1471	50
		Balance.	86883	
			128479	50
Janvier.	28	Acheté comptant dix actions des mines de Montrambert.	9500	
	29	Payé à Fontagnère m/ b^et à s/ ord/.	4400	
	31	Dépenses de bouche de mon ménage pendant janvier et février. . . . . } 600	625	
		Gages de ma domestique. . . . . } 25		
		Appointements de mes employés.	565	
		Payé pour réparations de mes magasins. . . .	400	
		Balance.	81393	
			96883	

LIVRE D'ACHATS.

Le livre d'*Achats*, qu'on appelle aussi livre de *Factures*, n'est
que la copie des factures de toutes les marchandises achetées,
avec ou sans le numéro du Journal qui contient l'opération.

Il suffit de voir le livre d'*Achats* pour en comprendre l'usage.

MODÈLE D'UNE FACTURE.

DOIT : M. LATOUR, à Paris,

à GUIRETTE, à Paris,

négociant, rue. . . . . no. . . . .

payable comptant.

1858 Janvier.	4	5 balles, coton, pesant 600 k. chacune, ens/ 3000 kil., à fr. 1.	3000	»

Ainsi, le 4 janvier, nous avons acheté de Guirette, à Paris,
négociant, 5 balles, coton, pesant ens/ 3000 kil., à fr. 1.
Guirette, en nous livrant cette marchandise nous en a donné
facture établie comme ci-dessus. C'est cette facture et les suivantes que nous copions au livre d'*Achats*.

LIVRE D'ACHATS.

4 Janvier.

AVOIR. Guirette, à Paris, sa facture de ce
    jour, payable comptant,
5 balles, coton, pesant 600 kil. chacune, ens/
3000 kil., à fr. 1, ... 3000 | »

7 Idem.

AVOIR. Rey, de Bordeaux, sa facture de ce
    jour, payable sur sa demande,
6 tonneaux, vin de Bordeaux, jaugeant ens/
1200 litres, à fr. 1 le litre, ens/ fr. . . . . . . 1200 | »

8 Idem.

AVOIR. Gauthier, à Marseille, sa facture
    de ce jour, payable en mon billet (nº 1)
    à son ordre, 10 février,
600 kil. café Bourbon, à fr. 3, 50, ens/fr. 2100. 2100 | »

14 Idem.

AVOIR. Blanchet, à Lyon, sa facture de ce
    jour, payable en sa traite, à 2 mois,
4 ballots, drap couleurs assorties, ens/ 1200 m.
à fr. 10 l'un, ens/. . . . . 12000 | »

18 Idem.

AVOIR. Fontagnère, à Paris, sa facture de
    ce jour, payable en mon billet à son
    ordre, 28 janvier. . . . . . . F. 4400
    En espèces pour solde. . . . 2200 | 6600 | »
10 balles, coton, pesant chacune 600 kil. ens/
6000 kil., à fr. 1, 10

23 Idem.

AVOIR. Plenet, à Lyon, retour de mon en-
    voi du 20 courant, 10 tonneaux, huile
    d'olive surfine, ens/ 6300 litres, à
    fr. 2, 25 l'un, ens/. . . . . F. 14175
    CAISSE.
    Port de retour. . . . . . . 125 | 14300 | »

Total des achats du mois de janvier, fr. | 39200

10

On en ferait de même pour tous les mois suivants, puis on réunirait en un seul les totaux de tous les mois et l'on s'assurerait si le total général des achats est égal à l'addition générale des Doits du compte de marchandises générales et de ses subdivisions.

LIVRE DE VENTES.

Le livre de ventes n'est que la copie des factures de toutes les marchandises que nous vendons. Ce livre, comme le livre d'achats, est si simple et si facile que nous nous contenterons d'en donner le modèle.

Le livre d'achats et le livre de ventes peuvent être réunis en un seul ; mais la plupart des négociants tiennent deux livres de factures séparés ; l'un, pour les marchandises achetées, l'autre, pour celles qu'ils ont vendues. C'est ce que nous avons fait dans notre comptabilité.

DOIT : M. CAHUZAC, de Reims,
à M. LATOUR, négociant, à Paris,
rue. . . . . n^o. . . . .

1858 Janvier.	9	5 balles, coton, pesant 600 kil. chacune, ens/ 3000 kil., à fr. 1, 25.	3750	»

Tel est le modèle des factures que nous copions au livre de ventes.

LIVRE DE VENTES.

9 Janvier.		
DOIT. Cahuzac, à Reims, ma facture, payable comptant,		
5 balles, coton, pesant 600 kil. chacune, ens/ 3000 kil., à fr. 1.	3000	»
10 Idem.		
DOIT. Maire, à Paris, ma facture, payable sur ma demande,		
6 tonneaux, vin de Bordeaux, à fr. 225 chacun, ens/ fr. 1350.	1350	»
11 Idem.		
DOIT. Ardisson, à Marseille, ma facture, payable en son billet, n° 101, à mon ordre, 10 février,		
600 kil., café Bourbon, à fr. 4 l'un, ens/ fr. .	2400	»
20 Idem.		
DOIT. Plenet, à Lyon, ma facture, payable sur ma demande,		
10 tonneaux, huile d'olive surfine, ens/ 6300 litres, à fr. 2, 25 l'un, ens/ fr.	14175	»
25 Idem.		
DOIT. Payan, à Bordeaux, ma facture, payable en mon mandat, n° 102, ordre Lombard, à vue,		
10 tonneaux, huile d'olive surfine, ens/ 6300 kil., à fr. 2, 25, ens/ fr.	14175	»
Total des ventes du mois de janvier, fr.	35100	

On en ferait de même pour tous les mois suivants, puis on réunirait en un seul les totaux de tous les mois, et l'on s'assurerait si le total général des ventes est égal à l'addition générale des *Avoirs* du Compte de Marchandises générales et de ses subdivisions.

INSTRUCTION

Sur les Effets de commerce, Lettres de change, Billets à ordre, etc.

Les principaux effets de commerce sont : la Traite ou Lettre de change, et le Billet à ordre.

La lettre de change a été imaginée par les Juifs, qui, vexés, rançonnés ou dépouillés par des princes avides, cherchèrent un moyen de transporter, sans risque ni péril, leur fortune d'un pays à un autre. Le commerce hérita de cette invention et il en retira de très-grands avantages.

La lettre de change, qu'on appelle aussi traite ou remise, est un ordre qu'un banquier, un négociant, ou toute autre personne, donne à son correspondant dans tel ou tel pays, de payer au porteur de la lettre de change une somme déterminée par cette lettre.

La traite est tirée d'un lieu sur un autre : elle doit être datée, énoncer la somme à payer, le nom de celui qui doit payer, l'époque et le lieu où le paiement doit s'effectuer, la valeur fournie en espèces, en marchandises, en comptes, en billets ou autres effets ; faute d'une de ces conditions, la lettre ne peut avoir force de *Billet de change*.

La traite n'engage le tiré que lorsqu'elle est revêtue de son acceptation. Cette formule consiste à écrire sur la lettre le mot *acceptée*, et à apposer sa signature au-dessous. La traite ainsi acceptée se négocie comme les billets à ordre, dont nous allons parler.

DU BILLET A ORDRE.

Le billet à ordre est une promesse écrite par laquelle on s'engage à payer une somme déterminée au créancier au profit de qui il est fait, ou à quiconque en sera porteur légitime

par l'effet de l'endossement. Le Code de Commerce dit, art.
188 : « Le billet à ordre doit être daté, énoncer la somme à
payer, le nom de celui à l'ordre de qui il est souscrit, l'époque et le lieu du paiement, la valeur qui a été fournie en espèces, en marchandises, ou de toute autre manière. »

Les sommes et les dates d'échéance doivent être mises en
lettres, et non en chiffres ; il doit être écrit en entier de la
main du souscripteur, ou exprimer l'approbation de la somme en toutes lettres.

Le mot *ordre*, qui est dans le billet, est mis pour la facilité de le négocier, c'est-à-dire de le donner en paiement ou
de le faire passer de main en main, sans qu'il soit nécessaire
d'aucun autre transport.

Pour rendre un billet négociable, c'est-à-dire pour pouvoir le donner en paiement après l'avoir reçu soi-même de
celui qui l'a fait, il faut l'*endosser*. Pour cela, on écrit sur le
dos du billet, dans le sens de sa largeur :

Payez à l'ordre de M. ***, valeur etc.

Paris, le. 185

Si M. *** veut passer le billet à un autre, il en fait autant,
et ainsi de suite, etc., etc.

L'endossement, pour être régulier, doit exprimer la valeur
fournie, et être datée (l'anti-date est défendue sous peine de
faux).

Lorsqu'on paie un billet, il faut avoir soin de le faire acquitter par celui qui en reçoit le montant ; ce qu'il fait en ces
termes : *pour acquit*, au-dessous desquels il appose sa signature. Cette formalité ne doit pas être oubliée. Sans cela, on
ne serait pas libéré de la dette.

Le billet à ordre doit être payé le jour même de l'échéance.
en cas de refus de paiement de la part du débiteur, il faut

faire protester par un huissier dans les vingt-quatre heures ; et, si c'est un jour de *férie légale*, c'est-à-dire un dimanche ou un jour de fête, le protêt se fait le lendemain. Si l'on passe ce délai, on n'a plus de recours contre les endosseurs.

On appelle *endosseur* celui qui *endosse* un billet, c'est-à-dire met son ordre et son nom au dos d'un billet, ainsi que nous l'avons dit. L'endosseur s'est rendu, par le fait de l'endossement, responsable de la valeur, sauf son recours contre celui qui a fait le billet, ou contre ceux qui l'ont endossé avant lui. S'il y a plusieurs endosseurs, le porteur du billet, après avoir demandé paiement à celui qui a fait ou qui doit le billet, et, en cas de refus, avoir fait faire le protêt dans le temps convenable, choisit parmi les endosseurs celui qu'il veut, pour en exiger la valeur.

MODÈLES D'EFFETS DE COMMERCE.

Traite ou Lettre de change.

Paris, le 25 août 1858. B. P. Fr. 5000

A 70 jours de date, il vous plaira payer, à l'ordre de Monsieur FERDINAND LATOUR, négociant à Bordeaux, la somme de cinq mille francs, valeur reçue comptant, que passerez en compte sans autre avis (ou selon avis) de

A *Monsieur* RAOUL DE VILLENEUVE, ALFRED DELESTRADE.
Banquier, à Bordeaux.

On met quelquefois dans les lettres de change, après les mots, il vous plaira payer : *par cette première de change,* afin que si elle n'est pas payée, on mette dans une nouvelle : *par cette seconde de change,* ma première n'étant pas payée.

Les traites à vue sont payables à présentation. Les traites à 15 jours, 20 jours de vue, ou bien à *un usance, deux usances,* (chaque usance est de 30 jours), ne sont payables que 15 jours ou 20 jours, ou 30 jours après l'acceptation. En cas de refus de paiement, on agit comme pour les billets à ordre.

Billet à ordre.

Au trente juillet prochain, je paierai, à l'ordre de Monsieur CAHUZAC, de Reims, la somme de trois mille francs, valeur reçue en marchandises.

PARIS, le 20 juin 1858.

DUMONT RAOUL.

Mandat.

Paris, le 15 juin 1858.   B. P. Fr. 2000.

Fin courant, il vous plaira payer, contre le présent Mandat, à l'ordre de MILLER BAUDE, la somme de deux mille francs, valeur reçue en marchandises, que passerez pour solde de ma facture de ce jour.

A Monsieur DEGRANGE,   MAURINVILE.

Négociant, à Versailles.

Dans le commerce, on appelle *Mandat* un écrit portant l'ordre de payer une certaine somme à la personne au profit ou à l'ordre de qui il est fait. Le mandat ne diffère en rien de la traite quant à la formule ; seulement, il se fait sur papier libre et n'est pas acceptable. Il n'a donc point la force d'un effet de commerce et n'est point considéré comme valeur de banque, mais comme valeur de recouvrement. Le protêt d'un mandat entraînerait une amende, puisqu'il est sur papier libre ; c'est pourquoi ces effets portent presque toujours l'indication *sans frais.*

Modèle d'un Endossement.

Payez à l'ordre de Monsieur GIRAUD, valeur en marchandises.

FONTAINEBLEAU, le 20 septembre 1858.

GIERA.

Billet ou simple Promesse (1).

Je soussigné, reconnais devoir et promets de payer, le 15 novembre prochain, à Monsieur DELANGLADE, la somme de six cents francs, qu'il m'a prêtés en mon besoin.

PARIS, le 1er septembre 1858.

GIRAUDY,

Du besoin chez un tel.

Nous lisons souvent sur un effet : *au besoin chez M. . . . .* Cette locution sert à désigner la personne à laquelle le porteur doit recourir, lorsque celle qui a souscrit ou accepté l'effet ne le paie pas. Souvent c'est un moyen d'assurer au cessionnaire le paiement de la somme ; entre banquiers, c'est un moyen de se ménager un profit sur le compte de retour, ou, au moins, une provision pour intervention à défaut de paiement.

LIVRE D'ENREGISTREMENT
des effets à payer.

Nous appelons effets à payer les billets que nous souscrivons et les traites que nous acceptons. Un mandat n'est ja-

(1) Pour les billets de simple promesse, il faut toujours mettre la cause pour laquelle on nous a prêté la somme que nous nous obligeons de rendre. Si c'est une promesse solidaire d'un mari et de sa femme, il est essentiel que le mari mette la clause : *que j'autorise à cet effet* ; autrement, l'obligation serait nulle de la part de la femme, à moins qu'elle ne fût séparée de biens ou autorisée par la justice.

mais un effet à payer, parce qu'un mandat n'est pas acceptable.

On ne doit porter au Compte d'Effets à payer, que les effets auxquels on a apposé sa signature pour en faire des engagements. Le Livre d'Enregistrement des effets n'est en usage que dans les maisons où l'on souscrit beaucoup d'effets ; la plupart des négociants n'ont que le Carnet d'Échéance.

Point n'est besoin de dire que les numéros d'ordre qui figurent au Livre d'Enregistrement des effets à payer, ne doivent point figurer sur les effets, comme ceux des effets à recevoir : ce serait vouloir faire connaître aux étrangers le nombre de billets qu'on a souscrits.

LIVRE D'ENREGISTREMENT DES EFFETS A PAYER.

N°s D'ORDRE.	DATE de la CONFECTION.		NATURE des EFFETS.	ORDRE.	ÉCHÉANCES.		MONTANT des EFFETS.		OBSERVATIONS.
1	Janvier.	8	Billet.	Gauthier.	Février.	10	2100	»	Rentré.
2	id.	17	Traite.	Blanchet.	Mars.	15	12000	»	Rentré.
3	id.	18	Billet.	Fontagnère.	Janvier.	28	4400	»	Rentré.
4	id.	21	Billet.	Lombard.	Février.	28	20000	»	Rentré.
5	Février.	8	Billet.	Varage.	Mars.	10	2000	»	Rentré.
6	id.	15	Billet.	Ardisson.	Mars.	31	6000	»	Rentré.
7	id.	18	Billet.	Roger.	Mars.	15	2000	»	Rentré.
8	id.	22	Billet.	Gauthier.	Avril.	10	8000	»	
9	Mars.	2	Billet.	Champsaur.	Avril.	30	5000	»	
10	id.	18	Billet.	Sicard.	Avril.	20	2000	»	Rentré.

LIVRE D'ENREGISTREMENT
des Effets à recevoir.

Les numéros à l'encre rouge, qu'on remarque sur les effets de commerce, sont ceux que le commerçant leur assigne en les enregistrant sur ce livre. Ces numéros doivent être les mêmes que ceux portés au compte des effets à recevoir au Grand-Livre, pour en marquer l'entrée. Il est facultatif de commencer la série de ces numéros par 100, par 1000, etc., mais la série une fois commencée, ne doit plus être interrompue jusqu'au jour de l'inventaire. Afin de ne pas confondre les numéros des effets à recevoir et ceux des effets à payer, nous commençons notre série au n° 101. Il serait à désirer qu'on pût tenir le Livre d'enregistrement des effets à recevoir, de manière à pouvoir faire par duplicata les effets qui y auraient été portés. C'est dans cette intention que quelques maisons de commerce copient textuellement tous les effets qu'elles reçoivent, avec les endossements qu'ils portent. Cette méthode serait excellente, mais elle demande beaucoup trop de temps.

Le tableau que nous donnons d'autre part, et sur lequel nous copions les effets à mesure qu'ils entrent, doit être employé préférablement à tous les registres connus. Ce registre renferme une colonne pour la sortie, que nous remplissons à mesure que nous cédons ou encaissons les effets. (Voir le modèle.)

CARNET D'ÉCHÉANCE
des Effets à recevoir.

Le Carnet d'échéance sert à enregistrer les effets dont on doit encaisser le montant, et ceux que l'on doit payer. Chaque billet doit être inscrit au mois de son échéance ; on doit y faire connaître la date, le numéro qu'il porte au Grand-Livre, le souscripteur, celui au profit de qui il est souscrit, son échéance, la somme, et, à mesure que ces billets sont payés, on l'indique par une observation dans une colonne destinée à cet effet.

Le Carnet d'échéance se divise en deux parties, l'une à gauche, destinée aux effets à recevoir ; l'autre à droite, aux effets à payer. Chaque partie est divisée entre les 12 mois de l'année. Nous devons ajouter que ce livre n'est pas d'une bien grande nécessité ; car, depuis longtemps, on l'a remplacé par le portefeuille à 12 poches. Ces 12 poches portent, chacune, le nom d'un des mois de l'année. On met, dans la poche sur laquelle est écrit janvier, les effets qui seront échus en janvier, et ainsi des autres. (Voir le modèle).

CARNET D'ÉCHÉANCE
des Effets à payer.

Ce livre est indispensable à tout négociant qui tient à payer ses engagements aux époques voulues, et à consolider son crédit. Un coup-d'œil jeté sur le modèle en fera comprendre la forme et l'usage.

LIVRE

D'ENREGISTREMENT DES EFFETS

A RECEVOIR.

| Numéros. | ENREGISTREMENT. | | CÉDANTS. | Leur ville. | Nature des effets. | Tireurs ou Souscripteurs. | Leur ville. |
	DATES.	Jours.					
101	Janvier.	14	Ardisson.	Marseille.	Billet.	Ardisson.	Marseille.
102	id.	25	Payan.	Bordeaux.	Mandat.	Moi.	Paris.
103	id.	27	Fontagnère.	Paris.	Billet.	Plenet.	Lyon.
104	id.	27	Fontagnère.	Paris.	Billet.	Gauthier.	Marseille.
105	Février.	10	Gauthier.	Marseille.	Mandat.	Moi.	Paris.
106	id.	14	Blanchet.	Lyon.	Traite.	Moi.	Paris.
107	id.	16	Pagano.	Gênes.	Traite.	Pagano.	Gênes.
108	id.	19	Sicard.	Paris.	Billet.	Michel.	Paris.
109	id.	19	Sicard.	Paris.	Billet.	Gérard.	Versailles.
110	id.	19	Sicard.	Paris.	Billet.	Jamain.	Lyon.
111	id.	19	Sicard.	Paris.	Billet.	Morel.	Bordeaux.
112	id.	22	Gauthier.	Marseille.	Billet.	Baude.	Paris.
113	Mars.	6	Blanchet.	Lyon.	Traite.	Blanchet.	Lyon.
114	id.	12	Plenet.	Lyon.	Traite.	Plenet.	Lyon.
115	id.	26	Lombard.	Paris.	Billet.	Lombard.	Paris.

DES EFFETS A RECEVOIR.

DATES des EFFETS.	ORDRE.	ENDOSSEMENT.	SUR QUI.	LIEU de paiement	ÉCHÉANCES.	MONTANT des Effets.		SORTIE. DATE	à qui cède.
Janv. 11	mt ordt		Ardisson.	Marseille.	Fév. 10	2400	»	janv 16	Gauthier.
id. 25	Lombard		Payan.	Bordeaux	à vue	14175	»	id. 26	Lombard.
id. 27	Cabuzac.	Fontagnère	Plenet.	Lyon.	mars 31	600	»	fév. 24	B. de Fr.
id. 27	Fontagnère		Gauthier.	Marseille	mars 15	900	»	id. 24	id.
Fév. 10	mt ordt		Gauthier.	Marseille	avril 30	3320	87	mars 10	Romagnac.
id. 11	Gauthier.		Blanchet.	Lyon.	mai 15	78750	»	fév. 14	Ganthier.
id. 16	mt ordt		Romaguac.	Paris.	Fév. 28	6244	86	mars 28	Romagnac
Janv. 31	Sicard.		Michel.	Paris	mars 31	10000	»	fév. 24	B. de Fr.
Fév. 10	Sicard.		Gérard.	Versailles	mars 20	2000	»	id. 24	id.
Janv. 20	Sicard.		Jamain,	Lyon.	avril 5	1200	»	id. 24	id.
Fév. 3	Sicard.		Morel.	Bordeaux	avril 10	1000	»	id. 24	id.
id. 22	Ganthier.		Baude.	Paris.	mars 31	1000	»		
Mars 6	mt ordt		Fontagnère	Paris.	mars 15	9098	50		
id. 12	Plenet.		Rey.	Bordeaux	à vue	2000	»	mars 26	Lombard.
id. 26	mt ordt		Lombard.	Paris.	avril 30	1200	»		

CARNET D'ÉCHÉANCES DES EFFETS A RECEVOIR.

DATE de l'entrée.		N°s d'ordre.	ÉCHÉANCES.	SOUSCRIPTEURS ou ACCEPTEURS.	D'OMICILE.	MONTANT des EFFETS.		CÉDANTS.	NÉGOCIÉ ou ENCAISSÉ.
MOIS.	Jours.								

Effets à recevoir au mois de janvier 1858.

DATE de l'entrée.		N°s d'ordre.	ÉCHÉANCES.	SOUSCRIPTEURS ou ACCEPTEURS.	D'OMICILE.	MONTANT des EFFETS.		CÉDANTS.	NÉGOCIÉ ou ENCAISSÉ.
Janvier.	25	102	A vue.	Mois.	Paris.	14175		Payan.	Négocié.

Effets à recevoir au mois de février 1858.

DATE de l'entrée.		N°s d'ordre.	ÉCHÉANCES.	SOUSCRIPTEURS ou ACCEPTEURS.	D'OMICILE.	MONTANT des EFFETS.		CÉDANTS.	NÉGOCIÉ ou ENCAISSÉ.
Janvier.	11	101	Fév. 10.	Ardisson.	Marseille.	2400,		Ardisson.	Négocié.
Février.	16	107	Fév. 28.	Pagano.	Gênes.	6244	86	Pagano.	Négocié.

Effets à recevoir au mois de mars 1858.

DATE de l'entrée.		N°s d'ordre.	ÉCHÉANCES.	SOUSCRIPTEURS ou ACCEPTEURS.	D'OMICILE.	MONTANT des EFFETS.		CÉDANTS.	NÉGOCIÉ ou ENCAISSÉ.
Janvier.	27	103	Mars 31	Plenet	Lyon.	600		Fontagnère.	Négocié.
Janvier.	27	104	Mars 15	Gauthier.	Marseille.	900		Fontagnère.	Négocié.
Février.	19	108	Mars 31	Michel.	Paris.	10000		Sicard.	Négocié.
Février.	19	109	Mars 20	Gérard.	Versailles.	2000		Sicard.	Négocié.
Février.	22	112	Mars 31	Baude.	Paris.	4000		Gauthier.	Encaissé.
Mars.	6	113	Mars 15	Blanchet.	Lyon.	9098	50	Blanchet.	Encaissé.
Mars.	12	114	A vue	Plenet.	Lyon.	2000		Plenet.	Négocié.

CARNET D'ÉCHÉANCE DES EFFETS A PAYER.

DATE de la confection		n° d'ordre.	NATURE des Effets.	ORDRE.	ÉCHÉANCE.	MONTANT des Effets.	OBSERVATIONS.
MOIS.	Jours.						

Effets à payer au mois de janvier 1858.

| Janvier. | 18 | 3 | Billet. | Fontagnère. | Janvier 28 | 4400 | Rentré |

Effets à payer au mois de février 1858.

| Janvier. | 8 | 4 | Billet. | Gauthier | Février 10 | 2100 | Rentré. |
| id. | 21 | 4 | Billet. | Lombard | Février 28 | 20000 | Rentré. |

Effets à payer au mois de mars 1858.

Février.	5	8	Billet.	Varage.	Mars 10	2000	Rentré.
id.	6	15	Billet.	Ardisson.	Mars 31	6000	Rentré.
id.	7	18	Billet.	Roger.	Mars 15	2000	Rentré.

LIVRE D'ENTRÉE ET DE SORTIE

des Marchandises.

Ce livre n'est guère en usage que dans les maisons de gros ; sa forme varie suivant la nature des marchandises qu'on y inscrit. Néanmoins, vu son importance et son utilité, nous l'avons rendu possible dans toutes les maisons dont le commerce est tant soit peu varié. Pour y parvenir, nous avons divisé toutes les marchandises en deux grandes catégories : *liquides* et *matières sèches ;* puis nous avons divisé ces dernières en deux classes : celles qui sont achetées et vendues au *poids ;* celles qui sont achetées et vendues au *mètre.* Cette division, en nous permettant de ramener à une seule et unique forme cette grande variété de modèles que l'on rencontre dans les maisons de commerce, facilitera l'emploi de ce livre ; car, il est important de connaître sans cesse les divers mouvements qui s'opèrent dans le magasin d'un commerçant ; de savoir quelles sont les marchandises qui y sont entrées, celles qui ont été vendues, celles qui restent en nature. On obtient ce résultat par le Livre d'Entrée et de Sortie des marchandises, tel que nous l'avons fait. En effet, ce livre fait connaître, sur une même ligne, l'entrée et la sortie des marchandises, le prix d'achat, le prix de vente, le nom du vendeur et celui de l'acheteur ; et, lorsque les cases restent vides à la sortie, c'est que les marchandises sont encore en magasin.

LIVRE
D'ENTRÉE ET DE SORTIE
DES MARCHANDISES.

LIVRE D'ENTRÉE ET DE

ENTRÉE.

DATE de l'entrée.	QUANTITÉ en LITRES.	PRIX. fr. c.		DÉSIGNATION.	NOM du vendeur, ou de l'expéditeur	SA DEMEURE.	OBSERVATIONS.
Janvier.	7	1200	1 »	Vin de Bordeaux.	Rey.	Bordeaux.	
id.	15	6300	» 2 »	Huile d'olive.	Ardisson.	Marseille	
id.	23	6300	2 »	Huile d'olive.	Plenet.	Lyon.	Retour.
Février.	4	3360	1 90	Huile d'olive.	Varage.	Grasse.	
id.	2	220	» 2 40	Huile d'olive.	Béranger.	Grasse.	
id.	8	200	» 1 »	Huile antique.	Varage.	Grasse.	
id.	8	2000	» 1 »	Eau de fl. d'oranger.	Varage.	Grasse.	
id.	12	360	» 4 »	Vin de Champagne.	Gauthier.	Marseille.	
id.	20	1320	» 1 50	Eau de fl. d'oranger.	Champeaur.	Marseille.	En commission.
id.	24	4000	» 2 »	Huile d'olive.	Béranger.	Grasse.	
Mars.	26	400	» 2 »	Huile d'olive.	Lombard.	Paris.	

SORTIE DES LIQUIDES.

SORTIE.

DATE de la sortie.	QUANTITÉ.	PRIX.			NOM DE L'ACHETEUR ou du destinataire.	SA DEMEURE	OBSERVATIONS.
Janvier	10	1200	»	1 17	Maire.	Paris.	
id.	20	6300		2 25	Plenet.	Lyon.	
id.	25	6300	»	2 25	Payan.	Bordeaux.	
Février	4	3300	»	2 »	Maire.	Paris.	
id.	4	220	»	3	Maire.	Id.	
id.	4	200	»	» »		»	Perdu par incendie.
id.	12	2000	»	» »		»	
id.	23	360	»	5 »	Vente au comptant	Id.	
id.	27	4000	»	» »	Blanchet.	Lyon.	en Commission.

ENTRÉE ET SORTIE DES MARCHANDISES.

ENTRÉE.

DATE de l'entrée.	POIDS en kilogr.	PRIX.		DÉSIGNATION.	NOM DU VENDEUR.	LA DEMEURE.
janvier.	5	3000	»	4	» Coton.	Guirette.	Paris.
Id.	8	600	»	3	50 Café Bourbon.	Gauthier.	Marseille.
Id.	18	5000	»	1	10 Coton.	Fontagnière.	Paris.
Février.	1er	3000	»	1	» Sucre brut.	Champsaur.	Marseille.
Id.	2	200	»	20	» Parfumerie.	Berenger.	Grasse.
Id.	8	1	»	700	» Essence de rose.	Vorage.	Grasse.
Id.	8	40	»	60	» Savon parfumé	Varage.	Grasse.
Id.	9	3125	»	1	» Savon bleu-pâle.	Maire.	Paris.
Id.	11	2625	»	30	» Indigo.	Sicard.	Paris.
dI.	13	4080	»	1	47 Sucre brut.	Ardisson.	Marseille.
Id.	22	10000	»	1	» Coton.	Gauthier.	Marseille.
Mars.	22	20000	»		50 Sucre raffiné.	Champsaur.	Marseille.
Id.	84	4000	»	0	75 Sucre brut.	Ardisson.	Marseille.

ACHETÉES ET VENDUES AU POIDS.

SORTIE.

DATE DE LA SORTIE.	QUANTITÉ en kilogr.	PRIX.		NOM DE L'ACHETEUR.	SA DEMEURE.	OBSERVATIONS.
Janvier.	9	3000	»	1	25 Cahuzac.	Reims.	
id.	11	600	»	4	» Ardisson.	Marseille.	
Février.	3	6000	»	1	10 Sicard.	Paris.	
id.	3	3000	»	1	25 Lombard.	Paris.	
id.	4	200	»	25	» Maire.	Paris.	
id.	12	1	»	700	»	»	Perdu par incendie.
id.	10	40	»	60	»	»	
id.	10	3125	»	1	» Gauthier.	Marseille.	
id.	12	2625	»	30	» Blanchet.	Lyon.	
id.	14	4080	»	1	47 Pagano.	Gênes.	
Février.	23	10000	»	1	25 Vente au comptant.	»	
Mars.	8	20000	»	2	» Sicard.	Paris.	En participation.
id.	26	4000	»	1	» Lombard.	Paris.	

ENTRÉE ET SORTIE DES MARCHANDISES

ENTRÉE.

DATE de L'ENTRÉE.	QUANTITÉ de MÈTRES.		PRIX.		DÉSIGNATION.	NOM du VENDEUR.	SA DEMEURE.
Janvier. 45	4200	»	40	»	Drap.	Blanchet.	Lyon.

ACHETÉES ET VENDUES AU MÈTRE.

SORTIE.

DATE de LA SORTIE.	QUANTITÉ.		PRIX.		NOM de L'ACHETEUR.	SA DEMEURE.	OBSERVATIONS.
Janvier. 45	4200	»	40	50	Ardisson.	Marseille.	

Méthode

DOIT   COMPTE COURANT

M. Latour, à Paris, s/ c^{te} c^t et d'intérêts à 6 p: % l'an, chez

DATES des Écritures.	Jours.	SOMMES reçues. — F.	C.	MOTIFS DES DÉBITS.	Époques d'où partent les intérêts.	Jours d'intérêts.	NOMBRES.
1858.							
Janvier.	22	4000	»	Espèces.	22 janvier.	67	268000
Mars.	1er	2000	»	id.	1er mars.	30	60000
id.	12	2000	»	S/ bon à Pienet.	12 mars.	19	38000
				Balance des nombres.			562277 55
		11650	14	Solde à nouveau.			
		19650	14				928277 55

Directe.

PORTANT INTÉRÊT.

Romagnac, banquier, à Paris, réglé au 31 mars 1858.

DATES des Ecritures.	Jours.	SOMMES données. — F.	C.	MOTIF DES CRÉDITS.	Époque d'où partent les intérêts.	Jours d'intérêts.	Nombres ou produit des sommes par les jours.
1858.							
Janvier.	5	10000	»	Son versement	5 Janvier.	84	840000
Mars.	10	3311	57	net de son Bordereau	10 Mars.	21	69542 97
id.	28	6241	86	Sa Traite Pagano,	28 Mars.	3	18734 55
		93	71	Int. à 6 p. q^r s/ N^t 562277, 55.			
		19650	14				
Avril.	1	11650	14	Solde à nouveau, val.	31 mars.		928277 55

Sauf erreurs ou omissions, le solde du présent compte est fixé à onze mille six cent cinquante francs quatorze centimes.

Paris, le 31 mars 1858.

ROMAGNAC.

Du Livre de Copie de Lettres.

Ainsi que nous l'avons déjà dit, le Livre de Copie de Lettres est un registre exigé par la loi, sur lequel on copie toutes les lettres que l'on écrit en matière de commerce.

Du Style des Lettres de Commerce.

La lettre, tout le monde le sait, est une conversation par écrit entre personnes absentes. Les sujets que les lettres embrassent sont aussi variés que ceux de la conversation peuvent l'être.

Les lettres de commerce ou d'affaires doivent dire clairement ce qu'il faut et rien de plus. Le style ne saurait en être trop simple et trop précis. L'esprit et l'enjouement doivent en être bannis. On y entre en matière sans préambule, et l'on passe d'un article à l'autre sans transition. Il faut plus s'occuper des choses que de la manière de les dire ; mais aussi, il faut rejeter avec le plus grand soin ces tournures étranges, ces expressions barbares et incorrectes, telles que l'*honorée vôtre*, le *blé est au beau*, etc., que l'on retrouve trop souvent dans la correspondance du négociant. Il faut ajouter toutefois, pour être vrai, que le ridicule en est si bien senti aujourd'hui, qu'on ne les retrouve plus que dans la correspondance des commerçants illettrés. Un comptoir, nous le savons, n'est pas l'Académie, mais puisque l'on y écrit des lettres en langue française, il faut que cette langue n'y soit pas estropiée sous la plume des commis.

Les *alinéas*, ménagés à propos pour faire ressortir les parties les plus importantes de la lettre, l'arrangement des *sommes*, qui doivent se trouver placées naturellement les unes sous les autres, de manière à en rendre les opérations faciles, contribuent puissamment à la lucidité de la correspondance commerciale dont nous résumons comme suit les principales qualités : *simplicité, concision, clarté.*

Le Livre de Copie de Lettres, dont nous allons donner un modèle afin d'avoir l'occasion de rédiger quelques lettres et d'expliquer à nos jeunes lecteurs la manière dont il se tient, peut servir de modèle de Livre de Commandes ou Commissions dont nous parlerons bientôt.

LIVRE DE COPIE DE LETTRES.

===================== 5 Janvier. ======================

| Paris. | 0 | ROMAGNAC, *banquier*. |

Je vous accuse réception de votre lettre d'hier.

J'y vois avec plaisir que vous consentez à m'ouvrir un compte-courant portant intérêts réciproques à 6 p. % l'an, et à vous charger de mes valeurs au taux du tarif modifié que vous m'avez remis.

Je vous envoie, pour commencer nos relations commerciales, une somme de

Fr. 10000, en espèces,

Dont vous aurez l'obligeance de créditer mon compte et de me donner avis de réception.

Je suis, etc.

===================== 8 Janvier. ======================

| Marseille. | 0 | GAUTHIER, *négociant*. |

Je vous accuse réception de votre lettre du 3 courant.

J'ai reçu, ce matin, le vin que je vous avais demandé.

Je vous envoie, suivant nos accords :

Fr. 2100, en mon billet à votre ord₁, 10 février, dont vous créditerez mon compte pour solde de votre facture.

Agréez, etc.

===================== 17 Janvier. ======================

| Paris. | 1 | ROMAGNAC, *banquier*. |

J'ai reçu votre lettre du 5 courant qui m'accuse réception de fr. 10000.

Veuillez, je vous prie, tenir à ma disposition

Fr. 4000 que je ferai prendre sous peu de jours à votre Caisse.

Recevez, etc.

===================== 18 Janvier. ======================

| Marseille. | 0 | CHAMPSAUR, *négociant*. |

J'ai reçu votre lettre du 15 courant.

J'ai l'honneur de vous dire que je me chargerai avec plaisir de la vente des marchandises dont vous me parlez, moyennant une commission à mon profit de 2 p. % sur la vente.

A ces conditions, je suis, Monsieur, tout à votre service.

Agréez, Monsieur, etc.

═══════ 17 Février: ═══════

| Grasse(Var) | 0 | **VARAGE**, *négociant.* |

J'ai l'honneur de vous donner avis que je viens de remettre à l'administration des messageries, un group à votre adresse de

Fr. 1140, que je porte à votre débit pour solde.

Je vous prie de m'en accuser réception dès que vous l'aurez reçu.

    Agréez, etc.

═══════ 12 Mars. ═══════

| Paris. | 2 | **ROMAGNAC**, *banquier.* |

Veuillez prendre note que je viens de remettre à M. Plenet, de Lyon, un bon sur votre caisse de

F. 2000 payable à vue.

    Recevez, Monsieur, etc.

═══════ 20 Février. ═══════

| Marseille. | 1 | **CHAMPSAUR**, *négociant.* |

J'ai reçu l'eau de fleurs d'oranger que vous m'avez adressée hier, à vendre pour votre compte, avec commission à mon profit de 2 p. %.

Je vous donne ci-dessous le compte de vente de ladite marchandise.

6 barriques, ens⟋ 1320 litres, à fr. 1, 50, ens⟋ F. 1980

    A déduire :

Port 90
Ma commission à 2 p. %. . 39, 60   129 60

        Net . . . 1850, 40

Dont je vous crédite et dont vous pouvez disposer sur moi.

    Je suis, Monsieur, etc.

═══════ 31 Mars. ═══════

| Paris. | 3 | **ROMAGNAC**, *banquier.* |

J'ai reçu mon compte-courant réglé chez vous. Ce compte présente un solde en ma faveur de

F. 11650, 14 valeur de ce jour.

L'ayant trouvé exact, j'ai réglé mes écritures en conséquence.

    J'ai l'honneur, etc.

Du répertoire du Livre de Copie de Lettres.

Le répertoire du Livre de Copie de Lettres est disposé par ordre alphabétique comme celui de la plupart des livres de commerce.

Le numéro que nous mettons, et qu'on a dû remarquer en marge de chaque lettre que nous écrivons à un correspondant, indique la page de la lettre qui l'a précédée, et facilite les recherches qu'on a fréquemment à faire dans la correspondance. Le zéro veut dire que la lettre est la première que nous ayons écrite au correspondant à qui elle est adressée, et, par conséquent, qu'elle n'est précédée d'aucune autre. Au répertoire du Livre de Copie de Lettres, on porte, à droite du nom du correspondant, le numéro de la page de chaque lettre qu'on lui écrit ; et, en inscrivant le numéro de la page de la dernière lettre au répertoire, on porte le numéro de la page de la lettre précédente au Livre de Copie de Lettres, en marge de la dernière.

Il suffit d'avoir la page de la dernière lettre pour trouver, au Livre de Copie de Lettres, successivement en allant de la plus récente à la précédente, toutes les lettres qu'on a écrites à un correspondant. Ainsi, par exemple, si le dernier nombre de notre répertoire, écrit à la suite du nom de M ***, est 10, nous ouvrons le livre à la page 10, et nous y trouvons la dernière lettre écrite à M *** ; si, en marge de cette lettre, est écrit le nombre 6, nous ouvrons le livre à la page 6, et nous y trouvons la lettre qui précède la dernière, celle de la page 10 ; en marge de la lettre de la page 6, figure le numéro de la page de la lettre précédente, et ainsi de suite.

DES COMPTES QU'IL FAUT OUVRIR

EN CERTAINES CIRCONSTANCES.

Compte en Banque. — Compte d'Immeubles. — Compte de Constitution Dotale. — Compte de Balance de Sortie. — Compte de Balance d'Entrée. — Compte de Liquidation. — Compte de Mobilier. — Compte de Divers. — Compte de Manufacture. — Compte d'Actions. — Compte des commandes ou commissions. — Compte de Voyages. — Compte de foires. — Compte d'Intérêts. — Compte de Succession. — Compte de Grosse-Aventure.

COMPTE DE BANQUE.

Lorsque, par suite d'affaires très-actives, on éprouve le besoin d'échanger souvent les valeurs de son portefeuille contre de l'argent, on se fait ouvrir un compte dans une banque que l'on considère comme un correspondant ordinaire. On débite le compte qu'on lui ouvre des dépôts qu'on lui fait, et on le crédite des sommes qu'on en reçoit.

COMPTE D'IMMEUBLES.

Quand on achète une terre, une maison, un immeuble quelconque, on ouvre un compte pour chacun de ses immeubles, et on le débite du prix d'achat, des réparations et impositions; on le crédite des loyers et revenus, et de ce qu'ils produisent lors de la vente. Le bénéfice, lors de la vente, se porte au débit du Compte de l'immeuble et au crédit de profits et pertes pour solde.

Si l'on possède l'immeuble, au moment où l'on commence les écritures, on débite le compte de cet immeuble de sa valeur d'estimation et l'on crédite Capital.

COMPTE DE CONSTITUTION DOTALE.

Si un négociant se marie, et si sa femme lui apporte une dot, il doit débiter la Caisse, s'il a reçu de l'argent ; le compte d'immeubles, s'il a reçu un immeuble, et créditer le Compte de Constitution Dotale du montant de la dot.

S'il se trouve, par la suite, obligé de rendre la dot, soit en cas de séparation, soit après le décès de sa femme morte sans enfants, il doit débiter le Compte de Constitution Dotale, et créditer le compte des objets qu'il donne en paiement.

COMPTE DE BALANCE DE SORTIE.

Le Compte de Balance de Sortie s'ouvre à chaque fin d'année, lorsqu'on fait l'inventaire prescrit par la loi. Il présente à son débit toutes les parties de l'actif, et à son crédit toutes les parties du passif du négociant. On l'emploi pour balancer tous les comptes, à l'exception de ceux qui, présentant perte ou bénéfice, doivent être soldés par le compte de *Profits et Pertes*. Il va sans dire, qu'à chaque inventaire, le Compte de Balance de Sortie est un compte nouveau.

COMPTE DE BALANCE D'ENTRÉE.

Ce compte est l'opposé de la balance de sortie. Il a pour but d'ouvrir de nouveau la comptabilité terminée par la balance de sortie. Tout ce qui, dans la balance de sortie, a été porté au crédit, est porté au débit de la balance d'entrée, et vice-versâ. De plus, tous les comptes débités dans la balance de sortie, doivent être crédités dans la balance d'entrée, et tous les comptes crédités dans la première opération doivent être débités dans la seconde.

DES LIQUIDATIONS.

Le Compte de Liquidation est le même que celui de balance de sortie. Il est ouvert, dans le cas de la dissolution d'une société, à l'époque du décès ou de la faillite d'un négociant dont il faut connaître et terminer les affaires.

Liquider une société, c'est, après l'avoir dissoute, faire le partage des valeurs entre les individus qui la composaient.

Pour faire une liquidation, on dresse d'abord l'inventaire et la balance générale des comptes ; puis, après avoir reconnu le capital net, on le divise entre les associés et on passe écritures de l'opération de la manière suivante :

Capital aux *suivants* fr. . . , pour solde du compte de capital, réparti ainsi qu'il suit, par l'effet de la dissolution de la société A. B. . .

à. . . A. . .

à. . . B. . . etc.

On solde ensuite ce compte par balance de sortie, puis on ouvre des comptes à nouveau par balance d'entrée.

Dans le cours de la liquidation, on débite chaque ex-associé de sa part dans les frais de liquidation et des paiements qu'on lui fait.

La liquidation d'une succession se fait exactement de la même manière : on fait la balance des comptes, et, après avoir reconnu le capital net, on crédite chacun des héritiers de sa part, et on solde leur compte par balance de sortie.

On ouvre leurs comptes à nouveau par balance d'entrée, et successivement, dans le cours de la liquidation, on débite chacun des héritiers de sa part des frais, et des paiements qu'on lui fait.

COMPTE DE MOBILIER.

Quand on commence les écritures, on débite ce compte, envers *Capital*, de la valeur du mobilier. On porte aussi à son débit toute nouvelle acquisition de meubles ; on crédite par contre la Caisse, si l'on a payé comptant, et, à l'inventaire, le mobilier est estimé à une moindre valeur. On débite *Profits et pertes* de cette diminution de valeur et on en crédite le compte de mobilier.

COMPTE DE DIVERS.

On porte à ce compte le débit et le crédit de toutes les personnes avec lesquelles on ne fait pas assez d'affaires pour qu'il soit nécessaire de leur ouvrir un compte particulier. Il est essentiel d'écrire pour chaque article le nom de la personne qui est débitée ou créditée.

COMPTE D'ACTIONS.

Ce compte est débité du prix des actions et des frais, s'il y en a ; il est crédité des intérêts qu'elles produisent et de leur vente, lorsqu'elle a lieu ; on le solde par Profits et Pertes.

Si à la Balance générale on a encore des actions, on crédite ce compte de leur valeur actuelle, et on le solde par Profits et Pertes.

COMPTE DE VOYAGES.

Les voyageurs pour compte d'une maison de commerce, étant presque toujours autorisés à acheter, à vendre, à payer, à recevoir, à régler avec les correspondants, il est bon de leur ouvrir un compte.

Le compte de l'associé ou du commis en voyage est débité des valeurs qu'on remet au voyageur à son départ ou pendant le voyage, du produit des effets qu'il tire sur la maison, ou des ventes qu'il fait comptant, de l'argent ou des valeurs qu'il reçoit des correspondants de la maison, etc.

Il est crédité des paiements qu'il fait pour achat de marchandises ou pour le compte de la maison, des remises qu'il fait à la maison, de l'argent et des valeurs qu'il apporte à son retour, des frais de voyage, etc.

Le solde est passé au compte courant ordinaire du voyageur, à moins qu'il ne le paie ou qu'on ne le lui paie à l'instant même.

Quant au voyageur, il doit avoir un livre sur lequel il tient note de tout ce qu'il reçoit de sa maison, de tout ce qu'on lui remet au dehors, de ce qu'il achète, de ce qu'il paie, de tout ce qu'il envoie à sa maison, etc. Sur ce livre il peut encore copier, avant son départ, les comptes des divers débiteurs ou créanciers avec lesquels il doit régler.

Il doit aussi avoir un livre sur lequel il inscrit les commandes qu'il reçoit, et un autre sur lequel il copie les lettres qu'il écrit.

COMPTE DE FOIRES.

La maison qui envoie des marchandises en foire doit ouvrir un compte à la foire ; débiter ce compte de tout ce qu'elle y envoie, et le créditer de tout ce qu'elle en reçoit. Il est bon que la personne chargée de la foire tienne des écritures régulières ; elle doit avoir un Journal et un Grand-Livre, pour y enregistrer toutes les opérations.

COMPTE DE GROSSE AVENTURE.

Si l'on place des marchandises sur un vaisseau à la grosse aventure, on débite ce compte de la valeur des marchandises. On le crédite, si l'entreprise réussit, c'est-à-dire, si le vaisseau arrive à bon port, du prix des marchandises et de la grosse; puis on solde par *Profits et Pertes*. Si le vaisseau se perd, on crédite *grosse aventure* du montant des marchandises placées sur ce vaisseau, et l'on en débite *Profits et Pertes* pour solder.

LIVRE DES COMMANDES OU COMMISSIONS.

Ce livre sert aux commissionnaires en marchandises, pour prendre note des commandes qu'on leur fait; ils copient sur ce livre exactement conforme au livre de copie de lettres, les commandes telles qu'elles leur arrivent, en les faisant précéder du nom du correspondant qui les leur adresse. Lorsque les commandes sont remplies, ils écrivent en marge, le folio du livre de vente ou du journal, où la commande a été portée, lorsqu'ils en ont donné facture.

Rédaction raisonnée des Articles du Journal, du mois de Février.

Art. 40. — 1er Février.

Acheté des suivants :

De Champsaur, de Marseile, 20 caisses sucre brut, de 150 kil. chacune, ens/ 3000 kil., à fr. 1, ens/. . F. 3000.

De Varage, de Grasse.

30 barriques huile d'olive, pesant net ens/. 3300 kil., à fr. 1, 90, ens/ fr· `. . . . . . . .`   6270
F. 9270

RAISONNEMENT.

Des marchandises entrent en magasin, le Compte de Marchandises recevant doit être débité, Champsaur et Varage fournissant, doivent être crédités.

1re *Question*. Qui est-ce qui reçoit ?
Réponse. Marchandises générales.

2me *Question*. Qui est-ce qui fournit?
Réponse. Champsaur et Varage.

Nous pourrions donc écrire au Journal, en faisant deux articles :

1o MARCHANDISES GÉNÉRALES. . . à. . CHAMPSAUR. F. 3000
    Sa facture.

2o MARCHANDISES GÉNÉRALES. . . à. . VARAGE. . . , F. 6270
    Sa facture.

Mais cette manière de passer au Journal les articles composés serait beaucoup trop longue quoique peut-être un peu plus intelligible. Nous aurons donc recours à la méthode abréviative dont nous avons parlé, et qui consiste à réunir les deux articles en un seul.

Ainsi qu'on a pû le remarquer dans la rédaction d'une écriture au Journal, il peut se trouver :

1o Ou un seul débiteur et un seul créancier ;

2o Ou un seul débiteur et plusieurs créanciers ;

3o Ou plusieurs débiteurs et un seul créancier ;

4o Ou plusieurs débiteurs et plusieurs créanciers.

Dans les trois derniers cas, nous passerons un article collectif, en écrivant :

Lorsqu'il y a un débiteur et plusieurs créanciers : Un Tel à Divers ;

Lorsqu'il y a plusieurs débiteurs et un seul créancier : Divers à un Tel ;

Lorsqu'il y a plusieurs débiteurs et plusieurs créanciers : Divers à Divers.

Ces articles composés étant à peu près les seuls qui embarrassent les élèves, nous nous sommes répétés à dessein, dans l'espoir d'être mieux compris.

Nous écrirons donc l'article qui nous occcupe de la manière suivante :

Marchandises Générales. . . . à . . . . . . Divers.

A Champsaur, à Marseille. . . . . . F 3000
Sa facture.
A Varage, à Grasse. . . . . 6270 } F. 9270

(Voir le Journal.)

Art. 41. — 2 Février.

Acheté de Béranger, de Grasse (Var) :

20 Caisses parfumeries, à fr. 200 chacune, ens/. . . . . F. 4000
2 barriques huile d'olive pesant net ens/ 220 kil., à fr. 2, 40. . . . . 528 } F. 4528

J'achète des marchandises de Béranger ; le Compte de Marchandises recevant, doit être débité ; Béranger fournissant, doit être crédité.

1re *Question*. Qui est-ce qui reçoit?
 Réponse. Marchandises générales.

2me *Question*. Qui est-ce qui fournit?
 Réponse. Béranger.

Écrivons donc au Journal :

Marchandises Générales. . . . à . . . Béranger. F. 4528.
Sa facture.

Art. 42. — 3 Février.

Vendu aux suivants :
A Sicard, à Paris,
10 balles coton, pesant net 600 kil. chacune, ens/ 6000 k.,
à fr. 1, 10, ens/. . . . . F. 6600
A Lombard, à Paris,
20 Caisses sucre brut, pesant 150 kil. chacune,
ens/ 3000 kil., à fr. 1 25, ens/. 3750
        Total. . 10350

1re *Question*. Qui est-ce qui reçoit?
 Réponse. Sicard et Lombard.

2me *Question*. Qui est-ce qui fournit?
 Réponse. Marchandises Générales.

Nous pourrions donc débiter Sicard et Lombard, chacun pour le montant des marchandises qu'il a achetées, et créditer Marchandises générales de la totalité des marchandises que nous avons vendues ; mais nous emploierons encore la méthode abréviative, et nous passerons notre article de la manière suivante :

Divers . . . . . . à . . . Marchandises Générales.

Sicard à Paris. . . . . F. 6600		
M/ facture.		F. 10350
Lombard, à Paris. 3750		
M/ facture.		

Art. 43. — 4 Février.

Vendu à Maire, à Paris :

30 barriques huile d'olive, pesant net ens/ 3300 kil. , à

fr. 2, ens/. . . . . E. 6600

20 Caisses parfumeries, ens/. 5000

2 Barriques huile d'olive, pesant net ens/ 220 kil.,

à fr. 3, ens/. 660

—————

12260

1re *Question*. Qui est-ce qui reçoit ?

    Réponse. Maire.

2me *Question*. Qui est-ce qui fournit ?

Réponse. Marchandises générales.

Débitons Maire, créditons Marchandises générales et écrivons au Journal :

Maire. . . . . . . à . . . . Marchandises Générales.

M/ facture. . . . . F. 12260

Art. 44. — 5 Février.

Envoyé aux suivants, le port restant à leur charge :

A Champsaur, à Marseille. 3000

A Varage, à Grasse. 6270

—————

Total. . 9270

1re *Question*. Qui est-ce qui reçoit?

    Réponse. Champsaur et Varage.

2me *Question*. Qui est-ce qui fournit ?

    Réponse. Caisse.

Débitons Champsaur et Varage , et créditons Caisse, en nous servant toujours de la méthode abréviative, et écrivons au Journal :

    DIVERS. . . . . . . à . . . . CAISSE.

Champsaur, à Marseille.

    M/ envoi de. . . . . F.   3000

Varage , à Grasse (Var).

    M/ envoi de.   6270
                                ———
                              F.   9270

Art. 45. — 6 Février.

Encaissé :

Chez Sicard, à Paris, m/ facture du 3 courant. .F.   6600

Chez Lombard, à Paris, m/ facture du 3 courant.   3750
                                ———
                           F. 10350

1re *Question*. Qui est-ce qui reçoit ?

    Réponse. Caisse.

2me *Question*. Qui est-ce qui fournit ?

    Réponse. Sicard et Lombard.

De l'argent rentre en caisse ; le Compte de Caisse est débiteur. Cet argent est fourni par Sicard et Lombard ; ces derniers fournissant, sont créanciers chacun pour la somme qu'il a donnée en paiement.

Nous écrirons donc au Journal :

    CAISSE. . . . . à . . . . . DIVERS.

    A Sicard, à Paris, reçu en espèces. . . . . . F.   6600

    A Lombard, à Paris, reçu en espèces.   3750
                               ———
                           F. 10350

Art. 46. — 7 Février.

Maire, à Paris, me paie comme suit ma facture du 4 courant :

En espèces. . . . . F. 11647

Escompte 5 p %, fr. 613, ci, pour balance. . . . 12260

1re *Question.* Qui est-ce qui reçoit?

    Réponse. Caisse, une partie de la somme due, et Escompte et Rabais, l'autre partie.

2me *Question.* Qui est-ce qui fournit?

    Réponse. Maire.

Écrivons donc au Journal :

DIVERS. . . . . à . . . . MAIRE.

Caisse, sa remise en espèces. . . . . F. 11647

Escomptes et Rabais, escompte 5 p. %. . . . 613

                                        F. 12260

La plupart des Traités de Tenue de Livres passent les articles où il y a abandon ou prélèvement d'escompte, d'une manière toute différente de la nôtre. Ce que nous portons à Escomptes et Rabais, les Traités de Tenue de Livres dont nous parlons le portent à Profits et Pertes. Bien que le résultat final soit le même, nous pensons qu'il est beaucoup plus conforme au bon sens et à la raison de suivre la méthode que nous indiquons. En effet, l'escompte, tout le monde le sait, est une diminution du prix d'achat pour l'acheteur, et une diminution du prix de vente pour le vendeur. Si donc j'achète une marchandise dont on me demande 1000 francs, et que j'obtienne un escompte ou un rabais de 5 p. %, en résultera-t-il que j'aurai gagné 50 francs sur cette marchandise? Evidemment non, car, il est certain que, pour réaliser un bénéfice sur une marchandise ou éprouver une perte,

Il faut avoir vendu cette marchandise. Or, si cet escompte ou ce rabais n'est pas un profit pour l'acheteur, ni une perte pour le vendeur, pourquoi le porterait-on au Compte de Profits et Pertes? Nous disons que l'escompte ou le rabais n'est pas une perte pour le vendeur ; car, si l'on achète pour fr. 1000 de marchandise, et qu'on la revende fr. 1130, avec escompte de 5 p. o/o, il est bien évident que le négociant n'aura pas perdu sur sa marchandise.

Quand l'escompte a lieu au moment de l'achat ou de la vente, il ne faut porter au Compte de Marchandises que le prix net, déduction faite de l'escompte, d'achat ou de vente. S'il a lieu plus tard, lorsque le prix brut est déjà porté au Compte Marchandises, il faut en faire un compte à part, que nous appelons Escompte et Rabais, et le considérer comme une division du Compte de Marchandises.

Il n'existe qu'un cas où l'escompte peut et doit être considéré comme un profit ou une perte et être porté sur le compte de ce nom ; c'est le cas où l'escompte sur les marchandises est considéré comme un intérêt d'argent. Cela arrive lorsqu'on devance un paiement ou qu'on accepte nn paiement sous déduction d'escompte, parce qu'on a besoin d'argent.

Art. 47. — 8 Février.

Acheté de Varage, de Grassse, les marchandises ci-après :

1 Kil. essence de rose à	F.	700
200 Flacons huile antique, à fr. 1.		200
100 Estagnons eau de fleurs d'oranger, ens/.		2000
40 Douzaines savons parfumés.		240
Remis en compte :	F.	3140
N° 5. M/ b^{el} à s/ ord/, 10 mars, de	F.	2000

Je reste lui devoir. . . . . F. 1140

que je lui paierai sur sa demande.

1re *Question*. Qui est-ce qui reçoit ?

Réponse. Marchandises générales.

2me *Question*. Qui est-ce qui fournit ?

Réponse. Effets à Payer, la partie de la somme payée, et Varage, la partie de la somme qui n'est pas payée.

Suivant les anciennes méthodes, il faudrait passer l'article qui noùs occupe, de la manière suivante :

MARCHANDISES GÉNÉRALES. . . . à. . . . . DIVERS.

A Effets à payer. . . . . F. 2000

Remis à Varage, à valoir :

No 5 M/ b^{re} ord/ Varage, 10 mars.

A Varage :

Reste à lui payer. . . . . F. 1140

Nous pensons, avec quelques rares auteurs pour qui nous professons la plus grande estime et qui nous ont servi longtemps de guides, que cette formule ne doit pas être employée pour les achats, réglés en partie, pas plus que pour les ventes et les échanges. Selon nous, l'emploi de cette formule présente un grave inconvénient, celui de mettre dans l'embaras, et d'induire en erreur le négociant qui ne tient pas lui-même ses livres. En effet, comme le Grand-Livre est le livre où le négociant va puiser les renseignements dont il a besoin, le livre qui doit lui offrir un moyen infaillible de contrôle, le livre qui lui fait connaître promptement sa situation par le travail facile de quelques additions, le livre, enfin, qui est tout pour le négociant ; l'article étant ainsi passé, quand le négociant ouvrirait son Grand-Livre, au compte de

Varage, il ne trouverait, à son Avoir, que la partie de la somme qui ne lui a pas été payée, c'est-à-dire, 1140 fr., et rien au Doit. De là l'étonnement du négociant ; de là, peut-être, la probité du teneur de livres mise en doute.

Quand une facture est réglée, en partie, au moment de la livraison, il faut la faire figurer, toute entière, au compte du vendeur ou de l'acheteur, et porter l'à-compte du côté opposé à celui où figure la facture ; c'est ce que nous avons fait. Nous ferons donc deux articles : l'un, pour l'achat ; l'autre, pour la remise.

1er ARTICLE.

1re *Question*. Qui est-ce qui reçoit les marchandises ?

Réponse. Marchandises générales.

2e *Question*. Qui est-ce qui fournit les marchandises ?

Réponse. Varage.

Nous débiterons donc Marchandises générales et nous créditerons Varage.

MARCHANDISES GÉNÉRALES. . . . . à . . . VARAGE

Sa facture. . . . . F. 3140

2e ARTICLE.

1re *Question*. Qui est-ce qui reçoit mon effet à payer ?

Réponse. Varage.

2e *Question*. Qui est-ce qui fournit mon effet à payer ?

Réponse. Effets à payer.

Nous écrirons donc au Journal :

VARAGE. . . . . à . . EFFETS A PAYER.

No 5, mon billet à son ordre, 10 mars, de fr. 2000.

Art. 49. — 9 Février.

Acheté au comptant, de Maire, de Paris, pour le compte de Gauthier, de Marseille, 20 caisses, savon bleu-pâle, pesant net cns/ 3125 kil., à fr. 100 le cent, cns/fr. 3125.

Dans cet article je suppose que Gauthier, de Marseille, me donne commission de lui acheter, pour son compte, 20 caisses savon bleu-pâle, pour les lui expédier. Comment passerons-nous cet article au Journal? Pour passer cet article au Journal, je prends le livre d'Achats et Ventes, sur lequel j'ai inscrit le savon acheté, et je vois que Maire a vendu ces 20 caisses savon ; et comme celui qui donne est créancier, Maire le devient, et le compte de Marchandises générales est débiteur.

1re *Question*. Qui est-ce qui reçoit?

Reponse. Marchandises générales.

2e *Question*. Qui est-ce qui fournit?

Réponse. Caisse.

Nous écrirons donc au Journal :

MARCHANDISES GÉNÉRALES. . . à CAISSE. . . F. 3125.

Acheté, de Maire, 20 caisses savon, bleu-pâle, pesant net 3125 kil., à fr. 100 les cent kilogrammes.

Art. 50. — 10 Février.

Expédié à Gauthier, à Marseille, pour son compte, 20 caisses savon, bleu-pâle, pesant net ens/ 3125 kil., à fr. 100 le cent, ens/ fr. 3125 ; et je me rembourse desdites marchandises, et divers frais, en tirant sur Gauthier, no 105, mon mandat, à mon ordre, à vue.

1re *Question*. Qui est-ce qui reçoit ?

Réponse. Gauthier, de Marseille.

2e *Question*. Qui est-ce qui fournit ?

Réponse. Marchandises générales, Frais généraux et Profits et pertes.

Débitons le premier compte et créditons les autres en écrivant au Journal :

Gauthier, de Marseille, ... à Divers, fr. 3320, 87

Suivant facture de ce jour pour le coût et frais de 20 caisses savon bleu-pâle, à lui expédiées :

A Marchandises Générales F. 3125   pour le coût ;

A Frais Généraux. . . .   92, 91 pour les frais ;

A Profits et Pertes.. . {   64, 35 pour n/ commission.

     38, 61 pour perte à la né-

————— goc^{on} de n/ traite sur

3320, 87 lui, court^{ae}, timbre.

Art. 54 — 11 Février.

Acheté à Sicard, à Paris, pour compte de Blanchet, de Lyon, moyennant une commission de 2 1/2 pour 0/0.

5 caisses, indigo, pesant net ens/ 2625 kil., à fr. 30 le kil., rendues à Lyon, et pour prix desquelles j'ai remis à Sicard, ma traite à son ordre, à 90 jours, sur Blanchet, n° 106, de . . . . F. 78750

Blanchet me doit, pour ma commission, . .   1968, 75

              Total.   80718, 75

J'ai acheté des marchandises à Sicard, pour le compte de Blanchet, à Lyon, moyennant commission due par ce dernier. Je donne à Sicard, en paiement des marchandises qu'il envoie directement à Blanchet, une traite sur ledit.

Les seules choses qui entrent dans cette opération, sont:

1° La traite fournie sur Blanchet ;

2° La créance acquise sur Blanchet pour la commission d'achat.

   Celles qui sortent sont :

1° La traite remise à Sicard ;

2° Le bénéfice de commission ou la créance donnée au capital.

C'est ici le cas d'un article de Divers à Divers :

Effets à recevoir : la traite fournie ;

Blanchet : la commission ;

A Effets à recevoir : la même traite remise à Sicard ;

A Profits et Pertes : le bénéfice.

Ecrivons donc au Journal :

Divers. . . . . à . . . . . Divers. . . . F. 80718, 75

Pour achat à Sicard, de Paris, pour compte de Blanchet, de Lyon, et moyennant commission de 2 1/2 p. 0/0, de 5 caisses, indigo, pesant net ens/ 2625 kil., à fr. 30 le kil., dont facture soldée comme suit :

Effets à Recevoir : ma traite, ordre Sicard, sur Blanchet, à 90 jours, no 106 . . . . F. 78750

Blanchet, de Lyon : pour ma commission à 2 1/2 pour 0/0, sur fr. 78750. . . . . F. 1968, 75

A Effets à Recevoir : pour ma dite traite sur Blanchet, dont je fais remise, à Sicard, pour solde de sa facture , fr. 78750

A Profits et Pertes : ma commission. . . . F. 1968, 75

Art. 52. — 12 Février.

Le feu ayant pris dans mes magasins, les marchandises ci-après ont été perdues :

1 kil. essence de rose, à fr. . . . . F.		700
200 flacons, huile antique, ...		200
100 estagnons, eau de fleur d'oranger, . . .		2000
40 douzaines, savons parfumés, ens/.		240

Les autres dégats et réparations locatives à faire par suite de ce sinistre, ont été expertisées. . .   1000

que j'ai payés au propriétaire de la maison.

Total. F. 4140

Un incendie cause une perte de marchandises et de 1000 fr.

en espèces ; une partie de la créance de capital rentre par cette perte :

   1re *Question*. Qui est-ce qui reçoit ?

     Réponse. Profits et Pertes.

   2e *Question*. Qui est-ce qui fournit ?

     Réponse. Marchandises générales, celles perdues, Caisse, les espèces déboursées par suite du sinistre.

   Ecrivons donc au Journal :

PROFITS ET PERTES. . . . . à. . . . . DIVERS, fr. 4140

Pour la perte causée par l'incendie qui a éclaté dans mes magasins.

A MARCHANDISES GÉNÉRALES, celles que le feu a détruites, dont détail au Brouillard. . . . . Fr. 3140

A CAISSE, pour la réparation des dégats, que j'ai soldée en espèces. 1000
                                                                    ————
                                                                    4140

Art. 53. — 13 Février.

Acheté d'Ardisson, à Marseille, pour le compte de Pagano, de Gênes, 10 barriques, sucre brut, pesant net cns/ 4080 kil., à fr. 73, 53 les 50 kil., payables fin mars prochain, fr. 6000.

Par cet article j'achète d'Ardisson, à Marseille, 10 barriques, sucre brut, pour compte de Pagano, de Gênes.

   1re *Question*. Qui est-ce qui reçoit ?

     Réponse. Marchandises générales.

   2e *Question*. Qui est-ce qui fournit ?

     Réponse. Ardisson, à Marseille.

   Ecrivons au Journal :

MARCHANDISES GÉNÉRALES. . . à. . . ARDISSON, de Marseille, fr. 6000

Acheté dudit :

10 barriques, sucre brut, pesant net 4080 kil., à fr. 73, 58 les 50 kil., payables fin mars prochain.

Art. 54. — 14 Février.

Dresser la facture des 10 barriques, sucre brut ci-dessus, expédiées à Pagano, de Gênes, par le navire *la Caroline*, capitaine Girard, et avec assurance.

Par cet article, on remet à Pagano, de Gênes, facture des 40 barriques sucre brut achetées pour s/ compte.

Pour passer cet article, on prend le Livre de Factures, et, voyant que ces 10 barriques sucre brut ont été facturées à Pagano, de Gênes, pour s/ compte, on le reconnaît débiteur, puisqu'il est censé recevoir le sucre d'après la facture.

Il doit la somme totale de la facture fr., 6244. 86, qui est celle de la marchandise et des frais.

Il doit à Marchandises Générales, fr. 6000, parce que cette marchandise a été achetée pour s/ compte :

A Frais Généraux, fr. 58, parce que ces frais ont été faits pour cette marchandise ;

A Profits et Pertes, fr. 121, 86, parce qu'il doit une commission pour les peines et soins au conditionnement de ladite marchandise ; de sorte que l'on passera au Journal :

Pagano, de Gênes, s/ c/. . . à . . . Divers. F. 6244, 16

Suivant facture de ce jour, pour le coût et frais de 10 barriques, sucre brut, à lui expédiées par le navire la *Caroline*, capitaine Girard.

A Marchandises Générales. F. 6000   pour le coût ;

A Frais Généraux.   58   pour les frais ;

A Profits et Pertes, . . .   121, 86 pour m/ commission

Suite de l'article ci-contre.

A Assurances Générales. .   65   pour assurances sur
fr. 6200 à 1 p. % et frais. *

*Nota. — Quand on fait une assurance sur une marchandise qu'on
expédie, on doit la porter sur la facture de cette marchandise.

Art. 55. — 15 Février.

Remis à Ardisson, de Marseille :

N° 6. M/ b^{et} à s/ ord/, fin mars prochain, de. . . F. 6000
en paiement de 10 barriques, sucre brut, achetées pour le
compte de Pagano, de Gênes.

Par cet article, nous payons à Ardisson, de Marseille, par
notre b^{et} (N° 6) à s/ ord/, fin mars prochain, le montant des
10 barriques, sucre brut, qu'il nous a vendues. Ardisson doit
être débité, vu qu'il reçoit, et le Compte d'Effets à payer
crédité, parce que nous devons payer le billet.

Nous écrirons donc au Journal :

Ardisson, de Marseille. . . à. . Effets a Payer. F. 6000
A lui remis notre billet fin février prochain, en paiement
de 10 barriques sucre.

Art. 56. — 16 Février.

Pagano, de Gênes, par sa lettre de ce jour, nous remet
pour s/ compte, une traite sur Romagnac, mon banquier,
de fr. 6244, 86, payable fin courant, en paiement des 10
barriques, sucre brut, achetées pour s/ c/ le 12 courant.

1re Question. Qui est-ce qui reçoit ?
Réponse. Effets à recevoir.

2me Question. Qui est-ce qui fournit ?
Réponse. Pagano, de Gênes.

Écrivons donc au Journal :

Effets a recevoir. . à . Pagano, de Gênés, F. 6244, 86.

Sa remise, par sa lettre du 16 février, en une traite sur Romagnac, payable fin courant.

Art. 57. — 17 Février.

Remis à Varage, de Grasse, (Var), la somme de fr. 1140 pour solde de sa facture du 8 courant.

1re *Question.* Qui est-ce qui reçoit ?
    Réponse. Varage.

2me *Question.* Qui est-ce qui fournit ?
    Réponse. Caisse.

Débitons Varage et créditons Caisse.

VARAGE. . . . . à . . . . CAISSE. F. 1140

Pour solde de sa facture du 8 courant.

(Vorr le Journal.)

Art. 58. — 18 Février.

Souscrit à l'ordre de Roger, de Paris, pour l'obliger, un billet (N° 7) de fr. 2000, de ce jour au 15 mars prochain.

1re *Question.* Qui est-ce qui reçoit ?
    Réponse Roger.

2me *Question.* Qui est-ce qui fournit ?
    Réponse. Effets à payer.

Roger reçoit, il faut le débiter ; il reçoit un billet que je lui souscris pour l'obliger, un billet dont je suis responsable, qu'il me faudra payer, s'il ne le paie lui-même, Effets à payer doivent être crédités. (Il faut avoir soin d'indiquer au Journal que le billet est de complaisance. Écrivons donc au Journal :)

ROGER . . . . à . . . . . EFFETS A PAYER. F. 2000

Pour mon billet de ce jour (N° 7), à s/ ord[, payable au 15 mars prochain, que je lui ai souscrit pour lui rendre service.

Art. 59. — 19 Février.

Escompté à Sicard, de Paris, le bordereau ci-dessous :

No 108 s/ Paris, fin mars. . . . . F.   10000
No 109 s/ Versailles, 20 mars. . . . . ;   2000
No 110 s/ Lyon, 5 avril.   1200
No 111 s/ Bordeaux, 10 avril.   1000

Total...F.   14200

Remis à Sicard :

En espèces. . . . . F.   14095

Je lui retiens :

Intérêts, commission et change de place.   105

Total.. F.   14200

1re *Question.* Qui est-ce qui reçoit ?

Réponse. Effets à recevoir.

2me *Question.* Qui est-ce qui fournit ?

Réponse. Caisse, une partie de la somme, et Escompte
et Rabais l'autre partie.

Écrivons donc au Journal :

Effets a recevoir. . . . . à . . . . Divers. F. 14200
A Caisse. . . . . F.   14095
A Escomptes et Rabais.   105

F.   14200

Nota. — Nous engageons les élèves à bien se pénétrer de la différence qu'il y a entre escompter un billet et le négocier. Nous répétons ici, pour ceux qui n'auraient pas encore bien saisi cette différence, que celui qui escompte un billet, l'achète, c'est-à-dire en paie le montant, avant l'échéance, moyennant un escompte ; que celui qui négocie un effet, le vend, c'est-à-dire le cède à un autre, qui en donne la valeur en retenant l'escompte.

Art. 60. — 20 Février.

Reçu de Champsaur, à Marseille, pour les vendre pour son compte :

6 barriques eau de fleurs d'oranger , ens/ 1320 litres, à fr. 1, 50, ens/. F. 1980
avec commission, à m/ profit, de 2 p. o/o sur la vente, et garantie des rentrées.

Payé pour frais de transport de ladite eau. . . . 90
Total.... 2070

1re *Question*. Qui est-ce qui reçoit ?

Réponse. Marchandises de Champsaur.

2me *Question*. Qui est-ce qui fournit ?

Réponse. Champsaur, la marchandise, et Caisse, l'argent pour payer les frais de transport.

Nous écrirons au Journal :

MARCHANDISES DE CHAMPSAUR. . . à. . . DIVERS. . F. 2070
A CHAMPSAUR. . . . . F. 1980
A CAISSE 90
F. 2070

Pour l'intelligence de cet article, il n'est pas inutile de donner quelques explications sur ce qu'on appelle marchandises en commission.

On distingue les marchandises en commission en deux classes : celles que le négociant envoie à quelqu'un chargé de les vendre, et celles qu'il reçoit de quelqu'un qui le charge de les vendre.

Dans le premier cas, on ouvre un compte qu'on intitule *Marchandises chez un tel*. On débite ce compte de la valeur des marchandises envoyées et des frais qu'elles occasionnent, en créditant le compte qui les fournit ou paie. Lorsque le négociant envoie son compte de vente, on le débite du produit net envers *Marchandises chez un tel*. A l'époque de la balance, on solde ce compte par Profits et Pertes pour les bénéfices, et par Balance de Sortie, s'il reste des objets invendus.

Dans le second cas, on ouvre un compte qu'on intitule : *Marchandises d'un tel*, ou *un tel, son compte de marchandises*.

Celui qui reçoit des marchandises à vendre pour le compte d'un autre, ouvre un compte à ces marchandises, (C'est ici le cas qui nous occupe), débite ce compte des frais de réception, et de tous les frais qu'elles peuvent occasionner par la suite ; puis il crédite ce compte du produit de toutes les ventes. Les marchandises vendues, il le débite de la commission convenue, en créditant Profits et Pertes, puis encore du solde dû au correspondant, en créditant le compte des valeurs fournies en paiement, au commerçant, pour solde. Dans l'un et l'autre cas, si les remises se font à mesure que les marchandises se vendent, les écritures sont les mêmes pour le fond : elles sont seulement plus multipliées.

Nous avons supposé, dans l'article que nous venons de raisonner, que le prix de vente des marchandises est invariable ; quand le prix de vente est sujet à varier, on donne aux articles une forme différente des autres. On les inscrit au Journal, sous la forme de simples notes, afin de satisfaire à la loi et au bon ordre. Nous verrons bientôt des exemples de ce dernier cas, qui est beaucoup plus fréquent que le premier.

Art. 60. — 21 Février.

Négocié, à la banque de France, le bordereau ci-dessous :

No 103 sur Lyon, fin mars. . . . . F.	600
No 104 sur Marseille, 15 mars. . . . . ,	900
No 108 sur Paris, fin mars.	10000
No 109 sur Versailles, 20 mars.	2000
Nº 110 sur Lyon, 5 avril.	1200
No 111 sur Bordeaux, 10 avril.	1000
	15700

Reçu de la banque :

En espèces, fr. 15597, 07

Elle me retient, pour intérêts et change de place, fr. 102, 93.

1re *Question.* Qui est-ce qui reçoit ?

Réponse. Caisse, une partie de la somme, et Profits et Pertes, l'autre partie.

2e *Question.* Qui est-ce qui fournit ?

Réponse. Effets à recevoir.

Nous devons donc écrire au journal :

Divers. . . . . . à. . . . . Effets a recevoir, F. 15700.

Négocié , à la banque de France, le bordereau ci-dessous :

No 103 sur Lyon, fin mars. . . . . F.	600
No 104 sur Marseille, 15 mars.	900
No 108 sur Paris, fin mars.	10000
No 109 sur Versailles, 20 mars.	2000
No 110 sur Lyon, 5 avril.	1200
No 111 sur Bordeaux, 10 avril.	1000
	15700

Caisse.

Reçu en espèces, pour produit net. . . . F. 15597, 07

Profits et Pertes :

Intérêts, change de place. 102, 93

Art. 64. — 22 Février.

Reçu de Gauthier, de Marseille, 20 balles, coton, pesant chacune 500 kil., ens/ 10000 kil., à fr. 1, ens/ fr. 10000.

300 bouteilles, vin de Champagne, à fr. 4 la bouteille, ens/ fr. 1200.

N° 110, b^et Baude, sur Paris, fin mars de fr. 1000.

Remis en paiement :

N° 7, mon billet à son ordre, 10 avril de. . . F.   8000

En espèces pour solde.   4200

Total. F.   12200

1re *Question*. Qui est-ce qui reçoit ?

Réponse. Marchandises générales et Effets à recevoir.

2e *Question*. Qui est-ce qui fournit ?

Réponse. Effets à payer et Caisse.

Nous écrirons donc au Journal :

DIVERS. . . . . à . . . . . DIVERS.

MARCHANDISES GÉNÉRALES. . . . .   F. 11200

Reçu de Gauthier, de Marseille :

20 balles, coton, pesant chacune 500 kil., ens/ 10000 kil., à fr. 1. . . . . F. 10000

300 bouteilles vin de Champagne, à fr. 4 la bouteille, ens/.   1200

EFFETS A RECEVOIR :

N° 110 b^et Baude, sur Paris, fin mars fr., . .   1000

A EFFETS A PAYER :

N° 7, mon billet ordre, Gauthier, 10 avril. .   8000

A CAISSE, espèces pour solde.   4200

Total. . F. 12200

Cet article doit être passé comme nous venons de le faire,

quand on veut user de la ressource des articles de Divers à Divers. Si l'on ne voulait pas user de cette ressource, il faudrait faire deux articles comme les suivants :

Art. 62. — 22 Février.

DIVERS. . . . . à GAUTHIER, de Marseille.
MARCHANDISES GÉNÉRALES : 20 balles, coton, pesant ens/ 10000 kil. à fr. 1, ens. . . . . F. 10000
   300 bouteilles de Champagne, à fr. 4 l'une, ens/   1200
  EFFETS A RECEVOIR :
No 110, billet Baude, sur Paris, fin mars. . .   1000
                        12200

Art. 63. — 22 Février.

GAUTHIER, de Marseille. . . . . à DIVERS.
  A EFFETS A PAYER :
No 7, mon billet à son ordre, 10 avril, de. . . F.   8000
  A CAISSE.
En espèces pour solde.   4200
                        12200

Art. 64. — 23 Février.

Vendu par l'entremise de Degrange, courtier, 20 balles coton, pesant net ens/10000 kil., à fr. 1, 25, ens/ F. 12500
   300 bouteilles, vin de Champagne, à fr. 5 la bouteille, ens/.   1500
                    Total. .   14000

Il a retenu sa commission à 1 p. o/o fr. 140.

Et m'a remis, pour l'acheteur, en espèces fr. 13860.

Par cet article, nous vendons des marchandises ; les marchandises générales fournissant, nous devons les créditer ; nous recevons de l'argent, la Caisse recevant, nous devons la débiter. La somme remise au courtier Degrange, pour sa

commission, est une diminution de mon bénéfice ; nous devons
en débiter profits et pertes, et écrire au Journal :

Divers. . . . . à Marchandises Générales.

Vendu par l'entremise de Degrange, mon courtier,
20 balles, coton, pesant net ens/ 10000 kil., à fr. 1, 25, ens/
fr. 12500.

300 bouteilles, vin de Champagne, à fr. 5 la bouteille, ens/
fr. 1500.

Profits et Pertes. . . . . F.   140

La commission, retenue par le courtier Degrange,
à 1 pour o/o.

Caisse.   13860

Reçu en espèces de Degrange.   14000

Art. 65. — 24 Février.

Reçu de Béranger, de Grasse, (Var.)
20 barriques, huile d'olive surfine, pesant chacune net 200
kil., ens/ 4000 kil., à fr. 2 le kil., ens/ fr. . . . 8000.

Frais de transport, fr. 300.

Et compté à Lombard, à Paris, par ordre et pour compte
de Béranger, fr. . . . . , . . 8000.

Je reçois des marchandises, les Marchandises Générales recevant doivent être débitées pour la valeur et pour les frais ;
Je paie les frais et je remets à un tiers, pour compte de mon
vendeur, le montant des marchandises reçues ; j'en crédite la
Caisse.

Ecrivons donc au Journal :

Marchandises Générales. . . . . à Caisse, fr. 8300.

Reçu de Béranger, de Grasse, 20 barriques, huile d'olive
surfine, pesant chacune net 200 kil., ens/ 4000 kil., à fr. 2 le
kil., ens/ fr. 8000.

Frais de transport, fr. 300

Compté en espèces, à Lombard, à Paris, par ordre et pour compte de Béranger, fr. . . . . 8000.

Art. 66. — 25 Février.

Je prélève à 2 pour o⁄o, sur le chiffre de la vente faite ce jour, pour le compte de Champsaur, à Marseille, fr. 39, 60

1re *Question*. Qui est-ce qui reçoit ?

Réponse. Marchandises de Champsaur.

2e *Question*. Qui est-ce qui fournit ?

Réponse. Profits et pertes.

Le compte de marchandises de Champsaur supportant les frais, cela nous procure un bénéfice.

Nous devons donc écrire au Journal :

MARCHANDISES DE CHAMPSAUR. . . à PROFITS ET PERTES, fr. 39, 60

Ma commission, à 2 pour o⁄o, sur fr. 1980.

Art. 67. — 26 Février.

Je solde le compte de marchandises de Champsaur ; le doit est de fr. 2109, 60.

l'avoir, de fr. 1980.

Différence à porter au doit du compte particulier de Champsaur, fr. 129. 60.

Cet article, qui, à la première vue, embarrasse l'élève, deviendra on ne peut plus facile à comprendre, si l'on se rappelle qu'au doit des marchandises d'un *Tel* figure le prix qu'on veut recevoir des marchandises, plus les frais de toute nature, et à l'avoir se trouve le prix de vente, qui est toujours le même que le prix qui figure au doit. Le doit est donc plus fort que l'avoir de tous les frais que les marchandises ont occasionnés, et ces frais sont indubitablement supportés par celui pour le compte de qui on a vendu ces marchandises.

1re *Question*. Qui est-ce qui reçoit ?

Réponse. Champsaur.

2e *Question*. Qui est-ce qui fournit ?

Réponse. Marchandises de Champsaur.

Nous écrirons donc au Journal :

CHAMPSAUR, à Marseille. . . à. . . . MARCHANDISES DE CHAMPSAUR.

Solde du dernier compte fr. 129, 60

Art. 68. — 27 Février.

Adressé à Blanchet, à Lyon, à vendre pour mon compte, avec commission à son profit de 3 pour %, 20 barriques, huile d'olive surfine, pesant chacune net 200 kil., ens/ 4000 kil., que j'ai achetées et payées comptant, en espèces, à raison de fr. 2 le kil., ens/ fr. 8000.

Par cet article, j'envoie à Blanchet, à Lyon, des marchandises à vendre pour mon compte. J'ouvre à ces marchandises un compte que j'intitule : *Marchandises chez Blanchet*, lequel compte me fera connaître mes bénéfices sur cette opération. Je débite ce Compte des marchandises achetées et expédiées à Blanchet. Je crédite Caisse pour les espèces comptées pour solde.

Voir, pour l'intelligence de cet article, les explications que nous avons données au sujet de l'article que nous avons désigné sous la dénomination de : *Marchandises reçues en commission*.

1re *Question*. Qui est-ce qui reçoit ?

Réponse. Marchandises chez Blanchet.

2e *Question*. Qui est-ce qui fournit ?

Réponse. Caisse.

Nous écrirons donc au Journal :

MARCHANDISES CHEZ BLANCHET. . à. . CAISSE, fr. 8000.

Prix des marchandises envoyées à Blanchet, à vendre pour mon compte.

On comprend sans peine que le compte que nous ouvrons

aux marchandises données en commission n'a d'autre but que d'éviter la confusion dans le compte de Marchandises Générales, et pour être à même de nous rendre compte des marchandises envoyées en commission.

On comprend aussi que la personne à laquelle nous envoyons des marchandises en commission, ne doit pas être débitée avant qu'elle les ait vendues; car, jusque-là, elle ne nous doit rien.

Art. 69. — 28 Février.

Acquitté mon billet, n° 4, ordre Lombard, de fr. 20000, à lui souscrit le 21 janvier, pour solde de la maison qu'ils m'a vendue, rue Vaugirard, n° 16.

Remis en espèces pour solde, fr. 5825, que je restais lui devoir.

D'après cet article, Lombard nous remet notre billet, n° 4, que nous lui avons souscrit le 21 janvier, et nous lui remettons en échange la somme de fr. 5825, que nous restions lui devoir. Lombard avait donc reçu un à-compte de fr. 14175, dont il nous tient compte aujourd'hui.

1re *Question*. Qui est-ce qui reçoit?

Réponse. Effets à payer.

2e *Question*. Qui est-ce qui fournit?

Réponse. Lombard.

Nous écrirons donc au Journal :

Effets a payer. . . à . . . Lombard, fr. 20000.

Mais Lombard reçoit en échange de notre billet la somme de fr. 5825 en espèces; la Caisse fournissant cette somme doit en être créditée ; et Lombard la recevant doit être débitée d'autant.

Nous écrirons donc un second article au Journal :

Lombard. . . . à . . . . Caisse. . . F. 5825.

(Article omis au Brouillard.)

Art. 70. — 28 Février.

Payé pendant le mois de février, fr. 565
    A mon premier commis. . . . . . . , F. 300
    A mon second commis. 200
    A mon garçon de magasin. 65
                       565

Les frais de ménage s'élèvent à fr. 565 ; je crédite la *Caisse* qui a payé ces frais pendant le mois, et je débite *Dépenses domestiques* ou de *ménage* pour ce qui regarde la maison.

1re *Question.* Qui est-ce qui reçoit ?

Réponse. Dépenses Domestiques.

2e *Question.* Qui est-ce qui fournit ?

Réponse. Caisse.

Écrivons donc au Journal :

Dépenses Domestiques. . à. . . Caisse. . . F. 565.

Dépenses de ménage pendant février.

Art. 71. — 1er Mars.

Reçu à la caisse de Romagnac, mon banquier à Paris, la somme de fr. 2000.

1re *Question.* Qui est-ce qui reçoit ?

Réponse. Caisse.

2e *Question.* Qui est-ce qui fournit ?

Réponse. Romagnac, à Paris.

Écrivons donc au Journal, en débitant Caisse et créditant Romagnac :

Caisse. . . . . à. . . Romagnac, à Paris. fr. 2000.

Reçu à la caisse dudit.

14

Art. 72. — 2 Mars.

Acheté de Champsaur, de Marseille, en participation avec Maire, 200 caisses, sucre raffiné, de 100 k. chacune, ens/ 20000 kil. à fr. 1, 50 ens/ 30000 fr. que j'ai payé comme suit :

En espèces. . . . . F. 25000

En m/ b^n de ce jour, n° 8, à s/ ord/, fin avril.   5000

Total.   30000

Remarque. Avant de passer cet article, nous devons donner les explications suivantes sur les marchandises en participation.

Lorsqu'un négociant achète des marchandises en participation avec une ou plusieurs personnes , il est évident qu'il n'a droit qu'à une partie des bénéfices , comme aussi il ne supporte qu'une partie des pertes.

Une opération de la nature de celle qui nous occupe peut être accompagnée de circonstances diverses qui exigent des écritures différentes.

Ainsi, le négociant peut être chargé ,

1° De l'achat et non de la vente ;

2° De la vente et non de l'achat ;

3° De l'achat et de la vente ;

4° Ni de l'achat ni de la vente.

Dans tous les cas il ouvre un compte intitulé : *Marchandises en participation avec un tel* (si c'est avec une seule personne qu'il est associé); *à Tiers, avec un tel et un tel* (si c'est avec 2 personnes) puis :

1° Quand il est chargé de l'achat et non de la vente, il débite chaque associé pour sa part de l'achat et des frais, MARCHANDISES EN PARTICIPATION pour la part qu'il en supporte lui-même, et crédite le créancier naturel. Lorsque le vendeur envoie son compte de vente, il le débite, et il crédite MARCHAN-

DISES EN PARTICIPATION de la somme qui doit rentrer.

On solde ce compte par Profits et Pertes.

2o Quand il est chargé de la vente et non de l'achat, on débite *marchandises en participation*, et on crédite l'associé qui a acheté pour la part que le négociant a à cet achat; on le crédite des ventes successives, en débitant le débiteur naturel. Lorsque les marchandises sont entièrement vendues, on débite le compte de *marchandises en participation*, envers chacun des associés, pour sa part du produit.

On solde encore par Profits et Pertes.

3o Quand il est chargé de la vente et de l'achat, on débite *marchandises en participation* pour sa part dans l'achat, et chaque associé pour la sienne, en créditant le créancier naturel; on débite encore *marchandises en participation* de tous les frais qu'elles occasionnent; on les crédite des ventes successives. Lorsque tout est vendu, on débite ce compte de la commission due au négociant; on le débite envers chacun des associés, pour sa part du bénéfice, et on solde par Profits et Pertes;

4o Quand il n'est chargé ni de l'achat, ni de la vente, on débite *marchandises en participation* de sa part de l'achat, en créditant le créancier naturel. Quand tout est vendu, on crédite le compte pour la portion du produit net qui revient au négociant, en débitant l'associé chargé de la vente, et on solde le compte par Profits et Pertes.

Dans l'article qui nous occupe nous supposons que nous sommes chargés de l'achat, de la vente et des recouvrements.

1re *Question*. Qui est-ce qui reçoit?

Reponse. Maire et Marchandises de compte à demi avec Maire.

2e *Question*. Qui est-ce qui fournit?

Reponse. Caisse et Effets à payer.

C'est encore ici un article de divers à divers : ces articles semblent de prime abord difficiles ; cependant ils ne demandent qu'un peu plus de réflexion. Pour construire ces articles on énonce d'abord l'opération, ensuite on nomme successivement, d'abord les débiteurs, puis les créanciers : or, ici il s'agit de marchandises que j'achète en participation avec Maire. Je dois débiter Maire de sa moitié ; puis comme j'ai ouvert un compte à *Marchandises de compte à demi avec Maire*, je débite le compte de ma part : voilà pour les débiteurs.

Qui fournit ou qui paie ces valeurs ? Elles sont payées par Caisse et par Effets à payer ; créditez ces deux comptes. Il va sans dire que chacun des débiteurs ne doit être débité, et chacun des créanciers ne doit être crédité que pour la part qui le concerne.

Nous écrirons donc notre article au Journal de la manière suivante :

Divers. . . . . . . à . . . . Divers. F. 30000

Pour achat à Champsaur, en participation avec Maire, de 200 caisses, sucre raffiné, de 100 kil. chacune, ens⁄ 20000 kil. à fr. 1, 50, ens⁄, 30000 fr.

Maire, fr. 15000, pour sa part de l'achat ;

Marchandises en participation avec Maire, fr. 15000, pour ma part de l'achat ;

A Caisse, fr. 25000, pour ma remise en espèces ;

A Effets à Payer, fr, 5000, pour m/ bᵉˢ Nᵒ 8, de ce jour, à s/ ord⁄, fin avril.

Art. 73 . — 4 Mars.

Payé, pour frais des sucres en participation avec Maire, fr. 400.

1ʳᵉ *Question*. Qui est-ce qui reçoit ?

Réponse. Maire et Marchandises en participation avec Maire.

2me *Question.* Qui est-ce qui fournit ?

Réponse. Caisse.

La Caisse paie, créditons-la ; la valeur est payée pour frais des marchandises achetées de moitié avec Maire, je débite Maire pour sa part, et *marchandises en participation* pour ma part.

Écrivons donc au Journal :

Divers. . . . . à . . . . Caisse. F. 400

Payé pour frais des marchandises achetées en participation avec Maire : fr. 200 pour sa part des frais ;

Marchandises en participation avec Maire, fr. 200 pour ma part des frais.

Art. 74. — 6 Mars.

Reçu de Blanchet, de Lyon, le compte de vente des 20 barriques huile d'olive surfine qu'il s'est chargé de vendre pour m/ c/.

L'huile a produit, déduction faite des frais et de sa commission, fr. 9098, 50.

Pour laquelle somme il m'adresse sa traite sur Fontagnère, à Paris, au 15 mars, no 110, de fr. 9098, 50.

Ces marchandises m'avaient coûté 8000 francs, je fais donc un bénéfice de 1098, 50, pour lequel je solde le compte de Marchandises chez Blanchet par Profits et Pertes.

Les marchandises chez Blanchet, de Lyon, m'ont produit fr. 9098, 50, j'en crédite le compte ; je crédite également Profits et Pertes de fr. 1098, 50, somme de mes bénéfices sur cette opération, puisque ces marchandises ne m'avaient coûté que 8000 fr. ; je débite Effets à recevoir de la traite que je reçois, et Marchandises chez Blanchet, de fr. 1098, 50, somme de mes bénéfices, et qui solde ce compte en rendant le débit égal au crédit.

Écrivons au Journal :

DIVERS. . . . . à . . . . . . DIVERS. F. 10197

Effets à recevoir, fr. . . . . 9098, 50.

Reçu de Blanchet, à Lyon, sa traite sur Fontagnère, à Paris, au 15 mars, Nᵒ 110, de fr. 9098, 50

Marchandises chez Blanchet, fr. 9098, 50, solde du bénéfice fait sur ces marchandises.

A Marchandises chez Blanchet, fr. 9098, 50, produit net de ces marchandises.

A Profits et Pertes ; fr. 1098, 50
Bénéfice net que ces marchandises m'ont procuré.

Art. 75. — 8 Mars.

Vendu à Sicard, de Paris, les 200 caisses, sucre raffiné, en participation avec Maire, pesant chacune 100 kil., ensᵗ 20000 kil., à fr. 2, ensᵗ fr. 40000.

1ʳᵉ *Question.* Qui est-ce qui reçoit ?
Réponse. Sicard.
2ᵐᵉ *Question.* Qui est-ce qui fournit ?
Réponse. Maire et Marchandises en participation avec Maire.

Sicard reçoit, il faut le débiter ; il reçoit une valeur qui appartient en partie à Maire, et en partie à moi, créditez Maire, pour sa part, et marchandises en participation avec Maire pour ma part.

Ecrivons donc au Journal :
SICARD, de Paris. . . à . . . DIVERS, fr. 40000.

Pour vente à lui faite des 200 caisses sucre raffiné, en participation avec Maire, pesant chacune 100 kil., ens/ 20000 kil., à fr. 2, ens/ 40000 fr.

A Maire, fr. 20000 pour sa part du produit.

A *Marchandises en participation* avec Maire, fr. 20000 pour ma part du produit.

Art. 76. — 10 Mars.

Remis en compte à Romagnac, mon banquier, le billet ci-dessous :

No 5 sur Marseille, fin février, de fr. 3320, 87.

Escompte en faveur de Romagnac :

Intérêts à 5 pour 0/0 l'an, fr. 4, 30

Change de place. 5

Total 9, 30

Reste à porter à mon crédit, valeur de ce jour pour produit net de mon effet, fr. 3311, 57.

1re *Question.* Qui est-ce qui reçoit ?

Réponse. Romagnac, une partie de la somme, et Profits et Pertes l'autre partie.

2e *Question.* Qui est-ce qui fournit ?

Réponse. Effets à recevoir.

Nous écrirons donc au Journal :

Divers. . . . . . à . . . . . Effets a recevoir, fr. 3320, 87.

Remis en compte à Romagnac :

No 105 sur Marseille, fin février, de fr. 3320, 87.

Romagnac, à Paris.

Produit net de mon bordereau, valeur de ce jour, fr. 3311, 57.

Profits et Pertes.
Intérêts à 5 pour 0/0 l'an, fr. 4, 30
Change de place.   5
                        ———
                        9, 30

Art. 77. — 10 Mars.

Acquitté mon billet, no 5, ordre Varage, à lui souscrit le 8
février dernier.

1re *Question.* Qui est-ce qui reçoit?

Réponse. Effets à payer.

2e *Question.* Qui est-ce qui fournit?

Réponse. Caisse.

J'acquitte un de mes billets; le compte d'Effets à payer,
recevant, doit être débité ; la Caisse fournissant les fonds avec
lesquels je paie mon billet doit être créditée.

Ecrivons donc au Journal :

EFFETS A PAYER. . . . . à . . . . . CAISSE. . . . . F. 2000
Acquitté mon billet, ordre Varage, no 5, échu ce jour.

(Article omis au brouillard.)

Art. 78. — 12 Mars.

Remis à Plenet de Lyon, sur sa demande, un bon sur la
caisse de Romagnac, mon banquier, à Paris, de fr. 2000.

Reçu en échange, no 114, sa traite sur Rey, à Bordeaux,
de fr. 2000, à vue, et me paie une bonification, en espèces,
de fr. 3.

1re *Question.* Qui est-ce qui reçoit?

Réponse. Effets à recevoir et Caisse.

2e *Question.* Qui est-ce qui fournit?

Réponse. Effets à payer et Profits et Pertes.

Nous écrirons donc au Journal :

DIVERS. . . . . à. . . . . DIVERS.

Reçu de Plenet, de Lyon, savoir :

Effets à recevoir,

No 114, sa traite sur Rey, à Bordeaux, à vue, F. 2000

Caisse,

Espèces. 3

En échange de ce qui suit :

A Romagnac,

Mon bon sur sa caisse. . . . . F. 2000

A Profits et Pertes,

Bonification. 3

Art. 79. — 15 Mars.

Prêté à Sicard, à Paris, en espèces fr. 4000.

1re *Question.* Qui est-ce qui reçoit ?

Réponse. Sicard.

2e *Question.* Qui est-ce qui fournit ?

Réponse. Caisse.

Caisse fournit et doit être créditée ; Sicard reçoit et doit être débité.

Nous écrirons donc au Journal :

Sicard, à Paris. . . . . à. . . . . . Caisse. . . F. 4000 à lui prêtés.

Art. 80. — 15 Mars.

Acquitté la traite Blanchet, du 17 janvier, à s̩ ord̩, dont j'ai passé écritures sous le no 2 de mes effets à payer, F. 12000

J'acquitte un de mes effets à payer ; le compte de ce nom recevant, doit être débité ; la Caisse fournissant les fonds avec lesquels je paie cet effet, doit être créditée.

1re *Question.* Quel est le Compte qui reçoit ?

Réponse. Effets à payer.

2me *Question.* Quel est le Compte qui fournit ?

Réponse. Caisse.

Débitons le premier, créditons le second, et écrivons au Journal :

Effets a payer. . . . . . . à . . . . . Caisse. F. 12000

Payé la traite Blanchet du 17 janvier.

(Article omis au Brouillard).

Art. 81. — 18 Mars.

Acheté au comptant, d'Ardisson, de Marseille, 5 barriques, sucre brut, pesant ens_t 1000 kil., à fr. 0, 75 l'un, ens_t, fr. 750.

1re *Question.* Qui est-ce qui reçoit?

Réponse. Marchandises générales.

2me *Question.* Qui est-ce qui fournit ?

Réponse. Caisse.

Débitons le premier compte, créditons le second, et écrivons au Journal :

Marchandises Générales. . . à . . . . Caisse. F. 750

Acheté d'Ardisson, de Marseille, 5 barriques sucre brut, pesant ens_t 1000 kil., à fr. 0. 75 l'un.

(Article omis au Brouillard.)

Art. 82. — 18 Mars.

Souscrit à l'ordre de Sicard, de Paris, pour l'obliger, un billet de 2000 francs, de ce jour au 20 mars prochain.

1re *Question.* Qui est-ce qui reçoit ?

Réponse. Sicard, de Paris.

2me *Question.* Qui est-ce qui fournit ?

Réponse. Effets à payer.

Sicard reçoit, il faut le débiter ; il reçoit un billet que je lui souscris pour l'obliger, un billet dont je suis responsable, qu'il me faudra payer s'il ne le paie lui-même. Effets à payer doivent être crédités. (Il faut avoir soin d'indiquer au Journal que ce billet est de complaisance.)

Nous écrirons donc au Journal :

SICARD. . . . . à. . . . . , EFFETS A PAYER. F. 2000

Pour mon billet de ce jour; n° , à s| ord|; payable 20 mars prochain, que je lui ai souscrit pour lui rendre service.

Art. 83. — 20 Mars.

Réparations à ma maison rue Vaugirard, n° 16, que j'ai payées comptant, fr.. . . . . 1500..

1re *Question*. Qui est-ce qui reçoit ?

Réponse. Maison.

2me *Question*. Qui est-ce qui fournit ?

Réponse. Caisse.

Caisse paie, créditez-la , elle paie pour réparations de ma maison, débitez le compte de celle-ci,

Et écrivez au Journal :

MAISON, rue Vaugirard, n° 16. . . . à. . CAISSE. F. 1500

Pour réparations que j'ai payées comptant.

Art. 84. — 22 Mars.

Reçu de Sicard, à Paris, après faillite, suivant accord avec ses créanciers, pour solde, 60 p. % sur 46000 fr. qu'il me devait, ci. . . . . F. 27600

Perte, 40 p. %. 18400

Total. 46000

1r° *Question*. Qui est-ce qui reçoit ?

Réponse. Caisse et Profits et Pertes.

2me *Question*. Qui est-ce qui fournit ?

Réponse. Sicard.

Caisse reçoit, elle doit être débitée ; je fais une perte, Profits et Pertes doivent être débités ; la remise en espèces et la perte viennent de Sicard, il faut le créditer.

Nous écrirons donc au Journal :

DIVERS. . . . . à . . . . . SICARD, de Paris. F. 46000

Qu'il me paie pour solde, après faillite, de la manière suivante, d'après l'accord fait avec ses créanciers :

Profits et Pertes . . . . F. 18400

Pour remise de 40 p. % sur f. 46000 qu'il me devait.

Caïsse. . . . . F. 27600

Espèces pour solde 60 p. %.

Total. 46000

Art. 85. — 24 Mars.

Perdu par le décès de Roger, de Paris, mort insolvable, la somme de fr. 2000, montant d'un billet que je lui ai souscrit pour l'obliger, le 18 février dernier.

1re *Question.* Qui est-ce qui reçoit ?

Réponse. Profits et Pertes.

2me *Question.* Qui est-ce qui fournit ?

Réponse. Caisse.

Il s'agit ici d'une perte réelle que j'éprouve ; que j'y aie consenti ou non, une somme sort de ma caisse, puisque je dois payer pour Roger le billet que je lui ai souscrit pour l'obliger. Or, la Caisse fournissant, doit être créditée ; cette somme sortie de la Caisse, le compte de Profits et Pertes est censé l'avoir reçue et doit être débité.

Mais si Roger avait payé le billet, le compte d'Effets à Payer aurait reçu, et Roger aurait fourni et nous aurions écrit au Journal :

EFFETS A PAYER. . . . . à . . . . . ROGER. F. 2000

Mais Roger ne payant pas, sa dette grossit la nôtre, c'est-à-dire grossit le *doit* de Profits et Pertes, d'où il résulte qu'il faut solder le compte de Roger comme s'il avait payé.

Nous écrirons donc au Journal :

PROFITS ET PERTES . . . . à . . . . . DIVERS.

A Caisse. . . . . F. 2000

Payé mon billet ord⊥ Roger, que je lui avais souscrit pour l'obliger, le 18 février dernier.

A Roger. . . . . F. 2000

Pour solde de son compte :

Art. 86. — 26 Mars.

Cédé à Lombard, de Paris, ma créance sur Rey, de Bordeaux, de fr. 2000, et à lui vendu 5 barriques de sucre brut, pesant chacune net 200 kil., ens⊥ 1000 kil., à f. 1, ens⊥ f. 1000

Reçu en paiement 400 litres huile d'olive surfine, à fr. 2 le litre, ens⊥. F. 800

N° 115. S⊥ b^et à m⊥ ord⊥ de ce jour, fin avril. . 1200

Espèces. 1000

1re *Question*. Qui est-ce qui reçoit ?

Réponse. Marchandises générales, Effets à recevoir et Caisse.

2me *Question*. Qui est-ce qui fournit ?

Réponse. Marchandises générales et Rey.

C'est encore un article de Divers à Divers.

Il entre des valeurs de trois espèces, leurs trois comptes en doivent être débités ; Marchandises générales fournissent, elles doivent être créditées de la valeur qu'elles donnent ; Rey fournit (ou je fournis pour lui), il faut aussi le créditer.

Nous écrirons donc au Journal :

DIVERS . . . . à . . . . DIVERS. . F. 3000

Pour vente à Lombard, de Paris, de 5 barriques, sucre brut, pesant chacune net 200 kil., ens⊥ 1000 kil., à fr. 1, ens₎. . . . . F. 1000

Et cession à lui faite de ma créance sur Rey, de Bordeaux. . . . . F. 2000

qu'il m'a payés avec :   Total. . 3000

400 litres huile d'olive surfine, à fr. 2 le litre, ens₎. . . . . F. 800

S₎ bᵉᵗ nᵒ 115, à m₎ ord₎, de ce jour, fin avril   1200

Et en espèces. 1000

Total. . . 3000

Marchandises Générales , . . . , ... F. 800

Pour 400 litres, huile d'olive surfine, que Lombard m'a vendus.

Effets à recevoir. . . . . F. 1200

Billet Lombard Nᵒ 115, à m₎ ord₎, fin avril.

Caisse. . . . . F. 1000

Pour espèces que Lombard m'a remises,

A Marchandises Générales. . . . . F. 1000

Pour 5 barriques, sucre brut, livrées à Lombard ,

A Rey, de Bordeaux. . . . . F. 2000

Pour cession faite à Lombard, de ma créance sur Rey, de Bordeaux.

Art. 87. — 28 Mars.

Remis en compte, à Romagnac, mon banquier, la traite Pagano sur lui, payable ce jour, de. . , . . . F. 6244, 86

1ʳᵉ *Question.* Qui est-ce qui reçoit ?

Réponse. Romagnac.

2ᵐᵉ *Question.* Qui est-ce qui fournit ?

Réponse. Effets à recevoir.

Nous écrirons donc au Journal :

Romagnac, à Paris. . . . à . . . Effets a payer. F. 6244, 86

Nᵒ 107. Traite Pagano s₎ lui, à vue.

Art. 88. — 31 Mars.

Payé pendant le mois de mars :

Les dépenses de ménage. . . . . F.   550
Les appointements de mon premier commis. . . .   300
     id   de mon second commis. . . .   200
     id   de mon garçon de magasin. .   65

                                       Total. .   1115

Les frais de ménage et de commerce se montent à fr. 1115 ; je crédite la Caisse qui a payé les frais pendant le mois, et je débite Dépenses domestiques ou de ménage pour ce qui regarde la maison, et Frais Généraux pour ce qui concerne le commerce.

1re *Question.* Qui est-ce qui reçoit ?

Réponse. Frais généraux et Dépenses domestiques.

2me *Question.* Qui est-ce qui fournit ?

Réponse. Caisse.

Écrivons donc au Journal :

DIVERS . . . . à, ... CAISSE. . F. 1115

Dépenses de commerce et de ménage pendant le mois de Mars :

FRAIS GÉNÉRAUX. . . . . F.   565

Dépenses de commerce pendant mars.

DÉPENSES DOMESTIQUES.   550

Dépenses domestiques pendant mars.

Art. 89. — 31 Mars.

Acquitté mon billet N° 6, ord⟋ Ardisson, à lui souscrit le 15 février dernier, de. . . . . F. 6000

1re *Question.* Qui est-ce qui reçoit ?

Réponse. Effets à Payer.

2me *Question.* Qui est-ce qui fournit ?

Réponse. Caisse.

J'acquitte un de mes billets, le compte d'Effets à payer recevant, doit être débité ; la Caisse fournissant les fonds avec lesquels je paie mon billet, doit être créditée.

Écrivons donc au Journal :

Effets a Payer. , ... , à . . . , Caisse. . F . 6000

Acquitté mon billet, ord_t Ardisson, échu ce jour.

Art. 90. — 31 Mars.

Reçu le compte de Romagnac, mon banquier à Paris, et après l'avoir reconnu exact, je passe écritures de F. 93, 71 d'intérêts en ma faveur.

1re *Question*. Qui est-ce qui reçoit?

Réponse. Romagnac.

2me *Question*. Qui est-ce qui fournit ?

Réponse. Profits et Pertes.

En effet, Romagnac supporte les intérêts en notre faveur, et cela grossit notre Compte de Profits et Pertes.

Nous écrirons donc au Journal :

Romagnac. . , ... à . . . Profits et Pertes. F. 93, 71
Intérêts en ma faveur.

Art. 91. — 31 Mars.

Je solde le compte ancien de Romagnac, banquier à Paris, et je lui en rouvre un nouveau.

Ce compte présente un solde en ma faveur de fr. 11650, 14.

Après avoir additionné le doit et l'avoir du compte de Romagnac, je me suis convaincu que l'avoir est plus faible que le doit, de fr. 11650, 14 ; il faudra donc, pour solder l'ancien compte, grossir cet avoir de fr. 11650, 14 ; et, pour ouvrir le nouveau, porter au doit cette même somme de fr. 11650, 14.

1re *Question.* Qui est-ce qui reçoit?

    Réponse. Romagnac, compte nouveau.

2e *Question.* Qui est-ce qui fournit?

    Réponse. Romagnac, compte ancien.

Nous écrirons donc au Journal :

Romagnac, compte nouveau. . . à . . Lui-même, compte ancien.

Solde à nouveau, valeur de ce jour, fr. 11650, 14.

Telle est la manière de passer cet article. C'est ainsi que se soldent les Comptes au moment de l'inventaire. On pourrait aussi, sans aucun inconvénient, balancer les comptes au Grand-Livre sans en parler au Journal ; mais il est d'usage de ne rien faire au Grand-Livre qui ne soit indiqué au Journal.

Comme je veux faire mon inventaire aujourd'hui, je porte en dépense, au compte de frais généraux, 3 mois de loyer échu.

J'ouvre donc un compte de loyer à payer, et j'y porte 3 mois de loyer échu, fr. 450.

Il faut donc créditer le compte de loyer à payer, comme on créditerait le compte du propriétaire à qui ce loyer est dû.

Nous écrirons donc au Journal :

Frais Généraux. . . à . . . Loyer a payer. . . F. 450

Payé 3 mois de loyer échu ce jour.

Les articles dont nous venons de nous occuper sont les seuls que la loi nous oblige à porter au Journal. Ceux qui résultent des bénéfices ou des pertes que nous avons faits sur tel ou tel compte appartiennent au livre des inventaires. Ces articles portés au Journal indiqueraient aux indiscrets qui pourraient le consulter ce qu'on a gagné ou perdu sur chaque compte en particulier. La loi ne saurait nous y obliger.

MANIÈRE DE PASSER AU JOURNAL

LES ARTICLES RELATIFS A LA FABRICATION.

Avant de donner à nos jeunes lecteurs les formules généralement employées pour la rédaction du Journal dans tous les genres de fabrication, il n'est pas inutile de dire un mot sur les subdivisions des comptes généraux et personnels et sur la manière dont les industriels tiennent ou doivent tenir leurs livres.

Inutile de dire qu'il est des cas où l'on a besoin de connaître et de suivre séparément des opérations particulières qui, toutefois, sont de la nature de celles d'un compte déjà établi. On fait alors une subdivision de ce compte, c'est-à-dire qu'on en distrait toutes les opérations qu'on veut connaître séparément, et on les inscrit sur un compte nouveau, ouvert à cet effet sous une dénomination expresse. Ces subdivisions s'effectuent dans les comptes généraux et dans les comptes personnels.

Nous faisons commerce, par exemple de denrées coloniales, et nous voulons connaître d'une manière précise ce que nous produisent les cafés : nous ouvrons un compte à ces marchandises sous le nom de *cafés*, et toutes les fois que nous ferons des ventes ou des achats de cafés, au lieu de comprendre ces opérations dans le compte de marchandises générales, nous débiterons ou créditerons, suivant le cas, au Journal et au Grand-Livre, le compte de cafés.

Ainsi, toutes les dépenses que fait un négociant pour son magasin, son bureau, etc., sont de nature à être inscrites au compte de Profits et Pertes ; cependant il est d'usage de leur ouvrir un compte sous le nom de Frais généraux. Ce compte existant, on y portera ces dépenses au lieu de les porter au compte de Profits et Pertes.

Ainsi, on peut subdiviser, non seulement les autres comptes généraux, mais aussi les comptes personnels. Quand on a besoin de suivre dans tous leurs détails des opérations d'une certaine nature, avec quelqu'un , on ouvre un compte particulier à ces opérations et on a soin d'y porter toutes les affaires qui le concernent. C'est ainsi que dans les sociétés de commerce, non seulement chacun des associés a un compte particulier, mais encore un compte pour ses prélèvements, un pour ses versements, etc.

En un mot, ces subdivisions peuvent exister partout et en tel nombre que l'on veut, sans rien changer à la manière de passer les écritures, qui se font toujours suivant les mêmes principes au Journal et au Grand-Livre : car, de même que dans chacun des comptes généraux et des comptes personnels, nous devons comprendre toutes les opérations qui le concernent ; de même aussi, dans les subdivisions de ces comptes nous devons comprendre toutes les opérations de l'espèce particulière qu'ils embrassent.

Ceci dit et compris, nous dirons encore un mot de la manière dont se tiennent les livres chez les industriels, car c'est chez eux surtout qu'on doit avoir recours aux subdivisions des comptes généraux dont nous venons de parler.

Ainsi que nous l'avons déjà dit, (page 45), la manière de passer les écritures d'une fabrication est la même pour quelque genre de fabrication que ce soit et en tout conforme aux opérations de commerce, à l'exception toutefois que le compte de marchandises générales n'est plus continué, et que l'on ouvre un compte à la matière première qui sert à fabriquer ainsi qu'à tous les frais qu'elle entraîne après elle ; de sorte que, nous fixant à une fabrication de savon, nous devons ouvrir les comptes dont nous avons parlé (page 46).

MANIÈRE
de porter au Grand-Livre les Articles de Divers.

Quiconque prendra la peine de jeter un coup d'œil snr notre Grand-Livre, et de voir la manière dont nous avons porté les articles de ce genre, sera à même de les porter comme nous. Il y verra que les articles se portent au Grand-Livre de la même manière que ceux d'un tel à un tel, avec cette différence que, quand on a écrit au Grand-Livre *à Divers* ou *par Divers*, la colonne des folios de rencontre, qui se trouve sur la même ligne, après celle des sommes, doit rester vide. Pour l'employer, il faudrait y inscrire les folios de tous les différents comptes *créditeurs* ou *débiteurs*, indication qui serait pour ainsi dire inutile.

Balance de Février.

Quand on a fait la balance d'un mois, on doit se dispenser d'y revenir pour faire la balance du second mois. Il suffit de porter à cette dernière balance les additions des articles du second mois de chaque compte, et quand elle est trouvée juste, de la réunir à la première, afin d'avoir des soldes qui soient le résultat des deux mois. En opérant ainsi, on n'est pas obligé de revenir sur ce qui a été fait précédemment, et si l'on a des recherches à faire, elles se bornent au mois dont on établit la balance.

Il va sans dire que cette méthode est applicable à tous les mois de l'année.

La balance que nous venons d'indiquer se trouve renfermée dans celle que nous donnons plus loin sous le titre de Balance Générale et Inventaire.

Balance générale des Comptes.

La balance générale des comptes a pour but de clore les livres en fin d'année et de faire connaître au négociant, d'une manière précise, son actif et son passif. Elle sert de base au bilan, ou inventaire général. Cette opération est une des plus importantes et des plus difficiles de la tenue des livres.

La balance mensuelle n'est qu'une opération de chiffres ; la balance générale, au contraire, exigé des écritures au Journal qui sont ensuite portées au Grand-Livre.

Balancer un compte, ou solder un compte, * c'est, comme nous l'avons déjà dit, reconnaître ses dettes ou ses créances, et rendre, par un moyen quelconque, son débit égal à son crédit. Pour balancer les comptes personnels et quelques-uns des comptes généraux, il suffit de connaître la différence des sommes du *débit* à celles du *crédit ;* mais il n'en est pas de même pour les comptes de Caisse, de Marchandises, d'Effets a Recevoir, de Mobilier et d'Immeubles.

En effet, de toutes les sommes inscrites au débit de caisse, une partie a servi à payer différents individus, et se trouve au crédit, le reste doit être entre les mains du négociant ; une partie des marchandises inscrites au débit du compte de Marchandises a été vendue et se trouve au crédit, le reste existe en magasin ; une partie des billets inscrits au débit d'Effets a Recevoir, est sortie et se trouve inscrite au crédit, le reste existe en portefeuille ; une partie des effets mobiliers inscrits au débit du compte de ce nom, est usée ou brisée, le reste existe encore ; parmi les immeubles que possède le négociant, et qui ont un compte ouvert, les uns peuvent avoir perdu de leur valeur, d'autres en avoir gagné, et ne pré-

* Nota. — Entre les mots *solde* et *balance*, il y a peu de différence ; il est important cependant, de ne pas oublier qu'il y en a une. On solde les comptes qui ne sont susceptibles que d'offrir du gain ou de la perte ; on balance les comptes qui ne sont susceptibles ni de gain, ni de perte, la caisse, par exemple.

sentent plus la même valeur que celle dont ils étaient débités ; il faut donc faire, au préalable, un inventaire qui doit
comprendre tous les objets qu'on possède, soit au dedans,
soit au dehors, d'une manière absolue ou en participation ;
et les objets dont la valeur peut varier, comme marchandises, effets mobiliers, immeubles, doivent y être estimés au
cours du jour, c'est-à-dire à leur valeur réelle à l'époque de
l'inventaire.

L'inventaire dressé, on additionne toutes les sommes du
débit, toutes celles du crédit de chacun des comptes, et l'on
obtient ainsi les matériaux nécessaires pour faire la balance
générale, à laquelle on procède comme suit :

Les comptes sont soldés à l'aide du compte de *Profits et
Pertes*, de *Capital* et d'un individu fictif, appelé *Balance de sortie*, qu'on fait intervenir à cet effet, et qui ne sert qu'à cet
usage. Cet individu fictif est supposé recevoir tout ce que
possède le négociant, et se charge de toutes ses dettes. (Nous
démontrerons bientôt, que le compte de balance de sortie,
comme celui de balance d'entrée dont nous allons parler, sont
des comptes inutiles dont on peut se passer, et dont nous ne faisons mention ici que parce qu'on les trouve dans toutes les
méthodes de tenue de livres, et qu'ils sont encore en usage
dans quelques maisons de commerce amies de la routine.)

Quant aux comptes qui se balancent d'eux-mêmes, c'est-à-
dire dont les sommes du débit sont égales à celles du crédit,
on ne s'en occupe ni dans la balance des comptes, ni dans le
bilan.

D'autres comptes sont balancés en ajoutant les sommes
qu'ils doivent à celles qu'ils ont payées, ou celles qui leur
sont dues à celles qu'on leur a payées : tels sont les comptes
personnels. On les solde à l'aide du compte de balance de
sortie.

Les comptes qui présentent des valeurs en nature, susceptibles de donner du bénéfice ou de présenter de la perte, sont dans un cas tout particulier, c'est-à-dire, qu'ajoutant aux sommes dont ils sont crédités les valeurs qu'on a en disponibilité, on n'aura pas encore des sommes qui se balancent. La somme totale du crédit sera plus forte si l'on a gagné sur ces objets, elle sera plus faible si l'on a perdu. Pour solder ces comptes, il nous faudra donc y ajouter des valeurs de deux natures. Nous les balancerons à l'aide du compte de Balance de sortie pour les valeurs réelles, et à l'aide du compte de *Profits et Pertes* pour le bénéfice ou la perte qu'ils auront donnés.

Les comptes qui, sans présenter aucune valeur en nature, n'offrent que des pertes ou des bénéfices, sont balancés à l'aide du compte de *Profits et Pertes*.

Pour procéder plus simplement, nous commençons la balance générale à l'aide du compte de *Profits et Pertes*; nous cherchons les comptes qui peuvent donner lieu à des pertes ou à des bénéfices, c'est-à-dire, le compte de *Marchandises générales* et ses subdivisons, le compte d'*Immeubles*, d'*Effets Mobiliers*, et les subdivisions du compte de *Profits et Pertes*, comme *Frais Généraux*, etc. Nous évaluons le bénéfice que quelques-uns présentent, et nous créditons le compte de *Profits et Pertes* en débitant ceux-ci ; nous évaluons ensuite la perte que quelques autres présentent, et nous débitons le compte de *Profits et Pertes* en créditant ces autres comptes. Nous soldons ensuite le compte de *Profits et Pertes* par *Capital*.

Puis, nous servant du compte de balance de sortie, nous soldons tous les comptes, à l'exception de *Capital*, en portant au débit du premier toutes les sommes dues par les autres comptes, et à son crédit toutes celles qui leur sont dues.

Tous les comptes du Grand-Livre se trouvent ainsi résumés dans celui de *Balance de sortie*, qui présente à son débit l'actif du négociant, et le passif à son crédit.

Si le négociant a gagné dans ses opérations commerciales, le compte de *Balance de sortie* aura à son débit plus de sommes qu'à son crédit, et cette différence sera justement le capital du négociant : aussi soldons-nous ce compte par celui de Capital.

Une démonstration pratique pour chacun des comptes du Grand-Livre, expliquera suffisamment ces principes.

Supposons qu'après avoir dressé l'inventaire, nous trouvions :

1° que les valeurs en espèces s'élèvent à . . . . . F. 10000
Le total des marchandises à 25000
Le total des effets en portefeuille à. . . 15000
Tout le mobilier à 10000
Les immeubles à 22000

Ce sont ces matériaux qui nous serviront à faire la balance.

Nous ouvrons un article au Journal ainsi conçu :

DIVERS. . . . . à. . . . . PROFITS ET PERTES. . . . F. *x*.

Dans lequel nous créditons le compte des bénéfices que présentent certains comptes.

Passant donc en revue ceux des comptes du Grand-Livre qui sont susceptibles de présenter du bénéfice, nous ne trouvons que le compte de marchandises ; en effet, en ajoutant aux sommes portées au crédit, c'est-à-dire à la valeur totale que ces marchandises ont fournie aux différents comptes, la valeur de ce qui reste en magasin, nous trouvons une somme totale au crédit plus forte que celle du débit. Nous créditons donc Profits et Pertes du bénéfice, en débitant marchandises. Pour cela, nous passons un article au Journal :

MARCHANDISES GÉNÉRALES. à PROFITS ET PERTES. F. ∞.

Nous ouvrons ensuite un autre article au Journal Profits et Pertes à Divers, dans lequel nous débitons ce compte de toutes nos Pertes.

Passant en revue les comptes du Grand-Livre qui peuvent présenter de la perte, nous voyons d'abord le compte de mobilier ; nous le trouvons débité de fr. 10125, par exemple, crédité de fr. 60, ce qui reste est évalué à fr. 10000. En ajoutant ces deux dernières sommes, nous avons un total inférieur à la première. Il y a donc une perte de fr. 65 ; nous en débitons Profits et Pertes, et créditons mobilier.

Passant aux comptes, subdivisions de Profits et Pertes, *Dépenses de Maison, Frais Généraux*, nous les soldons en débitant Profits et Pertes.

Cela fait, nous achevons la balance à l'aide du compte de Balance de sortie, qui solde tous les comptes à l'exception de celui de capital, qu'on réserve pour la fin.

Nous passons donc un article au Journal, *Balance de sortie* à *Divers*, dans lequel nous débitons ce compte de toutes les sommes nécessaires pour égaler le crédit au débit dans les comptes ou le crédit est inférieur au débit.

Nous cherchons donc tous les comptes dont le total du crédit est inférieur à celui du débit ; nous prenons la différence des deux sommes ; nous débitons Balance de sortie de cette différence, et nous créditons chacun de ces comptes.

Cette opération étant la même pour tous ceux qui sont dans ce cas, nous n'en donnerons qu'un exemple :

Le compte de Blanchet, de Lyon, est débité de fr. 13968, 75 et crédité de fr. 12000.

Nous écrivons au Journal : *Balance de sortie* à *Blanchet*, fr. 1968, 75, et son compte est balancé.

Nous passons ensuite un autre article au Journal, *Divers...* à... *Balance de sortie.* Dans cet article nous créditons ce compte de toutes les sommes nécessaires pour égaler le débit au crédit dans les comptes où le débit est inférieur.

Examinant donc les comptes restant, qui tous ont le débit inférieur au crédit, nous prenons la différence des sommes, dont on crédite le compte de Balance de sortie, en débitant chacun de ces comptes.

Cette opération étant aussi la même pour tous les comptes qui se trouvent dans le même cas, nous n'en donnerons qu'un exemple :

Le compte de Rey, de Bordeaux, est crédité de fr. 3200 et débité de fr. 1200.

Nous écrivons au Journal : Rey... à... Balance de sortie fr. 2000, et son compte est balancé.

Nous examinons, à son tour, le compte de Balance de sortie ; nous trouvons que le total des sommes du débit est plus fort que celui du crédit ; d'où il suit que, le considérant comme une personne de confiance que nous aurions mise en notre place, nous lui avons remis plus de valeurs qu'elle n'en a payées pour nous. Or, comme cette différence de l'actif au passif, cet excès du premier sur le second, est justement notre capital, nous soldons le compte de Balance de sortie en le créditant, et en débitant le compte de capital.

De tout ce qui précède, il résulte que tout ce qui est bénéfice ou perte est soldé par le compte de Profits et Pertes ; que tous les autres comptes, excepté celui de Capital et celui de Profits et Pertes, sont soldés par Balance de sortie ; que Profits et Pertes et Balance de sortie sont balancés par Capital.

La balance étant ainsi terminée, on transporte au Grand-Livre les articles qu'on vient de passer au Journal.

Tous les comptes étant, par l'opération de la balance, ramenés au compte de Balance de sortie, celui-ci doit présenter au négociant le tableau de toutes ses dettes actives et passives ; il doit y trouver, à son débit, toutes les valeurs qu'il a à sa dispositon, ou qui lui sont dues, et à son crédit toutes celles qu'il doit ; aussi ce compte sert-il à dresser le Bilan ou Inventaire général.

La balance générale des comptes étant terminée tous les comptes se trouvent fermés. Toutes les sommes des débits des comptes sont égales aux crédits des mêmes comptes; la comptabilité ne peut pas cependant rester ainsi stationnaire ; pour continuer les affaires il faut rouvrir les livres que nous venons de fermer ; il faut commencer la balance d'entrée.

BALANCE D'ENTRÉE
ou manière d'ouvrir les Livres à nouveau, après la Balance de sortie.

Le compte de Balance d'entrée, qui ne sert qu'à ouvrir les livres, est, ainsi que l'indique son nom, l'inverse du compte de Balance de sortie.

Pour solder les comptes, nous avons supposé qu'un individu nommé *Balance de sortie* recevait toutes nos dettes actives, et se chargeait de payer toutes nos dettes passives ; maintenant, si nous supposons que cet individu rompe le marché qu'il avait fait avec nous, et nous restitue nos dettes actives et nos dettes passives, telles qu'il les avait reçues, nous serons obligé pour passer écritures de ce fait inverse du précédent, de suivre une marche tout-à-fait inverse de la précédente. Partout où cet individu était débiteur, il deviendra créancier, partout où il était créancier, il deviendra débiteur. Ainsi nous l'avions débité de toutes les dettes actives que nous lui avions remises, et nous l'avions crédité de toutes nos dettes passives, nous allons maintenant le créditer de toutes nos dettes actives, et le débiter de toutes nos dettes passives. Seulement, au lieu d'appeler, comme d'abord, cet individu *Balance de sortie*, nous allons maintenant l'appeler *Balance d'entrée*.

Or, nous avons un article ainsi conçu : *Balance de sortie à Divers*, nous allons en passer un autre, *Divers à Balance d'entrée*, et nous copierons dans celui-ci tout le contenu du premier.

Nous avons un autre article : *Divers à Balance de sortie* ; nous allons en passer un autre, *Balance d'entrée à Divers*, et nous copierons aussi, dans celui-ci, tout le contenu du premier.

Nous avons au troisième article : Capital à balance de sortie, nous en passerons un autre : *balance d'entrée à Capital*, sans rien changer aux termes.

Dans ces différents articles, après le détail de chaque compte, on ajoute le mot : *à nouveau*.

Nous avons déjà dit que les Comptes d'Effets à recevoir et d'Effets à payer doivent renfermer tous les détails relatifs à ces effets ; aussi lorsque nous recevons ces Comptes ou lorsque nous les soldons, nous devons donner une désignation exacte de chacun.

La balance d'entrée ne s'occupe nullement des Comptes ni des parties des Comptes soldés par Profits et Pertes, ni même du Compte de Profits et Pertes soldés par Capital ; car tous ces Comptes et parties de Comptes viennent se fondre avec Capital, auquel ils se rattachent essentiellement, il ne pourrait donc en être parlé sans qu'il y eût double emploi.

Puisque, par la balance générale des Comptes, nous avons, par un solde fictif, rendu égaux l'actif et le passif, ces deux articles de balance d'entrée, dont l'un présente l'actif et l'autre le passif, doivent donner le même total ; ce total doit encore être le même que celui que nous a donné , tant à l'actif qu'au passif, le tableau résumé de l'inventaire, où l'actif et le passif ont été aussi balancés. Si donc ces sommes n'étaient pas égales, il y aurait erreur.

De l'Inventaire ou Bilan.

L'inventaire ou Bilan est un tableau général et détaillé de tout ce qui compose l'actif et le passif du négociant, c'est-à-dire de tout ce qu'il possède et de tout ce qu'il doit.

La loi oblige le négociant à faire tous les ans, sous seing privé, l'inventaire de ses effets mobiliers et immobiliers, de ses dettes actives et passives, et à l'inscrire année par année sur un registre particulier, visé et paraphé. En imposant cette obligation au négociant, la loi n'a d'autre but que de lui faire connaître la situation de ses affaires, et la mesure des opérations qu'il peut entreprendre.

Le négociant fait également l'inventaire, en cas de faillite, ou lorsque, dans des circonstances malheureuses, il se trouve dans la pénible nécessité de suspendre ses paiements. Dans l'un et l'autre cas, il faut qu'il découvre sa situation à ses créanciers, qu'il leur prouve qu'il a agi avec probité dans la gestion des ses affaires et qu'il ne cède qu'à l'infortune en se déclarant en faillite ou en suspendant ses paiements.

L'inventaire a encore lieu en cas de décès du négociant ou de dissolution de société. Il est évident, dans ce dernier cas, qu'avant de partager avec ses associés les valeurs qui composaient leur commerce, il doit en faire une estimation préalable.

Le Bilan ou Inventaire est divisé en deux parties : L'actif et le passif. L'actif est la première partie ; il comprend toutes les valeurs, en nature, que possède le négociant, les marchandises, meubles, immeubles, effets en portefeuille, espèces en caisse, et en créances sur ses débiteurs. Il est urgent de s'assurer si l'argent qui est en caisse est égal à la somme que les livres indiquent, et s'il en est de même pour les marchandises qui doivent se trouver en magasin.

Le passif est la seconde partie de l'inventaire ; il présente le détail de tout ce que doit le négociant, soit à ses créanciers, soit en billets à payer.

L'inventaire doit être terminé par une récapitulation du montant des valeurs de l'actif et du passif, et la somme mise pour balance au-dessous des comptes du passif est l'avoir réel du commerçant.

L'inventaire est la base des opérations qui ont pour but de clore les livres et de les ouvrir à nouveau, opérations que l'on a appelées Balance de sortie et Balance d'entrée.

MANIÈRE
d'ouvrir des Écritures en parties doubles, chez un négociant qui n'en a pas encore tenu.

Cette opération suppose de l'expérience et de la sagacité de la part du teneur de livres ; aussi, il est bon de ne la confier qu'à un comptable habile et exercé.

Elle exige d'abord un inventaire général, dans lequel on détaille avec soin toutes les valeurs qui composent l'actif et le passif, leur nature et leur destination, la désignation de tous les débiteurs et de tous les créanciers.

L'inventaire dressé, on en passe écritures au Journal ; on débite tous les individus et tous les objets qui composent l'actif, et on crédite Capital. On crédite tous les objets et tous les individus qui composent l'actif, et on débite Capital.

Cela fait, il ne reste plus qu'à ouvrir au Grand-Livre un

compte à chacun des individus réels ou fictifs qu'on a nommés au Journal, et à y transporter les écritures.

Il est rare qu'il soit nécessaire de faire des changements dans les livres auxiliaires ; ceux de la partie double étant presque toujours les mêmes que ceux de la partie simple.

INUTILITÉ

des Comptes de Balance de sortie et de Balance d'entrée. — Pourquoi et comment on doit les faire disparaître des Livres de commerce.

Articles de clôture et de réouverture des comptes, tels qu'on les voit aujourd'hui dans les premières maisons de commerce.

Nous avons parlé précédemment des comptes de Balance de sortie et de Balance d'entrée ; nous avons cru devoir en faire connaître l'emploi et l'usage, parce qu'ils se trouvent encore dans toutes les méthodes de tenue de livres, et que nous les voyons tous les jours dans les maisons de commerce amies de la routine.

L'inutilité de ces comptes, inventés dans l'enfance de la tenue des livres, est si patente, même pour les teneurs de livres qui s'en servent encore, que les plus intelligents se dispensent de faire aucun article pour clore les comptes et en rouvrir de nouveaux.

Il est évident, en effet, que le solde des comptes résultant de la différence du Doit et de l'Avoir, il n'y a pas de raison pour ne pas porter cette différence du côté le plus faible, pour balance, pourvu toutefois que nous la reportions à nouveau du côté qui était le plus fort.

Cependant, vu l'obligation que la loi nous impose de conserver les soldes définitifs dont nous allons parler incessamment, on a jugé plus convenable d'en faire un article de Journal ou plutôt d'inventaire, disposé de manière à pouvoir nous en servir pour solder les comptes au Grand-Livre.

Les comptes que nous rouvrons étant des comptes nouveaux par rapport aux comptes que nous fermons, qui, dès lors, se trouvent des comptes anciens, pourquoi ne solderions-nous pas les comptes anciens par les comptes nouveaux, puisque, par ce moyen, le même article pourra nous servir à clore les comptes et à en rouvrir d'autres?

Ainsi, dans la comptabilité qui nous occupe, les comptes de Caisse, Mobilier, Loyer Payé par avance, Marchandises Générales, Effets à Recevoir, etc., ayant un excédant de débit, nous portons cet excédant à l'avoir des comptes anciens pour les solder, et au doit des comptes nouveaux pour les rouvrir. Capital, Effets à Payer, etc., ayant un excédant de crédit, nous portons cet excédant au doit des comptes anciens pour les solder, et à l'avoir des comptes nouveaux pour les rouvrir.

Nous pouvons donc dire d'une part :

Caisse, compte nouveau, à Elle-Même, compte ancien ;

Mobilier, compte nouveau, à Lui-Même, compte ancien ;

Loyer Payé par avance, compte nouveau, à Lui-Même, compte ancien, etc. ;

D'autre part ;

Capital, compte ancien, à Lui-Même, compte nouveau ;

Effets a Payer, compte ancien, à Eux-Mêmes, compte nouveau, etc.

Ces articles auront le double avantage de clore et de rouvrir les comptes, et de figurer à notre Livre des Inventaires, pour satisfaire aux prescriptions du Code de Commerce.

(Voir le Livre des Inventaires.)

Ces articles portés au Grand-Livre, la comptabilité se trouve complète.

Du Livre d'Inventaires.

Le Livre d'Inventaires est un livre exigé par la loi. Le Commerçant, dit le Code de Commerce, art. 9, est tenu de faire, tous les ans, sous seing privé, un inventaire de ses effets mobiliers et immobiliers, de ses dettes actives et passives, et de le copier, année par annnée, sur un registre à ce destiné.

Quant à nous, nous portons au Livre des Inventaires, sous la forme d'articles de Journal, les articles que nous faisons pour connaître le solde de chaque compte en particulier, et notre position exacte à l'époque de l'inventaire. Par ce moyen, le résultat de nos opérations commerciales ne figure point au Journal.

INVENTAIRE DES MARCHANDISES AU 29 FÉVRIER 1858.

MARCHANDISES GÉNÉRALES EN MAGASIN.

Néant.

MARCHANDISES de n/ c/ chez BLANCHET, de Lyon :

20 barriques, huile d'olive surfine, ens/ 4000 kil., à fr. 2 l'un, ens/. . . . . F. 8000

TOTAL des Marchandises inventoriées. . F. 8000

Cet inventaire étant fait, nous connaîtrons notre position en procédant comme suit :

Manière de passer les Articles d'inventaire au Livre des Inventaires.

Bénéfice résultant du Compte de Marchandises Générales.

Si nous consultons la balance générale, nous trouvons que l'addition du compte de Marchandises Générales donne à l'Avoir, *qui exprime le prix de vente des marchandises*, un total de. . . . . F. 97325

Et au Doit, *qui exprime le prix d'achat des marchandises*, un total de. . . . . F 97063

Retranchant de ce dernier total la valeur des marchandises invendues, c'est-à-dire, fr. 8000, le Doit sera réduit à fr. 89063, prix de revient des marchandises qui ont été vendues.

Retranchant ensuite fr. 89063 de fr. 97325, nous obtenons un excédant de l'Avoir sur le Doit de fr. 8262.

———

Les marchandises vendues ayant produit fr. 8262 de plus qu'elles n'ont coûté, cet excédant est un bénéfice dont il faut faire écritures, afin que le compte ne soit plus créditeur, et qu'il se trouve au contraire débiteur de fr. 8000, pour le prix des marchandises invendues.

Nous débitons donc le compte de Marchandises Générales dudit bénéfice, et nous en créditons le compte de Profits et Pertes.

(Voir le Livre des Inventaires.)

Solde du compte d'Escomptes et Rabais.

Lorsque nous avons extrait les bénéfices ou les pertes provenant des comptes ouverts aux objets sur lesquels roule notre commerce, nous soldons le compte d'Escomptes et Rabais, qui n'est qu'une subdivision du compte de Marchandises Générales et de sa division.

Ce compte présentant, à la balance générale, un excédant au Doit de fr. 508. Nous le créditons par le Débit de Profits et Pertes.

(Voir le Livre des Inventaires.)

Solde du compte de Frais Généraux.

Ce compte présentant, à la balance générale, un Doit de fr. 1915 et un Avoir de fr. 150, 91.

Nous le créditons de la différence de ces deux sommes, c'est-à-dire, de fr. 1764, 09, par le Débit de Profits et Pertes.

(Voir le Livre des Inventaires.)

Solde du compte de Dépenses Domestiques.

Ce compte présentant, à la balance générale, un Doit de fr. 1360, 50 et pas d'Avoir,

Nous le créditons de fr. 1360, 50, par le Débit de Profits et Pertes.

(Voir le Livre des Inventaires.)

Solde du compte de Profits et Pertes.

C'est par le solde de ce compte que nous saurons les bénéfices ou les pertes que nous avons faits depuis l'ouverture de nos livres.

Voici le raisonnement à faire pour solder le compte de Profits et Pertes :

Ce compte présente, à la balance générale, un Avoir de Fr. . . . . à . . . . , . . . 2261,67

Depuis que nous avons fait la balance, nous avons ajouté à cet avoir :

1° Les bénéfices de Marchandises générales, fr. 8262

L'Avoir s'est donc accru de. . . . . F. 8262

Total de l'Avoir. . . F. 10523,67

Ce compte présente, à la balance générale, un doit de. . . . . F. 5782,93

Nous y avons ajouté depuis :

1° Le solde de Frais Généraux. . . . 1764,09
2°   id.   de Dépenses Domestiques   1360,50
3°   id.   d'Escomptes et Rabais. .   508

Le Doit s'est donc grossi de. . . . . F. 3632,59
                                5782,93

        Total du Doit. . . . . F. 9415,52
                       10523,67
Excédant de l'Avoir sur   9415,52
le Doit. . . . . F. 1108,15

Nous avons donc fait un bénéfice net de fr. 1108,15 dont nous débitons le compte de Profits et Pertes, pour solde, par le Crédit de Capital.

(Voir le Livre des Inventaires.)

Ces derniers articles étant portés du Livre des Inventaires au Grand-Livre, nous additionnons tous les comptes du Grand-Livre qui soldent. Cette opération faite, nous n'avons à nous occuper que des comptes qui ne soldent pas. La balance nous donnera les moyens de les solder.

Manière de porter à la Balance Générale les Articles Additionnels.

Nous donnons le nom d'Articles Additionnels aux articles que nous avons passés au Livre des Inventaires et que nous avons portés dans les deux colonnes qui leur sont réservées à la Balance générale. Au Doit de chaque compte, nous mettons la somme ou les sommes dont il a été débité, et à l'Avoir la somme ou les sommes dont il a été crédité. Ainsi :

Le Compte de March^ces Gén^les y est débité de F.   8262
   id   de Profits et Pertes   id de   4740,74

    Débit des Articles Additionnels. . . F. 13002,74

Le Compte de Profits et Pertes y est crédité de   8262

    id   d'Escomptes et Rabais   id   de   508

    id   de Frais Généraux   id   de   1764,09

    id   de Dépen^{ses} Domest^{ques} id   de   1360,50

    id   de Capital   id   de   1108,15

          Crédit des Articles Additionnels. . . F. 13002,74

(Voir la Balance Générale.)

Manière de trouver les Soldes Définitifs à la Balance Générale

Les articles additionnels étant portés à la Balance générale, nous les combinons avec les Soldes Provisoires de manière à arriver à des Soldes Définitifs.

Nous procédons à cette opération de la manière suivante :

Nous voyons, à l'inspection des Soldes Provisoires, que le Compte de Capital y est créditeur de. . . . F. 140000

Et aux articles additionnels de. . . . 1108, 15

Nous faisons l'addition de ces deux sommes et nous portons le total à l'avoir des Soldes Définitifs.

Les Soldes Provisoires, de Mobilier, de Loyer Payé par Avance, de Caisse, d'Effets à payer, d'Effets à recevoir, de Romagnac, de Maire, de Champsaur, etc., n'ayant pas changé, nous portons ces Soldes Provisoires aux Soldes Définitifs.

Le Compte de Marchandises Générales qui a été débité aux articles additionnels de. . . . . F. 8262

Etait crédité aux Soldes Provisoires de. . . . 262

Reste à porter au doit des Soldes Définitifs. . . . 8000

Le Compte d'Escomptes et Rabais qui était débité aux Soldes Provisoires de. . . . . F. 508

Ayant été crédité de la même somme aux articles

additionnels. 508

Il ne reste rien à porter aux Soldes Définitifs . .   000

Il en est de même des Comptes de Profits et Pertes, de Frais Généraux et de Dépenses Domestiques qui balancent tous.

Les deux colonnes des Soldes Définitifs balancent aussi entre-elles et nous donnent les résultats cherchés.

Signification des Soldes Définitifs.

Il suffit de comprendre notre balance pour voir, en consultant les Soldes Définitives, que

L'Actif se compose :

1º De l'argent en caisse . . . . F.	74787, 07
2º Du mobilier.	1600
3º Du loyer payé par avance.	1800
4º Des Marchandises générales invendues.	8000
5º Des effets de commerce en portefeuille.	7244, 86
6º Du solde du compte de Maire.	1350
7º Du solde du compte de Roger.	2000
8º Du solde du compte de Romagnac. . .	6000
9º Du solde du compte de Blanchet. . . .	1968, 75
10º Du solde du compte de Lombard. . . .	20000
11º Du solde du compte de maison rue Vaugirard.	60000
12º Du solde du compte des Marchandises de Champsaur. . . , ... , . .	1980
13º Du solde du compte des Marchandises de notre compte chez Blanchet.	8000
14º Du solde du compte de Gauthier. . . .	3320, 87
Total de l'actif..	198051, 55

Le Passif se compose :

1º Des billets en circulation . . . . F. 50000

2º Du solde du compte de Champsaur. . . . 1850, 40

3º Du solde du compte de Béranger. . . . 4528

4º Du solde du compte des mines de Montrambert. 500

5º Du solde du compte des Assurances générales. 65

Total du passif... 56943, 40

Enfin l'actif net ou le nouveau capital se compose de la différence, qui est de. 141108, 15

Total égal à l'actif brut... 198051, 55

Ce résultat nous dit encore que le capital s'est accru de fr. 1108, 15.

BALANCE GÉNÉRALE ET INVENTAIRE AU   FÉVRIER 18

Fol. du Grand-Livre	COMPTES OUVERTS au GRAND-LIVRE	BALANCES MENSUELLES. Addition du mois de Janvier. DOIT	AVOIR	Addition du mois de Février. DOIT	AVOIR	BALANCE GÉNÉRALE. Add.on des balances mensuelles DOIT	AVOIR	Soldes prov. au jour de l'inv.re DOIT	AVOIR	BALANCE D'INVENTAIRE. Articles additionnels. DOIT	AVOIR	Soldes définitifs. DOIT	AVOIR
4	Caisse	158050	78557	51454 07	86160	209504 07	134747	74787 07				74787 07	
2	Capital		140000				140000		140000		1408 15		141408 15
2	Mobilier	1600				1600		1600				1600	
2	Loyer payé par avance	4800				4800		4800				4800	
3	Marchandises générales	51800	48450	45263	48875	97063	97325		262	8262 »		8000	
4	Effets à recevoir	18075	16575	100194 86	94450	118269 86	111025	7344 86				7244 86	
4	Effets à payer	6500	38500		18000	6500	56500		50000				50000
5	Profits et Pertes	1400	28 50	4382 93	2233 17	5782 93	2284 67	3521 26		4740 74	8262		
5	Frais généraux	1050		865	150 94	1915	150 94	1764 09			1764 09		
5	Dépenses domestiques	840 50		550		1360 50		1360 50			1360 50		
6	Escomptes et Rabais			643	105	613	105	508			508		
7	Maire, à Paris	1350				1350		1350				1350	
7	Roger			2000		2000		2000				2000	
8	Romaguac	10000	4000			10000	4000	6000				6000	
8	Blanchet, de Lyon			1968 75		1968 75		1968 75				1968 75	
9	Lombard, à Paris	14175		9575	3750	23750	3750	20000				20000	
10	Champsaur, de Marseille			3129 60	4980	3129 60	4980		1850 40				1850 40
10	Béranger, de Grasse				4528		4528		4528				4528
11	Maison, rue Vaugirard, 16	60000				60000		60000				60000	
12	Marchandises de Champsaur			2109 60	129 60	2109 60	129 60	1980				1980	
12	March. de nj cj chez Blanchet			8000		8000		8000				8000	
12	Actions des Mines de Montrambert	9500	10000			9500	10000		500				500
13	Gauthier			3320 87		3320 87		3320 87				3320 87	
13	Assurances générales				65		65		65				65
		335110 50	335110 50	233426 68	233426 68	569537 18	569537 18	197205 40	197205 40	13002 74	13002 74	198054 55	198054 55

JOURNAL.

Fol. du Grand Livre.	Fol. du compte posé.		F.	C.
		Premier Janv. mil huit cent cinqᵗᵉ-huit.		
1.	2.	CAISSE . . . à . . . CAPITAL fr. .	50000	
		mon versement à la caisse.		
		(1)		
		Du 1ᵉʳ Idem.		
2.	1.	MOBILIER . . . à . . . CAISSE . . .	1600	
		prix d'un mobilier.		
		(2)		
		2 Idem.		
2.	1.	LOYER PAYÉ par avance . . à . CAISSE . .	1800	
		payé 6 mois à mon propriétaire.		
		(3)		
		3 Idem.		
5.	1.	FRAIS GÉNÉRAUX . . . à . CAISSE . .	85	
		prix de 3 stères de bois.		
		(4)		
		4 Idem.		
3.	1.	MARCHANDISES GÉNÉRALES . à . CAISSE .	3000	
		Facture Guirette, à Paris.		
		(5)		
		4 Idem.		
		MARCHANDISES GÉNÉRALES . . à . CAISSE . .	3000	
		Achat au comptant, de Guirette, à Paris, 5 balles coton, pesant 600 kilog. chacune, ens/ 3000 kil. à fr. 1.		
		(6)		
		5 Idem.		
8.	1.	ROMAGNAC, banquier à Paris . à . CAISSE . .	10000	
		Mon versement à la caisse.		
		(7)		
		6 Idem.		
5.	1.	DÉPENSES DOMESTIQUES . . . . à . . . CAISSE . .	185	50
		Payé à mon tailleur.		
		(8)		

Fol. du Grand Livre.	Fol. du compt. opposé.		F.	C.
		7 Janvier 1858.		
3.	7.	March^ses Génér^les. à . Rey, de Bordeaux. Sa facture. (9)	1200	
		8 Idem.		
3.	4.	March^ses Génér^les . à . Effets à payer. . . Facture Gauthier, à Marseille. Remis en paiement: N° 1, m/ b^et à s/ ord/, 10 février prochain. (10)	2100	

Nota. L'article ci-dessus doit être passé au Journal comme nous venons de le faire, lorsque le vendeur n'a point de compte ouvert.

Lorsqu'il a un compte ouvert, on fait deux articles de la manière suivante :

Fol. du Grand Livre.	Fol. du compt. opposé.		F.	C.
		8 Idem.		
		March^ses Génér^les à Gauthier, à Marseille. S/ facture. (11)	2100	
		8 Idem.		
1.	3.	Gauthier, à Marseille. . à . . Effets à payer. N° 1, m/ b^et à s/ ord/ 10 février prochain. (12)	2100	
		9 Idem.		
		Caisse. . à . Marchand^ses Générales. M/ facture à Cahuzac, à Reims. (13)	3750	

Nota. La formule ci-dessus est celle des maisons qui ont un livre de ventes. Les maisons qui n'en ont pas doivent rédiger l'article comme il suit :

Fol. du Grand Livre.	Fol. du compte opposé.		F.	C.
		9 Janvier 1858.		
		Caisse. . à . . Marchandises Générales. Vendu, au comptant, à Cahuzac, de Reims, 5 balles coton, pesant net ens/ 3000 kil. à fr. 1 25. (14)	3750	
		10 Idem.		
7.	3.	Maire, à Paris, à Marchandises Génér^les M/ facture. (15)	1350	
		11 Idem.		
4.	3.	Effets à recevoir.. à . March^ses Génér^les . Reçu d'Ardisson, de Marseille. N° 101, son b^et à m/ ord/, 10 février, en paiement de ma facture de ce jour. (16)	2400	
		Nota. Cet article doit être passé au Journal comme ci-dessus, lorsque l'acheteur n'a pas de compte ouvert dans nos livres. S'il en avait un, et qu'on désirât y faire figurer cette opération, il faudrait faire les deux opérations suivantes :		
		11 Idem.		
		Ardisson . à. Marchandises Générales. . Ma facture. (17)	2400	
		21 Idem.		
		Effets à recev. . à . Ardisson, de Marseille. N° 101, s/ b^et à m/ ord/, 10 février. (10)	2400	

Fol. du Grand Livre.	Fol. du compte opposé.		F.	C.
		12 Janvier 1858.		
7.	1.	Rey, de Bordeaux . . . à . . Caisse . . M₁ envoi en espèces. (19)	1200	
		13 Idem.		
5.	1.	Profits et Pertes . . . à . . Caisse. . . Somme qui m'a été volée. (20)	1400	
		14 Idem.		
3.	8.	Marchandises Générales à . Blanchet. . S₁ facture de ce jour. (21)	12000	
		15 Idem.		
3.	3.	Marchand^ses Génér^les à March^ses Génér^les. Reçu d'Ardisson, à Marseille, 10 barriques, huile d'olive surfine, jaugeant ens₁ 6300 kilog. à fr. 2 l'une, ens₁ . . . . . . 12600 en échange de 4 ballots drap, couleurs assorties, ens₁ 12600 (22)	12600	
		Nota. Nous venons de passer l'article au Journal, dans l'hypothèse qu'on ne veut pas faire figurer l'opération au compte de la personne avec qui l'échange se fait. Si l'on voulait qu'elle y figurât, il faudrait faire les deux articles ci-dessous.		
		15 Idem.		
		Ardisson à Marchandises Générales . . Ma facture. (23)	12600	
		15 Idem.		
		Ardisson . à . Marchandises Générales. . Ma facture. (24)	12600	

Fol. du Grand Livre.	Fol du compte opposé	16 Janvier 1858.	F.	C.
4.	4	DIVERS. . . à. . . EFFETS à recevoir....	2000	
		Remis à Gauthier, de Marseille,		
		n° 101, billet Ardisson, à mon ordre.		
		Effets à payer,		
		n° 1, m/b^{et} ord/ Gauthier. 10 février, fr. 2100		
1.		Caisse fr. 300		
		(25)		
		Nota. Formule d'articles de divers à Tel. Si on ne voulait pas user de la ressource des articles de divers à Tel, il faudrait faire les deux articles suivants :		
		16 Idem.		
		EFFETS à payer. . à. . EFFETS à recevoir. .	2100	
		N° 1, mon billet ordre Gauthier, 10 février.		
		(26)		
		16 Idem.		
		CAISSE. . . à. . . EFFETS à recevoir. . .	300	
		Espèces pour solde.		
		(27)		
		17 Idem.		
8.	4.	BLANCHET de Lyon. . à. . EFFETS à payer. .	12000	
		pour acceptation de sa traite sur moi à son ordre.		
		N° 2, 15 mars prochain.		
		(28)		
		18 Idem.		
3.		MARCHANDISES GÉNÉRALES...à...DIVERS...	6600	
	4.	A effets à payer, n° 3, mon billet ordre Fontagnère, au 25 janvier, de. . . . . F. 4400		
		A caisse ma remise en espèce		
		pour solde. 2200		
		(29)		
		Nota. Nous venons de donner la formule d'un article de Tel à divers. Les maisons qui n'usent pas de la ressource de cette formule doivent faire les deux articles suivants :		

Fol. du Grand Livre.	Fol. du compte opposé.		F.	G.
		▬▬ 18 Janvier 1858. ▬▬		
		MARCHANDISES GÉNÉRALES à EFFETS à payer..	4400	
		N° 3, mon billet ordre Fontagnère, au 25		
		janvier, fr. 4400		
		(30)		
		▬▬ 18 Idem. ▬▬		
		MARCHANDISES GÉNÉRALES. . . à . . . CAISSE...	2200	
		Ma remise en espèces pour solde.		
		(31)		
		▬▬ 19 Idem. ▬▬		
1.	2.	CAISSE. . . . . à . . . . . CAPITAL.	90000	
		Produit net de la succession de mon père mort		
		aujourd'hui 18 janvier.		
		(32)		
		▬▬ 20 Idem. ▬▬		
9.	3.	PLENET, à Lyon.. à.. MARCHAND. GÉNÉRALES.	14175	
		Ma facture.		
		(33)		
		▬▬ 21 Idem. ▬▬		
11.		MAISON rue Vaugirard. . . à . . . DIVERS..	60000	
	1.	A Caisse. . . . . F. 40000		
	4°	A effets à payer.		
		N° 4, mon billet ordre Lombard,		
		fin février. 20000		
		(34)		
		▬▬ 22 Idem. ▬▬		
1.	8.	CAISSE. . à. . ROMAGNAC banquier à Paris...	4000	
		Somme reçue à sa caisse.		
		(35)		
		▬▬ 23 Idem. ▬▬		
3.	9.	MARCH.ses GÉNÉRALES.. à... PLENET à Lyon..	14175	
		Retour de mon envoi du 20 courant.		
		(36)		
		▬▬ 24 Idem. ▬▬		
3.	1.	MARCH.ses GÉNÉRALES. . . à . . . . CAISSE...	125	
		Port du retour de Plenet.		
		(37)		

Fól. du Grand Livre.	Fol. du compte opposé.		F.	C.
		25 Janvier 1858.		
4.	3.	EFFETS à recevoir. à . MARCH^{ses} GÉNÉRAL^{les}. tiré sur Payan, à Bordeaux.	14175	
		N° 102, mon mandat ord/ Lombard., à vue, fr. 14175		
		Un paiement de		
		10 tonneaux huile d'olives surfine.		
		(38)		
		25 Idem.		
		PAYAN, à Bordeaux . à . MARCH^{ses} GÉNÉR^{les}	14175	
		10 tonneaux huile d'olive.		
		(39)		
		25 Idem.		
		EFFETS à recevoir. . à . . PAYAN, à Bordeaux.	14175	
		N° 102, m/ mandat ord/ Lombard, à vue.		
		(40)		
		26 Idem.		
9.	4.	LOMBARD . . à . . EFFETS à recevoir . . .		
		N° 102, s/ Bordeaux, à vue.		
		(41)		
		27 Idem.		
4.		EFFETS à recevoir. . . à . . DIVERS. . . .		
		Escompté à Fontagnère les effets ci-dessous.		
		N° 103, b^{et} Plenet, à Lyon, fin mars, fr. 600		
		N° 104, b^{et} Gauthier, à Marseille, 15 mars, fr. 900		
	1.	A CAISSE. 1471, 50		
		Ma remise en espèces.		
		A PROFITS ET PERTES.		
		Intérêts à 6 p. %, fr. 17, 25 }		
		Commiss. et change } 28, 50		
		de place . . . 11, 25 }		
		(42)		
		28 Idem.		
14.	1.	ACTIONS des mines de Montrambert. . à . . CAISSE.	9500	
		Achat de 10 actions, à fr. 950.		
		(43)		

Fol. du Grand Livre.	Fol. du compte opposé		F.	C.
		29 Janvier 1858.		
4.	1.	Effets à payer . . . à . . Caisse . . .	4400	
		Acquitté m/ b^{et} ordre Fontagnère, n° 3, échu ce jour.		
		(44)		
		30 Idem.		
1.	14.^v	Caisse . . à . . Actions des mines de Montrambert.	10000	
		Le montant de mes dix actions.		
		(45)		
		31 Idem.		
5.	1.	Dépenses domestiques . . à . . Caisse. . .	625	
		Les dépenses { Pour ma cuisine 600		
		du mois. { Gages de ma domestique . . . 25		
		(46) 625		
		31 Idem.		
5.	1.	Frais généraux . . . à . . . Caisse . . .	965	
		Pour réparations à mes magasins et bureaux, et les appointements de mes employés pendant le mois.		
		(47)		
		1er Février 1858.		
3.		Marchandises générales . . . à . . . Divers . .	9270	
	10.	A Champsaur, à Marseille, fr. 3000		
		Sa facture.		
	10.	A Varage, à Grasse, fr. 6270		
		Sa facture.		
		(48)		
		2 Idem.		
3.	10.	March^{ses} génér^{les} à . Béranger, de Grasse.	4528	
		Sa facture.		
		(49)		
		3 Idem.		
	3.	Divers . à . Marchandises générales . .	10350	
1.		Sicard, à Paris, ma facture, fr. . . . 6600		
9.		Lombard, à Paris, ma facture, fr. . . 3750		
		(50)		

17

Fol. du Grand Livre.	Fol. du compte opposé.		F.	C.
		4 Février 1858.		
7.	3.	Maire . . . à . . Marchandises générales . .	12660	
		Ma facture.		
		(51)		
		5 Idem.		
	4.	Divers . . . . à . . . . . Caisse	9270	
10.		Champsaur, à Marseille.		
		Mon envoi de . . . . F. 3000		
10.		Varage, à Grasse (Var).		
		Mon envoi de 6270		
		(52)		
		6 Idem.		
4.		Caisse . . . . . à . . . . . Divers	10350	
	11.	A Sicard, à Paris, reçu en espèce . . . F. 6600		
	9.	A Lombard, à Paris, reçu en espèces. 3750		
		(53)		
		7 Idem.		
4.		Divers . . . . à . . . . Maire	12260	
6.	7.	Caisse, sa remise en espèces. . . . F. 11647		
		Escomptes et Rabais.		
		Escompte 5 0/0 613		
		(54)		
		8 Idem.		
		Marchandises générales. . à . . Divers . . .	3140	
		A Effets a payer. . . . . F. 2000		
		Remis à Varage, à valoir :		
		N° 5, mon billet à s/ ordre, 10 mars.		
		A Varage,		
		Reste à lui payer. 1140		
		(55)		
		Nota. Nous avons dit en raisonnant cet article que nous lui préférions les deux articles qui vont suivre à cause des inconvénients que nous avons signalés. Nous les passerons donc au Grand-Livre.		
		8 Idem.		
3.	10.	Marchandises générales. . à. . Varage.	3140	
		Sa facture.		
		(56)		

Fol. du Grand Livre.	Fol. du compte opposé.		F.	C.
		8 Février 1858.		
10.	4.	VARAGE. . . à. . . EFFETS A PAYER. . . N° 5, mon billet à son ordre, 10 mars. (57)	2000	
		9 Idem.		
3.	1.	MARCHANDISES GÉNÉRALES. . à . . CAISSE... Acheté de Maire, 25 caisses, savon bleu pâle, pesant net 3125 kil., à fr. 100 les 100 kil. (58)	3125	
		10 Idem.		
14.		GAUTHIER, de Marseille. . à . . DIVERS. . Suivant facture de ce jour pour le coût et frais de 25 caisses savon, bleu pâle, à lui expédiées.	3320	87
3.		A MARCH^{ses} GÉNÉRAL^{les}, pour le coût, fr. 3125		
5.		A FRAIS GÉNÉRAUX, pour les frais, fr. 92, 91		
5.		A PROF. et PERTES, fr. 64, 35, pour m/ com^{ion}. 38, 61, pour perte à la ————— négociation de Total. 102, 96 m/ traite s/ lui, courtage et tim- (59) bre.		
		11 Idem.		
		DIVERS. . . . . à . . . . . DIVERS. . . . . Pour achat à Sicard, de Paris, pour compte de Blanchet, de Lyon, et moyennant commission de 2 1/2 p. 0/0, de 5 caisses, indigo, pesant net ens/ 2625 kil., à fr. 30 le kil., dont facture soldée comme suit :	80718	75
4.		EFFETS à recevoir, ma traite ordre Sicard, sur Blanchet, à 90 jours, n° 106. . F. 78750		
8.		BLANCHET, de Lyon, pour ma commission, à 2 1/2 p. 0/0, sur 78750. . . . . 1968, 75		
4.		A EFFETS à recevoir, pour ma dite traite sur Blanchet, dont je fais remise à Sicard, pour solde de sa facture. 78750		
5.		A PROFITS et PERTES, ma com- mission. 1968, 75 (60)		

Fol. du Grand Livre.	Fol. du compte opposé.		F.	C.
		12 Février.		
5.		PROFITS ET PERTES . . à . . DIVERS .	4140	
		Pour la perte causée par l'incendie qui a éclaté dans mes magasins.		
	3.	A MARCH^{ses} GÉNÉR^{les}, celles que le feu a détruites, dont le détail au Brouillard, fr. 3140		
	4.	A CAISSE, pour la réparation des dégâts que j'ai soldés en espèces, fr. . . 1000		
		(61)		
		13 Idem.		
3.	8.	MARCH^{ses} GÉNÉR^{les} à ARDISSON, de Marseille.	6000	
		Acheté dudit :		
		10 barriques, sucre brut, pesant net 4080 kil., à fr. 73, 53 les 50 kil, payables fin mars prochain.		
		(62)		
		14 Idem.		
11.		PAGANO, de Gênes s/ . c/ à . . . DIVERS. .	6244	86
		Suivant facture de ce jour pour le coût et frais de 10 barriques, sucre brut, à lui expédiées par le navire la *Caroline*, capitaine Girard.		
	3.	A MARCH^{ses} GÉNÉR^{les}, pour le coût, f. 6000		
	5.	A FRAIS GÉNÉRAUX , pour les frais. 58		
	5.	A PROF. ET PERTES, pour ma commis". 121, 86		
	13.	A ASSURANCES GÉNÉRALES, pour assurance s/ fr. 6200, à 1 p. °/₀ et frais, 65		
		(63)		
		15 Idem.		
8.	4.	ARDISSON, de Marseille. .à. . EFFETS à payer.	6000	
		A lui remis n/ billet, fin février, n° 6, en paiement de 10 barriques de sucre.		
		(64)		
		16 Idem.		
4.	11.	EFFETS à recevoir. . à . . PAGANO, de Gênes.	6244	86
		Sa remise, par sa lettre du 16 février, en une traite, n° 107, sur Romagnac, payable fin courant.		
		(65)		

Fol. du Grand Livre.	Fol. du compte opposé.		F.	C.
		17 Février 1858.		
10.	1.	Varage. . . à . . Caisse. . .	1140	
		Pour solde de sa facture du 8 courant.		
		(66)		
		18 Idem.		
7.	4.	Roger . . à . . Effets à payer. .	2000	
		Pour m/ billet de ce jour, n° 7, à s/ ordre,		
		payable au 15 mars prochain, que je lui ai		
		souscrit pour lui rendre service.		
		(67)		
		19 Idem.		
4.		Effets à recevoir . à . . Divers. .	14200	
	1.	A Caisse, n°s 108-109-110-111, fr.. . 14095		
	5.	A Escomptes et Rabais 105		
		(68)		
		20 Idem.		
12.		Marchandises de Champsaur.. à.. Divers..	2070	
	10.	A Champsaur. . . . . . . F. 1980		
	1.	A Caisse. 90		
		(69)		
		21 Idem.		
	4.	Divers. . . à. . . Effets à recevoir. . .	15700	
		Négocié, à la banque de France, le bordereau		
		ci-dessous :		
		N° 103 sur Lyon, fin mars. . . F. 600		
		N° 104 sur Marseille, 15 mars. . 900		
		N° 108 sur Paris, fin mars. . . 10000		
		N° 109 sur Versailles, 20 mars. . 2000		
		N° 110 sur Lyon, 5 avril. . . 1200		
		N° 111 sur Bordeaux, 10 avril. . 1000		
	1.	Caisse.		
		Reçu en espèces pour produit net fr. 15597, 07		
	5.	Profits et Pertes.		
		Intérêts et change de place fr. . 102, 93		
		(70)		

Fol. du Grand Livre.	Fol. du compte opposé.		F.	C.
		22 Février 1858.		
		Divers. . . à . . . Divers.	• 12200	
3.		Marchandises générales.		
		Reçu de Gauthier, de Marseille, 20 balles coton,		
		pesant chacune 500 kil., ens/ 10000 kil.,		
		à fr. 1, ens/. . . . . F. 10000		
		300 bouteilles, vin de Champagne,		
		à fr. 4 la bouteille, ens/. . . . 1200		
4.		Effets à recevoir.		
		N° 112 billet Baude, sur Paris,		
		fin mars.. 1000		
		(71)		
		22 Idem.		
		Gauthier, de Marseille. . à . . Divers. .	12200	
		A Effets à payer.		
		N° 8 m/ billet à s/ ord/, 10 avril, de F. 8000		
		A Caisse.		
		En espèces pour solde. 4200		
		(72)		
		23 Idem.		
3.		Divers. . à . . Marchandises générales. .	14000	
		Vendu par l'entremise de Degrange, mon cour-		
		tier, 20 balles, coton, pesant net ens/ 10000		
		kil., à fr. 1, 25, ens/. . . F. 12500		
		300 bouteilles, vin de Champa-		
		gne, à fr. 5, ens/. . . . 1500		
		Profits et pertes. 140		
5.		La commission retenue par le courtier Degrange		
		à 1 p. 0/0.		
		Caisse.		
1.		Reçu en espèces. . . . . . F. 13860		
		(73)		
		24 Idem.		
	1.	Divers. . . . à . . . . Caisse. . . .	8300	
3.		Marchandises générales.		

Fol. du Grand Livre.	Fol. du compte opposé.	Suite de l'article ci-derrière.	F.	C.
		Reçu de Béranger, de Grasse, 20 barriques, huile d'olive surfine, pesant chacune net 200 kil., ens/ 4000 kil., à fr. 2 le kil., ens/ . . . . F. 8000		
5.		FRAIS GÉNÉRAUX, payé pour le port. 300		
		Compté en espèces, à Lombard, à Paris, par ordre et pour compte de Beranger. 8000		
		(74)		
		25 Février 1858.		
12.	5.	MARCH^{ses} de Champsaur . à . PROF. ET PERTES.	39	60
		Ma commission à 2 p. 0/0 sur fr. . . .	1980	
		(75)		
		26 Idem.		
12.	1.	CHAMPSAUR, de Mar^{le}, à MARC^{ses} de Champsaur.	129	60
		Solde du dernier compte.		
		(76)		
		27 Idem.		
12.	1.	MARCH^{ses} chez Blanchet, à Lyon, à CAISSE.	8000	
		Prix des marchandises envoyées à Blanchet, à vendre pour mon compte.		
		(77)		
		28 Idem.		
	1.	DIVERS. . . . à . . . . CAISSE. . .	1115	
5.		DÉPENSES DOMESTIQUES.		
		Dépenses de bouche, du mois. . . . { F. 525		
		Le mois de gage de ma domestique. { 25		
5.		FRAIS GÉNÉRAUX.		
		Appointements de mon premier commis. 300		
		Appointements de mon second commis. 200		
		Appointements de mon garçon de magasin. 65		
		1115		
		Nota. Il faut joindre à ces frais et dépenses, les ports de lettres, les impositions et la patente pendant le mois.		
		(78)		

Fol. du Grand Livre.	Fol. du compte opposé.		F.	C.
		28 Février 1858.		
4.	9.	EFFETS A PAYER. . . à . . . LOMBARD. . . Reçu mon billet nº 4, à son ordre, échu ce jour. (79)	20000	
		28 Idem.		
9.	1.	LOMBARD. . . à . . . CAISSE. . . . A lui remis pour solde de mon billet nº 4, échu ce jour. (80)	5825	
		1er Mars.		
1.	8.	CAISSE. . à . . ROMAGNAC, banquier à Paris.. Reçu à la caisse dudit. (81)	2000	
		2 Idem.		
		DIVERS. . . à . . . DIVERS . . . Pour achat, à Champsaur, en participation avec Maire, de 200 caisses sucre raffiné de 100 kil. chac/, ens/ 20000 kil. à fr. 1, 50, ens/, fr. 30000	30000	
7.		MAIRE, fr. 15000 pour sa part de l'achat.		
13.		MARCHANDISES en participation avec Maire, fr. . . . . 15000 pour ma part de l'achat.		
	1.	A CAISSE, fr. 25000 pour ma remise en espèces.		
	4.	A EFFETS à payer, fr. 5000 pour m/ billet Nº 9 de ce jour, à s/ ord/, fin avril. (82)		
		4 Idem.		
	1.	DIVERS. . . . à . . . . CAISSE. . . Payé pour frais des marchandises achetées en participation avec Maire.	400	
7.		MAIRE, fr. 200 pour sa part des frais.		
13.		MARCHses en participation avec Maire, fr. 200 Pour ma part des frais. (83)		

Fol. du Grand Livre.	Fol. du compte opposé.		F.	C.
		6 Mars 1858.		
		Divers . . . à . . . Divers . . .	10197	
4.		Effets à recevoir, fr. 9098, 50		
		Reçu de Blanchet, à Lyon, sa traite		
		s/ Fontagnère, à Paris, au 15 mars,		
		n° 113, de fr. 9098, 50		
12.		March^ses chez Blanchet, fr. . . 1098, 50		
		Solde du bénéfice fait sur ces mar-		
		chandises.		
	12.	A March^ses chez Blanchet, fr. . . 9098, 50		
		Produit net de ces marchandises.		
	5.	A Profits et Pertes, fr. . . . 1098, 50		
		Bénéfice net que les marchandises m'ont pro-		
		curé.		
		(84)		
		8 Idem.		
11.		Sicard, de Paris . . . à . . Divers . .	40000	
		Pour vente à lui faite des 200 caisses, sucre		
		raffiné, en participation avec Maire, pesant		
		chacune 100 kil., ens/ fr. . . . 40000		
	7.	A Maire, fr. 20000 pour sa part du produit.		
	13.	A March^ses en participation avec Maire 20000		
		Pour ma part du produit.		
		(85)		
		10 Idem.		
	4.	Divers . . . à Effets à recevoir . . .	3320	87
		Remis en compte à Romagnac,		
		N° 105, s/ Marseille, fin avril de fr. 3320,87		
8.		Romagnac, banquier, à Paris.		
		Produit net de m/ bordereau valeur de		
		ce jour, fr. . . , ... 3316,57		
5.		Profits et Pertes.		
		Intérêts à 5 p. o/o l'an. . . fr. 4, 30 } 9, 30		
		Change de place. . . . 5 }		
		(86)		

Fol. du Grand Livre.	Fol. du compte opposé.		F.	C.
		10 Mars 1858.		
4.	1.	EFFETS à payer. . à . . CAISSE. . .	2000	
		Acquitté m/ billet, n° 5, ord/ Varage, échu ce jour.		
		(87)		
		12 Idem.		
		DIVERS. . . à . . . DIVERS. . .	2003	
		Reçu de Plenet, de Lyon, savoir :		
4.		EFFETS à recevoir.		
		N° 114, sa traite s/ Rey, à Bordeaux, à vue, fr. 2000		
1.		CAISSE,		
		Espèces, fr. 3		
		En échange de ce qui suit :		
8.		A ROMAGNAC,		
		Mon bon sur sa caisse, fr. 2000		
5.		A PROFITS ET PERTES.		
		Bonification. 3		
		(88)		
		15 Idem.		
11.	1.	SICARD, à Paris. . . à . . . CAISSE. . .	4000	
		A lui prêtés.		
		(89)		
		15 Idem.		
4.	1.	EFFETS à payer. . . à . . . CAISSE. . .	12000	
		Acquitté la traite Blanchet du 17 janvier.		
		(90)		
		18 Idem.		
11.	4.	SICARD. . . à . . EFFETS à payer.	2000	
		Pour m/ billet de ce jour, n° 10, à son ord/, payable 20 mars prochain, que je lui ai souscrit pour lui rendre service.		
		(91)		

Fol. du Grand Livre.	Fol. du compte opposé.		F.	C.
		18 Mars 1858.		
3.	1.	MARCHANDISES GÉNÉRALES... à... CAISSE...	750	
		Acheté d'Ardisson, de Marseille, 5 barriques, sucre brut, pesant ens/ 1000 kil. à fr. 0, 75.		
		(92)		
		20 Idem.		
11.	1.	MAISON, rue Vaugirard, n° 16.. à.. CAISSE.	1500	
		Pour réparations que j'ai payées comptant.		
		(93)		
		22 Idem.		
	11.	DIVERS. . . à . . SICARD, à Paris. .	46000	
		Somme qui m'est payée pour solde après faillite, de la manière suivante, d'après l'accord fait avec ses créanciers :		
5.		PROFITS ET PERTES, fr. 18400		
		Pour remise de 40 p. % sur 46000 f. qu'il me devait.		
1.		CAISSE. 27600		
		Espèces pour solde, 60 p. %.		
		(94)		
		24 Idem.		
		PROFITS ET PERTES. . . à . . DIVERS. . .	4000	
		A CAISSE, fr. 2000		
	1.	Payé mon billet ord/ Roger, que je lui avais souscrit pour l'obliger, le 18 février dernier.		
5.	9.	A ROGER, fr. 2000		
		Pour solde de son compte, étant mort insolvable.		
		(96)		

Fol. du Grand Livre.	Fol. du compte opposé.		F.	C.
		26 Mars 1858.		
		DIVERS. . . à . . DIVERS. . .	3000	
		Pour vente à Lombard, de Paris, de 5 barri-		
		ques, sucre brut, pesant chacune net		
		200 kil., ens/ 1000 k., à fr. 1, ens/ fr. 1000		
		Et cession à lui faite de ma créance sur		
		Rey de Bordeaux, de fr. 2000		
		Qu'il m'a payés avec		
		400 litres, huile d'olive surfine, à fr. 2		
		le litre, ens/, fr. 800		
		Son billet, n° 115, à m/ ord/ de ce jour,		
		fin mars, fr. 1200		
		Et en espèces, fr. . . . , ... 1000		
3.		MARCHANDISES GÉNÉRALES, fr. 800		
		Pour 400 litres huile d'olive surfine que		
		Lombard m'a vendus.		
4.		EFFETS à recevoir, fr. 1200		
		Billet Lombard, n° 115, à mon ord/, fin		
		avril.		
1.		CAISSE, fr. 1000		
		Pour espèces que Lombard m'a remises.		
	3.	A MARCHANDISES GÉNÉRALES, fr. 1000		
		Pour 5 barriques sucre brut, livrées à		
		Lombard.		
	7.	A REY, de Bordeaux, fr. 2000		
		Pour cession faite à Lombard de ma		
		créance sur Rey de Bordeaux.		
		(97)		
		28 Idem.		
8.	4.	ROMAGNAC, banq/ à Paris . à . EFFETS à recevoir.	6244	86
		N° 107, traite Pagano sur lui, à vue.		
		(98)		
		31 Idem.		
1.		DIVERS. . . à . . . CAISSE. . .	1115	
		Dépenses de commerce et de ménage pendant		
		le mois de mars.		

Fol. du Grand Livre.	Fol. du compte opposé.		F.	C.
		Suite de l'article ci-derrière.		
5.		Frais généraux, fr. 565		
		Dépenses de commerce pendant mars.		
5.		Dépenses domestiques, fr. 550		
		Dépenses domestiques pendant mars.		
		(99)		
		31 Mars 1858.		
8.	5.	Romagnac. . . à . . . Profits et Pertes. .	93	71
		Intérêts en ma faveur.		
		(100)		
		31 Idem.		
8.	8.	Romagnac, compte nouveau . . à . . Lui-Même, compte ancien.	11650	14
		Solde à nouveau, valeur de ce jour.		
		(101)		
		31 Idem.		
5.	13.	Frais généraux. . . à . . Loyer à payer. .	450	
		Payé 3 mois de loyer, échu ce jour.		
		(102)		
		31 Idem.		
4.	1.	Effets à payer. . . . à . . . . Caisse. . . .	6000	
		Acquitté m/ billet ord/ Ardisson, échu ce jour.		
		(103)		

FIN DU JOURNAL.

LIVRE DES INVENTAIRES.

Fol. du Grand Livre.	Fol du compte opposé.	29 Février 1858.	F.	C.
3.	5.	Marchand^{ses} Gén^{les}. . à . . Profits et Pertes. Mes bénéfices sur les marchandises. (1)	8262	
		29 Idem.		
		Profits et Pertes à Escomptes et Rabais. Solde du dernier compte. (2)	508	
		29 Idem.		
		Profits et Pertes. . . à . . Frais Généraux Solde du dernier compte. (3)	1764	09
		29 Idem.		
		Profits et Pertes à Dépenses Domestiques. Solde du dernier compte. (4)	1360	50
		29 Idem.		
		Profits et Pertes. . . à . . . . . Capital Solde du premier compte présentant mes bénéfices nets. (5)	1108	45
		Nota. Nous avons passé ces 4 derniers articles séparément, dans la pensée que nous serions mieux compris ; dans la pratique, on doit les réunir en un seul de la manière suivante :		
5.		Profits et Pertes. . . . . . à . . . Divers.		
6.		A Escomptes et Rabais. . . . . F. 508		

			F.	C.
Fol. du Grand Livre.	Fol. du compte opposé.	*Suite de l'article ci-contre.*		
		Solde dudit compte.		
	5.	A FRAIS GÉNÉRAUX. 1764,09		
		Solde dudit compte.		
	5.	A DÉPENSES DOMESTIQUES , . . 1360,30		
		Solde dudit compte.		
	2.	A CAPITAL,		
		Mes bénéfices nets provenant	3632	59
		du solde du compte de *Profits et*		
		Pertes. . . . . F. 3632,59		
		(6)		
		29 Février.		
		DIVERS, C^{tes} nouv⁊ à EUX-MÊMES, C^{tes} anciens.		
1.	1.	CAISSE, espèces en caisse. . . . 74787,07		
2.	2.	MOBILIER, un comptoir. 1600		
2.	2.	LOYER payé par avance, solde dudit		
		compte 1800		
3.	3.	MARCHANDISES GÉNÉRALES, celles		
		invendues ; 20 barriques, huile		
		d'olive surfine, ens⁊ 4000 kil., à		
		fr. 2. 8000		
4.	4.	EFFETS à recevoir, valeurs en por-		
		tefeuille :		
		N° 107, sur Paris, fin février. . ⎱ 7244, 86		
		N° 112, sur Paris, 31 mars. . . ⎰		
8.	8.	ROMAGNAC, à Paris, solde dudit		
		compte 6000		
7.	7.	MAIRE, à Paris, solde dudit compte 1350		
7.	7.	ROGER, à Paris, solde dudit compte 2000		
8.	8.	BLANCHET, à Lyon, solde dudit c^{te}. 1968,75		
9.	9.	LOMBARD, à Paris, solde dudit c^{te}. 20000		
11.	11.	MAISON, rue Vaugirard (n° 16), sol-	198051	55
		de dudit compte. 60000		
12.	12.	MARCHANDISES de Champsaur, solde		
		dudit compte. 1980		
12.	12.	MARCHANDISES de n⁊ c^{te} chez Blan-		
		chet, solde dudit compte. . . 8000		
13.	13.	GAUTHIER, à Marseille, solde dudit		
		compte. 3320,87		
		(7)		

Fol. du Grand Livre.	Fol. du compte opposé.	29 Idem.	F.	C.
		Divers, c^{tes} anciens à Eux-Mêmes, c^{tes} nouv_x.		
4.	4.	Effets à payer, m/ b^{ets} en circulation f. 50000		
		N°s 2, traite Blanchet. 15 mars. . 12000		
		» 4, m/ b^{et} ord/ Lombard. . . 20000		
		» 5, m/ b^{et} ord/ Varage, 10 mars. 2000		
		» 6, m/ b^{et} ord/ Ardisson, 31 mars 6000		
		» 7, m/ b^{et} ord/ Roger, 15 mars, de complaisance. , . . . 2000		
		» 8, m/ b^{et} ord/ Gauthier, 10 avril 8000		
10.	10.	Champsaur, à Marseille, solde dudit compte 1850,40		
10.	10.	Béranger, à Grasse, solde dudit c^{te} 4528		
		Actions des Mines de Montrambert, solde dudit compte. . . 500		
13.	13.	Assurances génér^{les}, solde dudit c^{te} 65		
		Capital :		
2.	2.	Solde présentant m/ actif net. . . 141108,15	198051	55

SUITE DU JOURNAL.

FABRICATION.

1er Avril 1858.

DÉPENSES DE FABRIQUE. . . à . . . CAISSE. . . . . F. 1500

Payé 6 mois d'avance au propriétaire.

2 Idem.

HUILES DIVERSES. . . à . . . MARTIN, de Marseille   6000

Sa facture de ce jour, payable fin mai prochain.

3 Idem.

MATIÈRES DIVERSES. . . . à . . CAISSE. . .   900

Acheté au comptant de Granger de Marseille,
k. 4666,750.

Soude douce à fr. 15 le cent, ens/. . . . . . . F.   700

K. 2000 soude salée, à f. 10 le cent ens/.   200

4 Idem.

OUVRIERS. . . . à . . CAISSE.   125

Payé aux ouvriers pour une semaine de travail

5 Idem.

CHARBON et CHAUX. . . à . . CAISSE. . , .   182, 56

Pour achat de divers :

40 charges, charbon, à fr. 3 ens/. . . . . F.   120

25 charges, chaux, à f. 2,50 ens/. 62, 50

6 Idem.

DÉPENSES DE FABRIQUE . . . . à . . . . . . CAISSE   250

Payé pour charroi, courtage et autres frais.

7 Idem.

DIVERS . . . . . à . . . . . SAVONS FABRIQUÉS   5400

Vendu à Rastoul, kilog. 5400 savon blanc, à fr. 100 le
cent, payables moitié comptant, et moitié au 9 mai.

18

Caisse. . . . . . . F. 2700 au comptant
Effets a Recevoir. 2700
Reçu son billet au 9 mai pour solde.

———— 8 Avril. ————

Huiles Diverses . . . . à . . . Divers. . . . . . F. 6500
Acheté de Dufètre, 10 barriques, huile de Calabre, jau-
geant ens/ 6500 litres à fr. 1.
A Effets a Recevoir, F. 2000) Billets Roux, 20 mai.
                       1800)
A Effets a Payer. . fr. 2700, remis pour solde m/ bᵉ à
s/ ord₁, 29 avril.

———— 9 Idem. ————

Effets a Payer. . . . . à . . . . Caisse 3000
Payé une traite de Neyret, de fr. 3000 au 9 mai..

———— 10 Idem. ————

Huiles Diverses. . . . à . . . , Divers . . 4500
Acheté de Preire, 6 futailles, huile d'olive, jaugeant ens/
4500 litres, à fr. 1, payables en un effet sur Naples, et le
solde comptant.
A Effets sur l'étranger, fr. 1700. remis en paiement un
effet sur Naples, de 400 ducats, à 50 jours sur Naples,
à fr. 4, 25 le ducat, ens/. . . . . F. 1700
A Caisse. 2800
                                          ————
Solde remis comptant   4500

———— 11 Idem. ————

Effets a Recevoir. . . à . . . . . Divers F. 3345, 12
Reçu en paiement, de Giraudy, son billet à mon ordre
au 14 mai.

A Savons Fabriqués, fr. 3328, 56. Vendu à Giraudy,
k. 3450 savon, à f. 96 le cent, payables comptant F. 3328,56
  A Caisse, fr. 16, 56, agio bonifié 16, 56

                                     3345, 12

12 Avril.

Savons de n/ c/ chez Divers. . . à . . . Divers. F. 5173
  Pour le montant et frais de kil. 5210, 500, à fr. 95 le
cent, expédiés à Dulac, au Havre, pour vendre pour n/ c/,
par le navire l'*Économe*, cap. Fraissigne.
  A Savons fabriqués, fr. 4950, pour le montant de
kil. 5210,500, à fr. 95 le cent, ci 4950
  A Dépenses de Fabrique fr. 120 pour les frais, ci . 120
  A Assurances Générales, fr. 103, pour assurance
sur fr. 5000 à 2 p. o/o et police 103

                                Total. . 5173

  Remarque. — Comme le savon dont il est ici question sort
de notre fabrique, et que, conséquemment, nous ne l'achetons pas, nous ne devons pas nous servir, dans le libellé,
des mots : *pour le coût* ; mais du mot : *montant.*

  On doit désigner, au Compte du Savon fabriqué, le poids et
le prix pour pouvoir le rapporter au Grand-Livre.

  Cet article est conforme à celui de Marchandises chez un Tel ou chez
Divers, que nous avons vu dans notre comptabilité ; il n'y a de différence
que dans le compte ouvert, qui est ici : Savons de n/ c/ chez Divers, au
lieu de Marchandises de n/ c/ chez Divers.

13 Idem.

Matières diverses. . . . . à . . . . . Caisse. F. 1075
  Acheté de Raybaud, au comptant, kil. 7769, 5 soude douce, à fr. 13 le cent.

14 Avril.

Divers . . . . à . . . . Divers. F. 6004, 45

Boissieux, de Rouen, s/ c/ suivant facture de ce jour, pour la demie du montant et frais de kil. 5720, savon bleu-pâle, à lui expédiés, pour vendre en compte à demi, voie de Rouen, par le navire l'*Économe*, capitaine Fraissigne. . F. 2972,50

Savons de n/ c/ chez Divers, f. 3031,95 pour notre demie, y compris l'assurance, ci 3031,95

Total. 6004,45

A Savons Fabriqués, fr. 5720, pour le montant de 5720 kil., savon bleu-pâle, à fr. 100 le cent, ci . . . . . . F. 5720

A Dépenses de Fabrique, fr. 225, pour les frais. 225

A Assurances Générales, fr. 59,45 pour assurance sur fr. 2972,50, à 1 7/8, prime et enregistrement, ci 59,45

Total. . 6004,45

Nota. — Même remarque que pour l'article du 12 avril.

15 Avril.

Ouvriers. . . . . à . . . . . . Caisse. F. 150

Payé aux ouvriers pour une semaine de travail.

16 Idem.

Caisse. . . . . à . . . . . Savons Fabriqués. F. 3750

Vendu à Rampal, au comptant, kil. 3826,5, savon bleu-pâle, à fr. 98 le cent.

17 Idem.

Charbon et Chaux. . . . . . . à . . . Caisse. F. 262, 50

Acheté de divers 75 charges de charbon, à f. 3,50

——— 18 Avril. ———

Dépenses de Fabrique. . . . à . . . . Caisse. F.   170

Payé pour divers frais.

——— 19 Idem. ———

Dulac, du Havre, n₁ c₁ à Savons de n₁ c₁ chez Divers F.   4975

Valeur de fr. 4975, suivant compte de vente, par sa lettre de ce jour, du net produit, au Havre, de kil. 5210,5, savon de notre envoi, ci . . . . Fr. 4975   4975

Remarque.—Dulac, du Havre, ayant vendu les kil. 5210,5, savon, et nous remettant compte de vente, devient débiteur dans sa monnaie, et nous devons l'en débiter dans notre compte chez lui.

Nous engageons nos lecteurs à ne pas oublier ce que nous avons déjà dit, que chaque correspondant peut avoir deux comptes outre celui de compte à demi ou à tiers en banque ; que ces deux comptes ont pour titre *son compte*, notre compte ; que toutes les fois que l'on achète ou que l'on vend une marchandise dans notre monnaie, que l'on paie ou que l'on reçoit de l'argent dans notre monnaie, c'est le compte du correspondant chez nous, autrement dit son compte ;

Que quand le correspondant achète une marchandise pour nous ou en compte en participation, et qu'il nous en remet facture dans sa monnaie ;

Quand il vend une marchandise qui nous appartient, dont il nous remet compte de vente dans sa monnaie,

Quand on lui fait une remise à encaisser chez lui ou à négocier, dont il nous donne le produit dans sa monnaie ;

Quand il nous fait des remises en retour de celles qu'on lui fait, et dont il donne le coût dans sa monnaie ;

Qu'en un mot, toutes les fois que le correspondant achète ou vend une marchandise dans sa monnaie, qu'il reçoit ou qu'il paie dans sa monnaie, c'est notre compte chez lui, autrement dit notre compte.

20 Avril.

Effets a Recevoir. . . à. . Dulac, du Havre, n⁊ c⁊ F. 5000
   Valeur de fr. 5000, suivant sa lettre de ce jour ; sa remise s⁊ Pascal, au 29 mai prochain. . . . . . F. 5000   5000

21 Idem.

Boissieux, de Rouen, n⁊ c⁊. . . à. . . . . Savons de n⁊ c⁊ chez
   Divers. . . . . F. 3050
   Valeur de fr. 3050, suivant compte de vente, par sa lettre de ce jour, pour notre demie au net produit de kil. 5720 savon bleu-pâle de n⁊ envoi. . . . . . . F. 3050   3050

22 Idem.

Effets sur France. . à. Boissieux, de Rouen, n⁊ c⁊ F. 1530
   N⁊ traite sur lui du 22 avril au 9 mai, ord⁊ Fontagnère, ci. . . . . F. 1530   1530

23 Idem.

Effets a Recevoir. . à. Boissieux, de Rouen, s⁊ c⁊ F. 3000
   Sa remise, par sa lettre de ce jour, s⁊ Lombard, de Paris, au 9 mai. . . . . F. 3000

24 Idem.

Effets sur France. . à. Boissieux, de Rouen, n⁊ c⁊ F. 2800
   Valeur de fr. 2800, n⁊ traite s⁊ lui, du 24 mars, à 60 jours de date, à n⁊ ord⁊ . . . . F. 2800   2800

25 Avril.

Huiles Diverses. . . . à . . . Effets sur France. F. 4680

Acheté de Maire, kil. 4680, huile d'olive, à fr. 100 le cent, payables en effets sur Paris.

Remis en paiement :

F. 3150 du 8 mars, à 60 jours. } sur Paris.
  1530 au 9 mai.

Total 4680

26 Idem.

Caisse. . . . . à . . . . Savons Fabriqués F. 6025

Vendu comptant à Lombard 6025 kil. à fr. 100 le cent.

27 Idem.

Divers. . . . . à . . . . Savons Fabriqués. F. 7337

Vendu à Laurent kil. 7411,150, savon bleu-pâle, à fr. 99 le cent, payables moitié comptant, et moitié au 14 mai.

Fr.   3668,50 reçu comptant.

3668,50 reçu pour solde son billet au 14 mai.

Total.. 7337 fr.

28 Idem.

Effets a Payer. . . . . à . . . . Caisse. F. 2700

Payé n/ billet ord/ Dufêtre, échu ce jour.

29 Idem.

Caisse, compte nouveau. . . . à . . . . Elle-même, compte vieux. F. 13582,41

Solde de n/ caisse réglée ce jour, débiteur à nouveau.

Nota. Nous arrêtons là les opérations de la fabrique à savon. Les articles à passer sont tous les mêmes et ils n'offrent aucune difficulté.

(Voir, pour la manière de solder la fabrique à savon, la page 54)

———— 30 Avril. ————

Savons Fabriqués. . . . à . . . . Huiles Diverses. F. X.

Pour le montant de A-kil. huiles diverses consommées dans n₁ fabrication jusqu'à ce jour.

———— 31 Idem. ————

Savons Fabriqués. . . . à . . . Matières Diverses. F. X.

Pour le montant de A-kil. matières diverses consommées dans n₁ fabrication jusqu'à ce jour.

———— 31 Idem. ————

Savons Fabriqués. . . . à . . . Dépenses de Fabrique F. X.

Solde de ce compte.

———— 31 Idem. ————

Savons Fabriqués. . . . . à . . . . Ouvriers. F. X.

Pour solde de ce compte.

———— 31 Idem. ————

Savons Fabriqués. . . . à . . . . Charbon et Chaux. F. X.

Pour le montant de A charges charbon et B charges chaux consommés dans notre fabrication jusqu'à ce jour.

———— 31 Idem. ————

Savons Fabriqués. . . . à . . . . Profits et Pertes. F. X.

Pour bénéfice net fait dans notre fabrication depuis le. . . jusqu'à ce jour et pour solde, ci . . . . F. X.

PARTIE DU JOURNAL

où se trouvent passés les Articles relatifs à l'Armement des Navires.

1er Mai 1858.

NAVIRE L'ÉCONOME, 1er voyage,.. à ... CAISSE. F. 50000.

Acheté de Varage, le navire l'*Econome*, de 400 tonneaux, avec tous ses agrès et apparaux.

Nota. On entend par tonneaux le poids de 25 quintaux. Un navire de 400 tonneaux porte 10000 quintaux.

2 Idem.

NAVIRE L'ÉCONOME, 1er voyage.. . .à . . . CAISSE. F. 250.

Payé à Degrange pour son courtage à l'achat du navire.

Nota. Si le navire a besoin de réparations, on le débite des frais qu'elles occasionnent et qui sont passés au livre de caisse conformément aux comptes qu'en donne le capitaine, qui est ordinairement chargé de ces réparations.

3 Idem.

NAVIRE L'ÉCONOME, 1er voyage. . .à . . . . CAISSE. F. 6000.

Payé pour journées d'ouvriers, radoub et autres frais détaillés dans les comptes remis par le capitaine.

Nota. Ces frais sont tous confondus dans cet article, mais ils doivent être séparés dans le livre de caisse, et être passés en détails sur le Journal tel qu'on les trouve sur le livre de caisse.

4 Idem.

MARCHANDISES GÉNÉRALES. . .à . . . EFFETS à payer. F. 96000.

Acheté de Maire, 960 hectolitres, vin de Bordeaux, à fr. 100 l'hectolitre. Remis en paiement nos billets à son ordre fin courant. . . . . , ... F.   20000
                                                                                         24000
                                                                                         22000
                                                                                         30000
                                                                                         ——————
                                                                                         96000

Remarque. Nous débitons ici le compte de *Marchandises générales* bien que la marchandise ait été achetée pour le compte du navire, parce qu'étant obligé de remettre au capitaine une facture de toutes les marchandises devant composer le chargement du navire, il serait superflu de débiter le navire au moment de l'achat et séparément, attendu que, la marchandise achetée faisant des frais, il faudrait également débiter le navire au fur et à mesure qu'on les paîerait, ce qui rendrait les écritures diffuses et embrouillées par le grand détail que cela occasionnerait. Il suit de là que nous devons considérer le compte de *Marchandises générales* comme un compte de décharge destiné à recevoir à son débit toutes les marchandises au moment de l'achat, et d'où nous devrons les sortir lorsque nous en ferons la facture, d'après laquelle nous débiterons le navire qui présentera d'un coup-d'œil la totalité de son chargement avec les frais faits par la marchandise.

5 Idem.

CARGAISON du navire l'*Econôme*, 1er voyage. . . à. . . .DIVERS.
F. . . . . , . 96440.

Pour le coût et frais de 960 hectolitres, vin de Bordeaux, chargés sur ledit navire, capitaine Michel, en destination pour Alger, à l'adresse et consignation de Bérard.

A MARCHANDISES GÉNÉRALES, pour le coût. . . . F. 96000
A DÉPENSES GÉNÉRALES, pour les frais. 440
                                                 96440

Remarque. Comme on le voit, nous n'avons acheté, d'après cet article, qu'une seule qualité de marchandise afin de ne pas multiplier nos écritures. Toutes les marchandises qu'on pourrait acheter seraient passées de la même manière, et réunies dans la même facture : comme ces achats ne seraient qu'une répétition, nous nous bornons à tracer la marche à suivre et nous laissons à nos lecteurs la liberté d'agrandir l'opération.

On pourrait ne point ouvrir de compte séparé de cargaison et passer le tout dans le compte du navire, mais nous pensons qu'il est plus commode d'ouvrir deux comptes séparés ; l'un, pour le navire, dans lequel on portera tout ce qui concerne directement le navire, et l'autre, pour la cargaison, qui ne contiendra que la marchandise envoyée et reçue.

6 Mai.

NAVIRE L'ÉCONOME , 1er voyage. . . à . . . . CAISSE. F. 3000.

Acheté de divers : Biscuits, légumes, eau-de-vie, café, ustensiles, poteries, etc., pour son usage.

Nota. Ces objets ne doivent pas entrer dans la facture et ne faire qu'un seul article avec la marchandise, parce que ce qui sert pour l'avitaillement et pour l'usage du navire n'est pas une marchandise destinée à être vendue ; les uns, sont consommés dans la traversée, les autres, doivent servir au retour. Ainsi c'est une dépense faite par le navire dont il doit être débité.

7 Idem.

DIVERS. . . . . à . . . . . ASSURANCES GÉNÉRALES. F. 2250.

Pour assurance d'entrée à Alger sur corps et facultés du navire l'*Econome* , capitaine Michel. . . . . . F. 1250

NAVIRE L'ÉCONOME , 1er voyage. 770

Pour la prime sur fr. 50000, à 2 1/2 et police.

CARGAISON du navire l'*Econome*, 1er voyage pour prime sur fr. 96000, à 1 1/2 et police. 1400

2250

8 Idem.

CAISSE. . . . à . . . . NAVIRE L'ÉCONOME, 1er voyage. F. 600.

Reçu de Desbief et sa famille pour son passage à Alger sur ledit navire.

Nota. Comme les fr. 600 reçus des personnes qui ont pris passage pour Alger, sur le navire l'*Econome*, appartiennent au navire, nous devons en créditer le navire et en débiter la caisse.

9 Mai

Bérard, à Alger, n/ c/ à Cargaison du nav. l'*Econome* f. 105000

Suivant compte de vente par sa lettre de ce jour, du net produit de 960 hectolitres, vin de Bordeaux, de notre envoi par ledit navire. . . . . F. 105000. 105000.

Nota. La marchandise chargée sur le navire l'*Econome*, pour Alger, ayant été vendue par Bérard, à qui elle avait été consignée, et celui-ci nous en ayant remis compte de vente, nous devons débiter Bérard dans notre compte puisqu'il en a touché le montant dans sa monnaie.

Cet article est le même que celui de : Marchandises de notre compte chez Divers, puisque c'est une marchandise vendue au dehors pour notre compte ; il n'y a de différence que dans le titre, qui doit être : Cargaison du *navire l'Econome*, 1er voyage.

10 Idem.

Cargaison du navire l'*Econome*, 1er voyage. . à. . Bérard, d'Alger, notre compte. . . . . F. 105000.

Suivant facture par sa lettre de ce jour, pour le coût et frais, à 400 charges de blé, qu'il a chargées sur ledit navire, capitaine Michel. . . . . . F. 105000. 105000.

Nota. Bérard ayant acheté des marchandises des fonds à nous appartenant par la vente qu'il a faite des 960 hectolitres, vin de Bordeaux, et nous en ayant remis facture, nous devons le créditer et débiter la cargaison.

Cet article est le même que celui d'Intérêts à Diverses marchandises, puisque c'est une marchandise achetée pour notre compte qu'on nous expédie et que nous devons vendre. Il n'y a de différence que dans le titre qui est ici : Cargaison du navire l'*Econome*, 1er voyage.

Si ces marchandises avaient été chargées en totalité ou en partie sur divers navires, le débiteur serait toujours la cargaison du navire l'*Econome*, 1er voyage ; mais il faudrait avoir soin de désigner dans cet article les navires et capitaines qui en seraient les porteurs suivant la teneur du connaissement ou des factures si on en recevait.

—————— 11 Mai. ——————

DIVERS. . . . . à . . . . . ASSURANCES GÉNÉRALES. F. 3048.
    Pour assurance de sortie d'Alger, à Marseille, sur corps et cargaison du navire l'*Econome*, capitaine Michel.

NAVIRE L'ÉCONOME , 1er voyage. . . . . F.   898
    Pour prime sur fr. 50000, à 1 3/4 et police.

CARGAISON du navire l'*Econome*, 1er voyage.   2150
    Pour prime sur fr. 120000, à 1 3/4 et police. ——

                           3048

—————— 12 Idem. ——————

CAISSE. . . . . . à . . . . . . EFFETS à recevoir. F. 5700.
    Encaissé : Un billet de Rastoul, au 9 mai fr. 2700
             Une traite s/ Lombard, au 9 mai fr. 3000
                              5700

—————— 13 Idem. ——————

NAVIRE L'ÉCONOME, 1er voyage, au cap. MICHEL, n/ c/ fr. 3900.
    Pour salaires payés à l'équipage à Alger. 3900.   3900.

Nota. Le capitaine Michel, en nous rendant compte de son voyage, nous remet son compte-courant, dont nous séparons ce qu'il a payé et reçu, soit à Alger, soit partout ailleurs. Nous le classons dans *notre compte*, si c'est une monnaie étrangère, ou dans son compte, si c'est en francs. Nous débitons le capitaine ou nous le créditons par le crédit ou le débit du navire l'*Econome*, 1er voyage.

—————— 14 Idem. ——————

Le cap. MICHEL, n/ c/, à navire l'*Econome*, 1er voyage fr. 22500

Pour nolis exigé, à Alger, sur les marchandises, à Marseille,
pour compte de divers. . . . . F. 22500. 22500.

——————— 15 Mai. ———————

Caisse. . . . . à. . . . . Effets à recevoir. F. 6997, 06.
Encaissé: Un billet de Giraudy, au 14 mai. F. 3328, 56
   'Un billet de Laurent, au 14 mai. 3668, 50

——————— 16 Idem. ———————

Navire l'Économe, 1er voyage, au capitaine Michel. F. 3600.
Pour salaires payés à l'équipage, à Marseille.

Nota. Comme on le voit dans cet article et le suivant nous sommes
censés avoir chargé le capitaine Michel de payer les salaires de l'équipage
et exiger le nolis des marchandises à bord de son navire pour compte de
divers à Marseille ; ils sont passés tous les deux dans son compte, attendu
qu'il a payé et reçu des francs.

——————— 17 Idem. ———————

Le cap. Michel, s/ c/, à navire l'*Econome*, 1er voyage fr. 12000
Pour nolis exigé, à Marseille, sur les marchandises chargées
à Alger pour compte de divers.

Nota. Si nous avions exigé nous-mêmes ce nolis, nous débiterions la
caisse au lieu de débiter le capitaine.

Si le capitaine avait fait des frais en route, s'il avait relâché en quelque
port, s'il avait remplacé quelque voile perdue, ou autres objets, il les aurait
portés dans le compte qu'il nous remettrait. Dans ce cas nous le crédite-
rions dans *notre compte* ou dans *son compte,* suivant la monnaie qu'il y
aurait portée.

Il en serait de même s'il avait reçu de l'argent de notre correspondant,
ou s'il lui en avait remis. Ce serait à passer dans notre compte, puisqu'il
aurait payé ou reçu en monnaie étrangère.

———————— 18 Mai. ————————

Le capitaine Michel, s/ c/. . à. . Lui-même, n/ c/. F. 18600·
 Solde de n/ compte porté dans le sien. F. 18600. 18600.

Nota. Pour terminer avec le capitaine Michel nous soldons *notre compte* et nous en portons le solde dans son compte.

———————— 19 Idem. ————————

Caisse. . . . . . au . . . . . . Capitaine Michel. F. 18600.
 Reçu comptant pour solde de son compte..

———————— 20 Idem. ————————

Divers. . . . à. . . . . Marchandises Générales, F. 120000.
 Vendu, à Cahuzac, 4000 charges de blé, du compte du 1er voyage du navire l'*Econome*, à fr. 30 la charge, payables moitié comptant et moitié fin courant.

Caisse, reçu comptant. . . . . F. 105000
Effets à payer, reçu notre billet, fin courant. . 7500
Effets à recevoir, reçu pour solde son billet, fin
 courant. 7500
              120000

———————— 21 Idem. ————————

Marchandises Générales. . . . à. . . . . Divers. F. 120000.
 Pour le montant de 4000 charges de blé, du compte du 1er voyage du navire l'*Econome*, d'envoi de Bérard, d'Alger, par ledit navire.

A Cargaison du navire l'*Econome*, 1er voyage :
 Pour le net produit. . . . . F. 116000
A Dépenses Générales, pour les frais. 4000
              120000

22 Mai.

Navire l'Économe, 2e Voyage . à . . Lui-Même, 1er Voyage,
Fr . . . . · 46000

Pour transport à nouveau de l'évaluation donnée audit navire avec tous ses agrès et apparaux.

Remarque. — Le navire l'*Économe* devant être employé à un second voyage, nous n'en passons pas une vente, mais nous en portons le montant en compte nouveau, avec une moins-value de f. 4000, attendu le dommage qu'il peut avoir éprouvé dans le 1er voyage, et les réparations dont il peut avoir besoin, et qui seront comprises dans le second voyage.

Nous portons le navire en compte nouveau, parce que, comme il a été débité du coût, lors de l'achat, nous devons le créditer de la vente, ou ce qui revient au même, d'un transport à nouveau de son évaluation, en supposant que nous le gardions ou que nous l'employions pour un second voyage. C'est un capital que nous avons et que nous devons faire sortir au crédit pour connaître le résultat du bénéfice ou de la perte que l'expédition de ce navire aura donnée.

Il en est de même pour la cargaison : si le correspondant à qui on l'expédie, pour la vendre, n'en avait vendu qu'une partie, et qu'on voulût régler ce premier voyage et connaître la perte ou le bénéfice donné par cette cargaison, on devrait porter à nouveau les marchandises invendues et existantes sur les lieux chez le correspondant à qui on les aurait adressées, leur donner la même évaluation que celle portée dans la facture d'achat, et la différence du *débit* au *crédit* serait le bénéfice ou la perte.

23 Mai.

CARGAISON du navire l'*Econome*, 1er Voyage. . . . à . . NAVIRE
l'*Econome*, 1er Voyage. . . . . F. 21200

Pour le nolis sur :

960 hectolitres vin de Bordeaux . . F.   1200
4000 charges de blé chargées en retour.   20000

Total.   21200

Remarque. — Comme nous avons ouvert, dans l'expédition du navire l'*Econome*, deux comptes séparés, l'un pour le navire, et l'autre pour la cargaison, et que nous voulons connaître le résultat de cette expédition dans l'un et l'autre compte, nous devons grever la cargaison du nolis de la marchandise que nous avons chargée, pour notre compte, sur ce navire, puisque nous serions obligé de payer ce nolis si nous l'avions chargée sur un autre navire, et nous devons en créditer le navire qui l'a portée.

Nota. Cet article doit être supprimé si nous ne faisons qu'un compte du navire et de la cargaison.

24 Idem.

EFFETS A PAYER. . . . . . à. . . . . . . DIVERS. F. 96000

Pris de Maire, nos billets à son ordre, fin courant. . . . . F. 20000
                                         24000
                                         22000
                                         30000

F. 96000

A CAISSE, remis comptant, pour le net, fr. 95802
A INTÉRÊTS GÉNÉRAUX, pour agio.   198

Total. . 96000

Remarque. — Cet article n'a rien de commun avec les opérations à faire pour l'armement des navires ; ce n'est rien moins qu'une opération de banque que nous faisons faire à l'armateur qui, ayant des fonds disponibles et désirant les faire valoir, prend des effets sur la place, et de préférence ses billets ord₂ Maire, qui les lui négocie.

D'après la note de négociation, nous voyons que nous avons bonifié 198 fr. pour agio de six jours sur une somme de fr. 96000. Les Effets à payer recevant, sont débiteurs et doivent être débités ; le compte de *Caisse* et celui d'*Intérêts Généraux* recevant, le premier le net des effets à nous remis et que nous payons comptant, le second l'agio de six jours qu'on nous bonifie, sont débiteurs et doivent être débités.

Nous passons les agios dans un compte intitulé : *Intérêts Généraux*, au lieu de passer le net des effets que nous prenons, sans faire mention des agios, parce que les Effets à recevoir et les Effets à payer devant se solder par eux-mêmes, si en les prenant ou en les donnant par notes de négociation, ils supportent un agio, cet agio est un intérêt produit par l'argent donné ou reçu, et doit être porté dans un compte ouvert à ce sujet.

Nous ne passons pas non plus les agios dans le compte de *Profits et Pertes*, bien que ce compte, qui est un des comptes généraux qui représentent le négociant, et qui doivent renfermer les bénéfices ou les pertes, pût, à la rigueur, remplacer les *Intérêts Généraux*. La raison en est, que le négociant étant bien aise de se rendre compte, à l'époque du bilan, de la source de ses bénéfices ou de ses pertes, et surtout de connaître l'intérêt que son argent lui aura rendu dans le courant de l'année, il vaut mieux ouvrir un compte particulier à cet agio. Du reste, le compte de *Profits et Pertes* ne doit être ouvert que pour les pertes ou les bénéfices nets, et les soldes des comptes généraux qui peuvent être soldés par des différences et par des bonifications particulières. Il ne doit y entrer aucun détail séparé des comptes d'*Intérêts Généraux, Provisions, Dépenses*, ou autres articles dans ce genre, qui y seront portés par les soldes que ces comptes donneront à l'époque du bilan, ou qu'on voudra les solder avant ce bilan.

—————— 25 Mai. ——————

Effets a Recevoir. . . . à . . . Eux-Mêmes. F. 15760, 50
Négocié à Baude deux effets sur Paris, de :
Fr. 13000 du 17 février, à 90 jours.
    2800 du 25 mars, à 60 jours.

Total. 15800 à 1/4 p. % de perte. . F. 15760, 50
  Reçu en paiement :
Fr. 7000
    4000
    5082

Total. 16082 du 24 avril à 100 jours sur Paris, à 2 p. % de perte. F. 15760, 50.

—————— 27 Idem. ——————

Navire l'*Econome*, 1er Voyage, à Profits et Pertes. F. 33882
Pour le bénéfice net fait dans la première expédition de ce navire à Alger.

Nota. Lorsque nous avons réglé les comptes qui ont rapport à l'expédition du 1er voyage du navire l'*Économe*, lorsque nous avons vendu les marchandises et payé tous les frais, nous devons solder les comptes du Navire et de la Cargaison par Profits et Pertes. Pour cela, nous additionnerons, d'après le Grand-Livre, le débit et le crédit du compte de Navire, et nous passons le bénéfice sur le Journal, comme ci-dessus.

30 Idem.

PROFITS ET PERTES. . . . . à. . . . . CARGAISON du
navire l'*Econome*, 1er Voyage . . . . F. 5270

Pour le net de la perte éprouvée sur la cargaison de la première expédition dudit navire à Alger.

Nota. Nous soldons, comme le compte du navire l'*Econome*, le compte
de la Cargaison. Nous additionnons, d'après le Grand-Livre, le débit et le
crédit, et nous passons la perte sur le Journal, comme ci-dessus.

GRAND-LIVRE.

Doit. *Caisse.*

18				Fr.	C.	J.	G.
Janvier.	1ᵉʳ	A CAPITAL, mon versement en espèces.	50000	»	1	2
id.	9	» MARCHANDISES GÉNÉRALES, reçu de Cahuzac	3750	»	3	6
	16	» FFETS A RECEVOIR, reçu de Gauthier.	300	»	4	4
	19	» CAPITAL, succession de mon père.	90000	»	5	2
	22	» ROMAGNAC, banquier, reçu à sa Caisse.	4000	»		
	30	» ACTIONS des mines de Montrambert, reçu contre mₜ 10 actions	10000	»	7	13
Février.	6	» DIVERS, leurs remises en espèces.	10350	»	9	»
	7	« MAIRE, sa remise en espèces	11647	»	9	7
	21	» EFFETS à recevₜ, reçu en espèces, prodₜ net de mₜ Bordereau.	15597	07		
	23	» MARCHANDISES GÉNÉRALES, reçu en espèces.	13860	»	13	3
				209504	07		
Mars	1	A COMPTE ANCIEN, espèces en caisse.	74787	07	1	1

Caisse.

Avoir.

			Fr.	C.	J.	G.
1858. Janvier.	1	Par MOBILIER, prix d'un mobilier.	1600	»	1	2
id.	2	» LOYER par avance, payé 6 mois.	1800	»	1	2
id.	3	» FRAIS GÉNÉRAUX, payé 3 stères de bois.	85	»	1	5
id.	4	» MARCHANDISES GÉNÉRALES, payé à Guirette.	3000	»	1	3
id.	5	» ROMAGNAC, versé à la caisse.	10000	»	1	8
id.	6	» DÉPENSES DOMESTIQUES, payé à mon tailleur	185	50		
id.	12	» REY, mon envoi en espèces.	1200	»		
id.	13	» PROFITS ET PERTES, somme volée.	1400	»	3	5
id.	18	» MARCHANDISES GÉNÉRALES, payé en espèces.	2200	»	5	3
id.	21	» MAISON rue Vaugirard, 16 (pour achat de ladite).	40000	»	6	11
id.	24	» MARCHANDISES générales, port du retour de m⁊ envoi à Plenet	125	»	6	3
id.	27	» EFFETS À RECEVOIR, compté à Fontagnère.	1471	50	7	4
id.	28	» ACTIONS des mines de Montrambert, achat de 10 actions.	9500	»	7	13
id.	29	» EFFETS À PAYER, pour acquit de m⁊ billet n° 3.	4400	»	7	4
id.	31	» DÉPENSES DOMESTIQUES, les dépenses du mois.	625	»	7	5
id.	31	» FRAIS GÉNÉR⁊, réparations et appointem⁊ de m⁊ employés.	965	»	8	5
Février.	5	» DIVERS, mes envois en espèces.	9270	»	8	»
id.	9	» MARCHANDISES générales, payé la facture de Maire.	3125	»	10	3
id.	12	» PROFITS ET PERTES, payé pour dégâts d'incendie.	1000	»	11	5
id.	17	» VARAGE, payé pour solde.	1140	»	12	10
id.	19	» EFFETS à recevoir, compté à Sicard.	14095	»	12	4
id.	20	» MARCHANDISES de Champsaur, port et autres frais.	90	»	12	12
id.	22	» DIVERS, payé pour solde.	4200	»	13	»
id.	24	» DIVERS, frais divers.	8300	»	13	
id.	27	» MARCHANDISES chez Blanchet, prix de m⁊ march⁊ ch⁊ Blanchet.	8000	»	15	12
id.	28	» DIVERS, payé les frais de commerce et de ménage.	1115	»	15	»
id.	28	» LOMBARD, pour acquit de m⁊ billet, n° 4, à s⁊ ord⁊.	5825	»	15	9
»		» COMPTE nouveau, espèces en caisse.	74787	07	1	1
			209504	07		

Doit. *Capital.*

			F.	C.	J.	G.
.1858.						
Février.	29	A COMPTE nouveau , soldé à nouveau.	141108	15	2	2
			141108	15		

Doit, *Mobilier.*

Janvier.	1	A CAISSE, prix d'un comptoir.	1600		1	1

Doit *Loyer payé*

Janvier.	2	A CAISSE, payé 6 mois au propriétaire.	1800	»	1	1

Capital.   Avoir.

Janvier.	1	Par CAISSE, mon versement en espèces.	50000	»	1	1
id.	19	» CAISSE, la succession de mon père.	90000	»	5	1
Février.	29	» PROFITS ET PERTES, mes bénéfices nets.	1108	15		
			141108	15		
Mars.	1	Par COMPTE ancien, solde ancien.	141108	15	2	2

Mobilier.   Avoir.

par Avance.   Avoir.

Doit.   *Marchandises*

Janvier.	4	A Caisse, facture Guirette.	3000			
id.	7	» Rey, sa facture.	1200	»	2	7
id.	8	» Effets a payer, facture Gauthier.	2100	»	2	4
id.	14	» Blanchet, sa facture	12000	»	4	8
id.	15	» Marchandises Générales, facture Ardisson.	12600	»	4	3
id.	18	» Divers, leurs factures.	66000	»	5	»
id.	23	» Plenet, à Lyon, retour de mon envoi du 8 courant. . . .	14175	»	6	9
id.	24	» Caisse, port du retour de mon envoi à Plenet.	125	»	6	1
Février.	1	» Divers, leurs factures	9270	»	8	»
id.	2	» Béranger, sa facture.	4528	»	8	10
id.	8	» Varage, sa facture.	3140	»	9	10
id.	9	» Caisse, facture Maire.	3125	»	10	1
id.	18	» Ardisson, sa facture.	6000	»	11	8
id.	22	» Divers, marchandises diverses.	11200	»	13	»
id.	24	» Caisse, facture Béranger	8000	»	13	1
		» Profits et Pertes, mes Bénéfices.	8262	»	1	5
			105325	»		
Mars.	1	A Compte Ancien, marchandises invendues.	80900	»	1	3

Générales.

Avoir.

Janvier	9	Par CAISSE, ma facture à Cabuzac. . . . . , . .	3750	»	2	1
id.	10	» MAIRE, ma facture. . . . . ,	1350	»	3	7
id.	11	» EFFETS A RECEVOIR, ma facture à Ardisson.	2400	»	3	4
id.	15	» MARCHANDISES GÉNÉRALES, ma facture à Ardisson. . .	12600	»	4	3
id.	20	» PLENET, ma facture.	14175	»	6	9
id.	25	» EFFETS A RECEVOIR, n. 102, mon mandat ordre Lombard.	14175	»	6	4
Février.	3	» DIVERS, mes factures.	10350	»	8	»
id.	4	» MAIRE, ma facture.	12260	»	8	7
id.	10	» GAUTHIER, 25 caisses savon bleu-pâle.	3125	»	10	144
id.	12	» PROFITS ET PERTES, payé pour dégats d'incendie. . .	3140	»	11	5
id.	14	» PAGANO, 10 barriques sucre brut.	6000	»	11	11
id.	23	» DIVERS, Marchandises diverses.	14000	»	13	»
id.	29	» COMPTE NOUVEAU, Marchandises invendues.	8000			
			105325			

Doit.   *Effets à*

			Fr.	C.	J.	G.
1858.						
Janvier	11	A MARCHANDISES GÉNÉRALES, n. 101, sur Marseille.	2400	»	3	3
id.	25	» MARCHANDISES GÉNÉRALES, n. 102, mon mandat sur Payan.	14175	»	6	3
id.	27	» DIVERS, n. 103, 104 sur divers.	1500	»	7	»
Février	11	» DIVERS, ma traite n. 106, ordre Sicard, sur Blanchet.	78750	»	10	»
id.	16	» PAGANO, sa traite n. 107, sur Romagnac.	6244	86		
id.	19	» DIVERS, nos 108, 109, 110, 111, sur divers.	14200	»	12	»
id.	22	» DIVERS, reçu de Gauthier, n° 112, sur Paris.	1000	»	13	
			118269	86		
Mars	1	A COMPTE ANCIEN, nos 107, 112, en portefeuille.	7244	86	1	4

Doit.   *Effets à*

Janvier	16	A EFFETS A RECEVOIR, n° 1, ordre Gauthier.	2100	»	4	4
id.	20	» CAISSE, payé mon billet n° 3.	4400	»	7	1
Février	20	» COMPTE NOUVEAU, mon acceptation et mon billet en circulation.	50000			
			56500			

Recevoir.   Avoir.

Janvier	10	PAR DIVERS, n° 101, sur Marseille.	2400	»	4	»
	20	» LOMBARD, n° 102, mon mandat à son ordre.	14175	»	7	9
Février	11	» DIVERS, ma traite n° 106, ordre Sicard, sur Blanchet.	78750	»	10	»
	21	» DIVERS; 103, 104, 108, 109, 110, 111 sur divers.	15700	»	12	»
	29	» COMPTE NOUVEAU, valeur en portefeuille.	7244	86		
			118269	86		

Payer.   Avoir.

Janvier	8	PAR MARCHANDISES GÉNÉRALES, n° 1, mon billet ordre Gauthier.	2100	»	2	3
id.	17	» BLANCHET, n° 2, sa traite sur moi.	12000	»	5	8
id.	18	» MARCHANDISES GÉNÉRALES, mon bet n° 3, ordre Fontagnère.	4400	»	5	3
id.	21	» MAISON, rue Vaugirard, 15, n° 4, mon bet ordre Lombard.	20000	»	6	11
Février	8	» VARAGE, n° 5, mon billet à son ordre.	2000	»	9	10
id.	15	» ARDISSON, n° 6, mon billet à son ordre fin mars.	6000	»	11	8
id.	18	» ROGER, n° 7, mon billet à son ordre de complaisance.	2000	»	12	7
id.	22	» DIVERS, remis à Gauthier, n° 8, mon billet à son ordre.	8000	»	13	»
			56500			
Mars	1	Par COMPTE ANCIEN, nos 2, 4, 5, 6, 7, 8, en circulation.	50000			

Doit.   Profits

			Fr.	C.	I.	G.
Janvier.	13	A CAISSE, somme qui m'a été volée.	1400	»	3	1
Février.	12	» DIVERS, perte causée par un incendie.	4140	»	11	»
id.	21	» EFFETS A RECEVOIR, perte à la négociation.	102	93	12	4
id.	23	» MARCHANDISES GÉNÉRALES, courtage.	140	»	13	3
id.	29	» DIVERS, articles d'inventaires.	4740	74		
			10523	67		

Doit.   Frais

Janvier.	3	A CAISSE, 3 stères de bois.	85		1	1
id.	31	» CAISSE, payé pour réparations et mes employés.	905	»	8	1
Février.	24	» CAISSE, port.	300	»	14	1
id.	28	» CAISSE, frais de commerce pendant février.	565	»	15	1
			1915	»		

Doit.   Dépenses

1858.						
Janvier.	6	A CAISSE, payé à mon tailleur.	185	50	1	1
Id.	31	» CAISSE, les dépenses du mois.	625	»	7	1
Février.	28	» CAISSE, dépenses de ménage pendant le mois de février.	550	»	15	1
			1360	»		

et Pertes.   Avoir.

1858.			Fr.	C.	I.	G.
Janvier.	27	Par EFFETS A RECEVOIR, escompte.	28	50	7	4
Février.	10	» Gauthier, son compte.	102	86	10	13
id.	11	» DIVERS, pour commission d'achat.	1968	75	10	»
id.	14	» PAGANO.	121	86		
id.	25	» MARCHANDISES de Champsaur, ma commission.	39	60	14	12
id.	29	» MARCHANDISES GÉNÉRALES, article d'inventaire.	8262			
			10523	67		

Généraux.   Avoir.

1858.						
Février.	10	Par GAUTHIER, son compte.	92	91	10	13
id.	14	» PAGANO, son compte.	58	»	11	11
id.	29	» PROFITS ET PERTES, solde.	1764	09		
			1915			

Domestiques.   Avoir.

1858.				
Février.	29	Par PROFITS ET PERTES, solde.	1360	50
			1360	50

Doit.   Escomptes et

1858.			Fr.	C.	J.	G.
Février.	7	A Maire, escompte.	613	»	9	7
			643			

Doit.   Comptes de

1858.			Fr.	C.	J.	G.
Janvier.	3	Par Bérard, payé en espèces.	85	»	4	4 s.
id.	6	» Goinette, payé en espèces.	3000	»	4	4 s.
id.	9	» Cahuzac, 5 balles, coton.	3750	»	2	3 s.
			6835			

Rabais.   Avoir.

1858.			Fr.	C.	J.	G.
Février.	19	Par Effets a Recevoir.	105	»	12	4
id.	29	» Profits et Pertes, solde.	508	»	4	6
			613			

Divers.   Avoir.

1858.			Fr.	C.	J.	G.
Janvier.	3	A Bérard, 3 stères de bois.	85	»	4	5 s.
id.	4	» Goinette, 5 balles, coton..	3000	»	4	3 s.
id.	9	» Cahuzac, sa remise en espèces.	3750	»	2	4 s.
			5835			

Nos lecteurs se rappelleront, en voyant notre compte de divers, ce que nous leur avons dit plus haut : que ce compte n'est ouvert que pour ceux qui n'ont qu'une dette ou une créance momenta-née, et auxquels on ne veut pas ouvrir un compte particulier. Nous leur dirons encore ici que, pour ne pas donner à ce compte une règlure différente des autres, nous n'indiquons pas au Doit le compte créditeur, ni à l'Avoir le compte débiteur. Nous faisons suivre la date du nom du compte débiteur, au Doit, et du nom du compte créditeur, à l'Avoir. C'est le seul moyen de faire figurer à chaque article les noms des différents correspondants qui sont portés dans ce compte, et de s'y reconnaître.

Lorsque les articles se balancent dans ce compte, nous l'indiquons par la lettre (S), qui signifie soldé.

Le Compte de Divers s'appelle aussi Compte de Débiteurs et de Créanciers divers. Il est généra-lement tenu d'une manière embrouillée, bien qu'il n'y ait rien de plus simple.

Doit. — Maire,   à Paris. — Avoir.

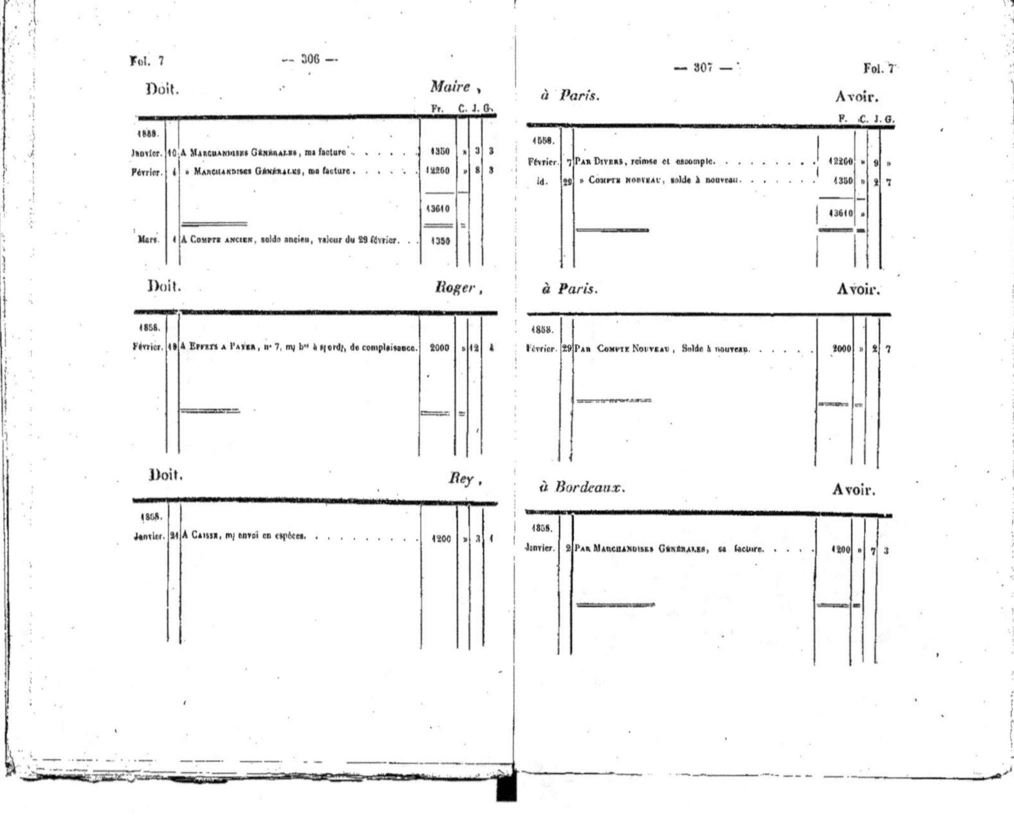

Doit. — *Maire,*   *à Paris.* — **Avoir.**

		Doit	Fr.	C.	J.	G.			Avoir	F.	C.	J.	G.
1858.							1858.						
Janvier.	10	A Marchandises Générales, ma facture	1350	»	3	3	Février.	7	Par Divers, remise et escompte.	12260	»	9	»
Février.	4	» Marchandises Générales, ma facture.	12260	»	8	3	id.	29	» Compte nouveau, solde à nouveau.	1350	»	2	7
			13610							13610	»		
Mars.	4	A Compte ancien, solde ancien, valeur du 29 février. . .	1350										

Doit. — *Roger,*   *à Paris.* — **Avoir.**

		Doit	Fr.	C.	J.	G.			Avoir	F.	C.	J.	G.
1858.							1858.						
Février.	19	A Effets à payer, n° 7, m/ b^{et} à s/ordj, de complaisance.	2000	»	12	4	Février.	29	Par Compte Nouveau, Solde à nouveau.	2000	»	2	7

Doit. — *Rey,*   *à Bordeaux.* — **Avoir.**

		Doit	Fr.	C.	J.	G.			Avoir	F.	C.	J.	G.
1858.							1858.						
Janvier.	21	A Caisse, m/ envoi en espèces.	1200	»	3	1	Janvier.	2	Par Marchandises Générales, sa facture.	1200	»	7	3

Doit.   *Romagnac, banquier,*   *à Paris.*   **Avoir.**

			Fr.	C.	J.	G.				Fr.	C.	J.	G.
1858.							1858.						
Janvier.	5	A Caisse, mon versement à sa caisse.	10000	»	4	4	Janvier.	22	Par Caisse, reçu à sa caisse.	4000	»	6	1
Mars.	4	A Compte Ancien, solde ancien, valeur du 29 février.	6000		18	8	Février.	29	» Compte Nouveau, solde à nouveau.	6000	»	18	8
										10000			

Doit.   *Ardisson,*   *de Marseille.*   **Avoir.**

			Fr.	C.	J.	G.				Fr.	C.	J.	G.
1858.							1858.						
Février.	14	A Effets a Payer, m/ billet fin mars, n° 6.	6000	»	11	4	Février.	13	Par Marchandises Générales, sa facture.	6000	»	11	3

Doit.   *Blanchet,*   *de Lyon.*   **Avoir.**

			Fr.	C.	J.	G.				Fr.	C.	J.	G.
1858.							1858.						
Janvier.	17	A Effets a Payer, n° 2, sa traite sur moi.	12000	»	5	4	Janvier.	14	Par Marchandises Générales, sa facture.	12000	»	4	3
Février.	11	» Divers, pour commission d'achat.	1968	75	10	»	Février.	29	» Compte Nouveau, solde à nouveau.	1968	75		8
			13968	75						13968	75		
		A Compte Ancien, solde ancien, valeur du 29 février.	1968	75		8							

Doit. — Plenet,

1858.			Fr.	C.	J.	G.
Janvier.	20	A Marchandises Générales, ma facture.	14175	»	6	3

Doit. — Lombard,

1858.			Fr.	C.	J.	G.
Janvier.	20	A Effets a Recevoir, n° 102, m/ mandat à s/ ordre. . .	14175	»	7	4
Février.	3	» Marchandises Générales, ma facture.	3750	»	8	3
Id.	28	» Caisse, espèces pour solde.	5825	»	15	1
			23750	»		
Mars.		Par Compte ancien, solde ancien, valeur du 29 février . . .	20000	»	2	9

Doit. — Champsaur,

1858.			Fr.	C.	J.	G.
Février.	5	A Caisse, à lui payé.	3000	»	8	1
Id.	20	» Marchandises de Champsaur, sold/.	129	60	15	12
Id.	29	» Compte Nouveau, solde à nouveau.	1850	40	2	9
			4980	»		

de Lyon. — Avoir.

1858.			Fr.	C.	J.	G.
Janvier.	23	Par Marchandises Générales, retour de m/ envoi du 8 cour/.	14175	»	6	3

de Paris. — Avoir.

1858.			Fr.	C.	J.	G.
Février.	6	Par Caisse, sa remise en espèces.	3750	»	9	1
Id.	29	» Compte Nouveau, solde à nouveau.	20000	»	2	9

de Marseille. — Avoir.

1858.			Fr.	C.	J.	G.
Février.	1	Par Marchandises Générales, sa facture.	3000	»	8	3
Id.	20	» Marchand. de Champsaur, 6 barriques eau de fleur d'oranger.	1080	»	12	13
			4980	»		
Mars.	1	Par Compte Ancien, solde ancien	1850	40	2	9

Doit. — Béranger, de

			Fr.	C.	J.	G.
1858.						
Février.	20	A Compte Nouveau, soldé à nouveau.	4528	»	2	10

Doit. — Varage, de

			Fr.	C.	J.	G.
1858.						
Février.	5	A Caisse, à lui payé.	6270	»	6	1
id.	8	» Effets à payer, n. 5, mon billet à son ordre.	2000			
id.	17	» Caisse, payé pour solde.	1140	»	12	1
			9410			

Doit. — Maison, rue

			Fr.	C.	J.	G.
1858.						
Janvier.	21	A Divers, pour achat de ladite.	60000	»	6	»
Mars.	1	À Compte Ancien, solde ancien.	6000	»	2	10

Grasse (Var). — Avoir.

			Fr.	C.	J.	G.
1858.						
Février.	2	Par Marchandises Générales, sa facture.	4528	»	8	3
Mars.	1	Par Compte Ancien, solde ancien.	4528	»	2	10

Grasse (Var). — Avoir.

			Fr.	C.	J.	G.
1858.						
Février.	1	Par Marchandises Générales, sa facture.	6270	»	8	3
id.	8	» Marchandises Générales, sa facture.	3140	»	9	3
			9410			

Vaugirard, n° 16. — Avoir.

			Fr.	C.	J.	G.
1858.						
Février.	29	Par Compte Nouveau, soldé à nouveau.	60000	»	2	10

Doit. · *Pagano, de*

1858.			Fr.	C.	J.	G.
Février.	14	A Divers, mon envoi de 10 barriques, sucre	6244	86	11	»

Doit. · *Sicard, de*

1858.			Fr.	C.	J.	G.
Février.	3	A Marchandises Générales, ma facture	6000	»	8	3

Doit. · *Marchandises de Champsaur,*

1858.			Fr.	C.	J.	G.
Février.	27	A Divers, 6 barr. eau-de-fleurs d'oranger, port et autres frais.	2070	»	12	»
id.	25	» Profits et Pertes, ma commission sur fr. 1980	39	60	14	5
			2109	60		

Gênes. **Avoir.**

1858.			Fr.	C.	J.	G.
Février.	16	Par Effets à recevoir, sa traite sur Romagnac.	6244	86	12	4

Paris. **Avoir.**

1858.			Fr.	C.	J.	G.
Février.	6	Par Caisse, sa remise en espèces.	6000	»	9	1

à Marseille. **Avoir.**

1858.			Fr.	C.	J.	G.
Février.	20	Par Divers, 6 barriques eau de fleurs d'oranger. . . .	1980	»	14	»
id.	id.	» Champsaur, solde.	129	60	15	9
			2109	60		

Doit.   *Marchandises*

			Fr.	C.	J.	G.
1858.						
Février.	27	A Caisse, prix de mes marchandises pour mon compte. . . .	8600	»	15	4
Mars.	1	Par Compte Ancien, marchandises invendues.	8000	»	2	12

Doit.   *Actions de Mines*

			Fr.	C.	J.	G.
1858.						
Janvier.	28	A Caisse, achat de 10 actions.	9500	»	7	1
Février.	29	» Profits et Pertes, mes bénéfices..	500			
			10000			

Doit.   *Gauthier, de*

			Fr.	C.	J.	G.
1858.						
Février.	10	A Divers, mon envoi de 25 caisses savon.	3320	87	10	»

Doit.   *Assurances*

			Fr.	C.	J.	G.
1858.						
Février.	16	A Pagano, reçu le montant de l'assurance d'entrée à Gênes. .	65	»	12	11

de notre compte chez Blanchet.   **Avoir.**

			Fr.	C.	J.	G.
1858.						
Février.	29	Par Compte Nouveau, Marchandises invendues.	8000	»	3	12

de Montrambert.   **Avoir.**

			Fr.	C.	J.	G.
1855.						
Janvier.	30	Par Caisse, reçu contre mes 10 actions.	10000	»	7	1

Marseille.   **Avoir.**

			Fr.	C.	J.	G.
1858.						
Février.	11	Par Effets à Recevoir, mon mandat n. 105.	3220	87	10	4

Générales.   **Avoir.**

			Fr.	C.	J.	G.
1858.						
Février.	11	Par Pagano, assurance d'entrée à Gênes, sur fr. 6200. . .	65	»	11	12

RÉPERTOIRE DU GRAND-LIVRE.

		Folios.				Folios.
	A				**L**	
	Actions des Mines de				Loyer par avance.	2
	Montrambert.	13			Loyer à Payer.	13
MARSEILLE...	Ardisson.	8	PARIS....		Lombard.	9
	Assurances.	13			**M**	
	B				Mobilier.	2
LYON......	Blanchet.	8			Marchandises génér^{les}	3
GRASSE (Var).	Béranger.	10			March^{ses} en particip^{ion}	12
	C				March^{ses} de Champsaur	11
	Caisse.	1			March^{ses} de n/ c/ chez	
	Capital.	2			Blanchet.	12
MARSEILLE...	Champsaur.	10	PARIS......		Maire.	7
	D				Maison, r. Vaugirard (16)	14
	Dépenses domest^{ques}	5			**P**	
COMPTE DE..	Divers.	6			Profits et Pertes.	5
	E		LYON......		Plenet.	9
	Escomptes et Rabais.	6	GÊNES.....		Pagano.	11
	Effets à Payer.	4			**R**	
	Effets à Recevoir.	4	PARIS......		Romagnac.	8
	F		BORDEAUX...		Rey.	7
	Frais Généraux.	5	PARIS......		Roger.	7
	G				**S**	
MARSEILLE...	Gauthier.	13	PARIS......		Sicard.	11
			GRASSE (Var).		Varage.	10

Modèle de l'Inventaire sous seing privé voulu par la Loi. (Code de Commerce, art. 9.)

Inventaire de tout ce qui compose mon Actif et mon Passif au 28 Février 1858.

ACTIF.

ARGENT.

Espèces en caisse. . . . . Fr. 74787,07

LOYER PAYÉ PAR AVANCE.

6 mois payés au propriétaire. 1800

MOBILIER.

Mobilier de bureau et magasin. 1600

MARCHANDISES GÉNÉRALES.

20 barriques, huile d'olive surfine, ens*p*
4000 kil , à fr. 2, ens*p*. 8000

EFFETS EN PORTEFEUILLE.

N° 107, sur Paris, fin février, f. 6244,86 ⎫
» 112, sur Paris, 20 mars. .   1000 ⎭ 7244,86

DÉBITEURS.

Maire, à Paris, solde de son compte. . 1350
Roger,   id.   id.   id. 2000
Romagnac, id.   id.   id. 6000
Blanchet, à Lyon, id.   id. 1968,75
Lombard, à Paris, id.   id. 20000
Gauthier,   id.   id. 3320,87

IMMEUBLES.

Maison, rue Vaugirard, (n° 16). . . . 60000

COMPTES DE MARCHANDISES.

Marchandises de Champsaur. 1980
Marchandises de m*p* c*p* chez Blanchet. . . 8000

Total de l'Actif. . Fr. 198051,55

PASSIF.

BILLETS ET TRAITES ACCEPTÉES EN CIRCULATION.

N° 2 traite de Blanchet, 15 mars. . . . fr.	12000	
» 4 m₎ billet ord₎ Lombard.	20000	
» 5 m₎ billet ord₎ Varage, 10 mars. .	2000	50000
» 6 m₎ billet ord₎ Ardisson, 31 mars. .	6000	
» 7 m₎ billet ord₎ Roger, 15 mars. . .	2000	
» 8 m₎ billet ord₎ Gauthier, 10 avril. .	8000	

CRÉANCIERS.

Champsaur, de Marseille, solde de son compte, f.   1850,40

Béranger, de Grasse (Var), solde de son compte.   4528

Actions des Mines de Montrambert.   500

Assurances générales.   65

Total du Passif. . . . . F.   56943,40

Différence représentant m₎ capital. . .   141108,15

Somme égale au total de l'Actif. . .   198051,55

Certifié le présent inventaire conforme à nos livres.

A Paris, le 1er mars 1858.

LATOUR.

Manière d'ouvrir les Livres d'une Maison qui a déjà fait des affaires ou qui prend la suite des affaires d'une autre à laquelle elle succède.

Pour ouvrir les Livres d'une Maison qui a déjà fait des affaires ou qui prend la suite des affaires d'une autre, il faut dresser un inventaire général de l'actif et du passif, c'est-à-dire avoir une note exacte de l'argent en caisse, des marchandises en magasin, des effets en portefeuille, etc., et en passer écritures en débitant Capital du Passif, et le créditant de l'Actif.

Ainsi, si une maison nous présentait l'inventaire que nous avons dressé, en nous chargeant d'ouvrir les Livres, nous ferions les deux articles suivants :

1er Mars 1858.

Divers. . . . . à . . . . Capital. F.		198051,55
Caisse, espèces en caisse. . . . . F.		74787,07
Mobilier, un mobilier de bureau et magasin. . . .		1600
Loyer payé par avance, payé 6 mois au propriétaire. .		1800
Marchandises Générales, 20 barriques, huile d'olive ens^t.		8000
Effets à recevoir, valeurs en portefeuille :		
N° 107, sur Paris, fin février. . . F. 6244,86		7244, 86
N° 112, sur Paris, 31 mars. . . . 1000		
Romagnac, à Paris, solde de son compte.		6000
Blanchet, de Lyon, solde dudit compte.		1968,75
Maire, à Paris, solde dudit compte. . . . , . .		1350
Roger, à Paris, solde dudit compte.		2000
Lombard, à Paris, solde dudit compte.		20000
Marchandises de Champsaur, solde dudit compte. . .		1980
Marchandises de n_t c_t chez Blanchet, solde dudit c^{te}. .		8000
Gauthier, à Marseille, solde dudit compte.		3320,87
Maison, rue Vaugirard (n° 16), solde dudit compte. . .		60000

21

1er Mars 1858.

CAPITAL. . . . . . . à . . . . DIVERS. F. 56943,40

A EFFETS à payer :

Nos 2 traite de Blanchet, 15 mars. . . . F. 12000	
» 4 m/ billet ordre Lombard. 20000	
» 5 m/ billet ordre Varage, 10 mars. . . 2000	
» 6 m/ billet ordre Ardisson, 31 mars. . 6000	50000
» 7 m/ billet ordre Roger, 15 mars. . . 2000	
» 8 m/ billet ordre Gauthier, 10 avril. . 8000	

A CHAMPSAUR, à Marseille, solde de son compte. 1850,40
» BÉRANGER, à Grasse, solde de son compte. 4528
ACTIONS des Mines de Montrambert, solde dudit compte. . 500
ASSURANCES Générales, solde dudit compte. 65

Quelques mots sur la Partie simple.

Conformément à la promesse que nous avons faite à nos lecteurs, nous allons leur donner en quelques mots la clef de la tenue des livres en partie simple. Notre tâche sera d'autant plus facile à remplir, que l'étude que nous venons de faire de la partie double, nous donnera sans peine la connaissance de la vieille méthode.

La tenue des livres en partie simple consiste en de simples notes, destinées à suppléer au défaut de la mémoire ; elle se borne à faire connaître au négociant ce qu'il doit à chacun, et ce que chacun lui doit. Il n'est besoin d'aucune étude préparatoire pour tenir ces sortes d'écritures ; il suffit d'exposer les faits dans toute leur simplicité, dans les livres qui les concernent.

Pour ces écritures, on fait usage de trois livres principaux connus dans la partie double : BROUILLARD, JOURNAL et GRAND-LIVRE ; mais aucun livre, dans cette méthode, ne remplit, à lui seul, les conditions de la loi.

Du BROUILLARD. — Le Brouillard sert de base au Journal : on y inscrit, jour par jour, à mesure qu'elles ont lieu, toutes les opérations du commerce. Il est le même que celui de la partie double.

Du Journal. — Le Journal n'est que la copie au net du Brouillard ; on n'inscrit sur ce livre que le résultat des opérations qui constituent le commerçant débiteur ou créancier de tel ou tel individu. Tout le classement des écritures consiste à les disposer de manière à pouvoir les relever dans un compte ouvert à chaque individu par *Doit* et *Avoir*. Ni les achats, ni les ventes au comptant, ni les dépenses en tous genres, ni les négociations, ni les profits, ni les pertes, ne figurent au Journal.

On commence les Articles par cette formule, écrite en gros caractères :

DOIT TEL. . . . .

AVOIR TEL. . . . . . .

A la suite, on écrit en caractères ordinaires, fr. . . . . . . pour. . . . . (détail de l'opération), et, à l'extrémité de la ligne, on sort dans une colonne à ce destinée, la somme qu'on a énoncée en commençant l'article.

Chacun de ces articles doit être séparé et porter en tête sa date.

(Voir le modèle.)

Les articles qui ne relatent pas des affaires à terme sont inscrits dans les livres auxiliaires. On note les ventes et les achats au comptant dans le Livre de Caisse. Si l'on fait une vente contre un billet, on se borne à noter ce billet au Livre d'Effets à recevoir ; si l'on fait des échanges de marchandises, on en prend note seulement au Livre de Magasin.

Du Grand-Livre. — Le Grand-Livre est le livre des comptes courants ; on y ouvre un compte à chaque personne avec laquelle on fait des affaires à terme.

Au débit, on porte toutes les ventes à terme qu'on lui fait ; au crédit, tous les paiements qu'il fait.

Dans ce livre, chaque article doit tenir sur une seule ligne qui renferme la date, l'exposé de l'opération en termes clairs et concis, la somme, et la page du Journal où l'affaire est détaillée.

Les comptes du Grand-Livre sont tous entièrement extraits du Journal. Porter les écritures du Journal au Grand-Livre, s'appelle : rapporter au Grand-Livre.

Ce livre est toujours accompagné d'un Répertoire, tableau alphabétique des personnes avec lesquelles on fait des affaires, indiquant le folio du Grand-Livre où leur compte est inscrit.

Quand on veut transporter au Grand-Livre, on cherche successivement dans le Répertoire le folio de chaque compte ; on écrit ce folio au Journal, en marge et sur la même ligne que le nom de ce compte.

Puis, prenant chaque article en particulier, on cherche, à l'aide du folio qu'on a placé en marge, le compte du Grand-Livre qui le concerne. Ce compte trouvé, on place la date de l'affaire dans deux colonnes à ce destinées ; dans l'une l'année et le mois, dans l'autre le jour ; on écrit à la suite, d'une manière précise, l'énoncé de cette affaire ; puis, dans la colonne qui suit, le folio du Journal qui renferme l'article, et, dans les deux dernières colonnes, les francs et les centimes qui composent la somme. Cela fait, on tire une ligne, et l'on fait un point très apparent au Journal, à côté du folio du compte, pour indiquer que l'article est porté au Grand-Livre.

Indépendamment de ces trois livres principaux, on fait usage de livres auxiliaires. Ils sont tenus dans la partie simple comme dans la partie double, dont ils remplacent, pour ainsi dire, les *Comptes de Commerce*. Le *Livre de Marchandises* y supplée au compte de *Marchandises Générales* ; le *Livre de Caisse* au compte de *Caisse* ; l'*Enregistrement des Effets à Recevoir*, à leur compte ; et le *Livre des Effets à Payer*, au compte desdits Effets. Au moyen du Grand-Livre et des *livres auxiliaires*, le commerçant qui tient ses écritures en partie simple peut établir l'inventaire de ses valeurs actives et passives, et connaître l'ensemble de sa situation ; mais, comme nous l'avons dit, il ne peut ni contrôler ses écritures, ni se procurer sur ses diverses opérations des renseignements exacts et détaillés.

En résumé, si nous retranchons de la partie double les comptes de Caisse, de Capital, de Mobilier, de Loyer payé par avance, de Marchandises Générales, de Marchandises chez un Tel, d'Escomptes et Rabais, d'Effets à Payer, d'Effets à Recevoir, de Profits et Pertes, de Frais Généraux, de Dépenses Domestiques, de Loyer à Payer, de Marchandise d'un Tel, pour ne tenir que des comptes pour les personnes avec lesquelles nous faisons des affaires à crédit, nous ferons de la partie simple.

Journal en Partie simple.

	7 Janvier 1858.		F. C.
AVOIR, Rey, de Bordeaux, ...			1200 »
	Pour achat à lui fait de 6 tonneaux, vin de Bordeaux, ens.t 1200 litres, à fr. 1 le litre		
	8 Idem.		
AVOIR, Gauthier, de Marseille, ...			2100 »
	Pour achat à lui fait de 600 kil. Café Bourbon, à fr. 3 50 l'un.		
	10 Idem.		
DOIT, Maire, à Paris, ...			1350 »
	Pour vente à lui faite de 6 tonneaux, vin de Bordeaux, à fr. 225 l'un,		

Et ainsi des autres articles.

MODÈLE DU GRAND-LIVRE

EN PARTIE SIMPLE.

—◆—

		Rey, à Bordeaux.		
Doit.				**Avoir.**
Fol. 1		Fr. C.		Fol. 1
1858.			1858	
			Janv. 7 Acheté 6 tx vⁱ de Bordeaux. 1 1200	

		Gauthier, à Marseille.		
Doit.				**Avoir.**
Fol. 2				Fol. 2
1858.			1858.	
			Janv. 8 Acheté 600 kil. café . . . 2 2100	

		Maire, à Paris.		
Doit.				**Avoir.**
Fol. 3				Fol. 3
1858.			1858.	
Janv. 10 Vendu 6 tx vⁱ de Bordeaux. 3 1350				

Le débit et le crédit du Grand-Livre, en partie simple, peuvent sans inconvénient se trouver sur la même page. Nous répéterons en terminant, que ce Grand-Livre ne renferme que des comptes ouverts aux personnes avec lesquelles on fait des affaires à crédit. Conséquemment, on n'y porte que les articles du Journal commençant par *Doit* et *Avoir*.

Observations importantes sur le Libellé des Comptes du Grand-Livre en partie double.

Nous engageons nos lecteurs à ne pas oublier que chaque compte général a sa spécialité, et que, dans le libellé du Grand-Livre, nous devons toujours exprimer en peu de mots la cause du débit ou du crédit de chaque compte.

Au débit du compte de Caisse, le libellé doit presque toujours commencer par ces mots : *reçu*, ou *vente au comptant*. Au crédit, ce sera souvent les mots : *payé* ou *compté*, ou *achat au comptant*, etc. Ce libellé, au débit ou au crédit, ne devra jamais tenir plus d'une ligne.

Le libellé des comptes personnels est beaucoup plus varié que celui des comptes généraux ; nous devons indiquer l'opération en peu de mots, et si nous sommes en compte d'intérêt avec la personne, nous devons marquer l'échéance de la somme, ou époque d'où partent les intérêts.

Les formules les plus généralement employées pour le libellé des opérations sont :

1o Pour une vente à terme, à une personne que nous désignerons ici par A, nous écrirons : *m/ facture au 20 mars*, par exemple, si elle est payable à cette époque.

2o Pour une vente qu'elle nous fait, payable fin février, nous écrirons : *s/ facture fin février*.

3o Pour un billet que nous lui souscrirons au 10 mars : *m/ billet au 10 mars*.

4º Pour un billet qu'elle souscrira à n/ ordre, au 25 mai : *s/ billet au 25 mai.*

5º Pour une traite que nous fournissons sur elle, au 10 mars : *m/ traite au 10 mars.*

6º Pour une traite qu'elle fournit sur nous, au 15 mai : *s/ traite au 15 mai.*

7º Pour une remise que nous lui faisons d'un ou de plusieurs effets que nous passons à son ordre (traites ou billets), payables le 5 juin, mais par d'autres que par nous : *ma remise* ou *mes remises au 5 juin.*

8º Pour une remise qu'elle nous fait d'un ou de plusieurs effets qu'elle passe à notre ordre (traites ou billets), payables fin mai, par d'autres que par elle : *sa* ou *ses remises fin mai.*

Des Contre-Passes ou Contre-Parties.

Nous avons dit qu'on entend par Contre-Passes ou Contre-Parties, les articles que nous faisons pour redresser les erreurs commises au Journal ou au Grand-Livre.

Tout l'art des contre-passes est fondé sur le principe suivant :

Une somme portée au crédit d'un compte annule pareille somme du débit et réciproquement.

1er Exemple :

Supposons que le 10 janvier, le nommé MARTIN nous ait vendu au comptant 1000 kil. café, à fr. 2, et que l'article ait été passé au Journal de la manière suivante :

10 Janvier.

CAISSE. . . . . à . . . . MARTIN. F. 2000
Acheté dudit 1000 kil. café, etc.

L'article ayant été passé au Grand-Livre, si nous nous

apercevons de l'erreur le 31 janvier par exemple, nous faisons sur-le-champ au Journal la contre-passe suivante :

====== 31 Janvier. ======

MARCHANDISES GÉNÉRALES. . . . à . . . . . CAISSE. F. 2000.

Contre-passe d'un article du 10 janvier :

Acheté de Martin, 1000 kil. café, etc.

Nous passons cet article au Grand-Livre, et nous mettons à l'article du 10 janvier cette note : contre-passé le 31 janvier.

Cette contre-passe annule le débit de CAISSE, et MARCHANDISES GÉNÉRALES, véritable compte débiteur, se trouve débité.

2me EXEMPLE :

Supposons que le 15 janvier, nous ayons vendu au nommé Martin 4000 kil. sucre, à fr. 1,50 le kil., et que l'opération ait été passée au Journal comme ci-dessous, puis reportée au Grand-Livre.

====== 15 Janvier. ======

MARCHANDISES GÉNÉRALES. . . à . . . . . MARTIN. F. 6000.

Vendu audit 4000 kil. sucre.

Nous nous sommes aperçus de l'erreur le 6 février ; il nous faut ici une double contre-passe.

====== 6 Février. ======

MARTIN. . . . . à . . . . MARCHANDISES GÉNÉRALES. F. 6000

Contre-passe d'un article du 15 janvier.

====== 6 Février. ======

MARTIN. . . . . à . . . . MARCHANDISES GÉNÉRALES. F. 6000

Vendu audit le 15 janvier, 4000 kil. sucre.

Par la première contre-passe, nous avons annulé l'article faux ; la seconde est l'article convenablement passé.

Lorsque nous nous apercevons de l'erreur avant d'avoir passé au Grand-Livre, nous pouvons faire la rectification au Journal, comme suit :

MARCH^{ses} GÉN^{les} à MARTIN, *je dis* MARTIN à MARCH^{ses} GÉN^{les}.

Si l'erreur n'est que dans les chiffres, nous faisons un second article. Si la somme était trop faible, nous débitons le débiteur et nous créditons le créditeur du surplus ; si elle était trop forte, nous faisons l'inverse.

Quand l'erreur existe au Grand-Livre seulement et non au Journal, on peut gratter la somme fausse et écrire la véritable.

Si cette erreur du Grand-Livre consiste dans un débit pour un crédit, ou dans un compte pris pour un autre, il suffit de gratter la somme et d'écrire à côté le mot *nul* ; on porte ensuite le débit ou le crédit à sa véritable place.

Modèle d'un Compte de Retour.

Compte de retour et frais à un effet protesté faute de paiement, de huit mille francs, traite Bellissen, de Rouen, sur Dumont de Paris, payable le 15 mars 1858, et à l'ordre de Monnereau, endossé à moi Charles Latour.

Capital . . . . Fr.	8000
Protêt	12,50
Commission 1/2 p. 0/0.	40,12
Timbre à la retraite et au présent. . .	4
Courtage et certificat, 1/4 p. 0/0. . .	20,06
Port de lettres.	» »
	8076,68
Perte à la retraite, 1 p. 0/0.	81,57
	8158,25

NOTA. — Nous avons calculé la perte à la retraite en prenant le 1 p. 0/0 de fr. 8076,68, ce qui donne. . . . . Fr. 80,7668

Ensuite encore, le 1 p. 0/0 de ces 80,7668. . . 0,807668

Total . . . Fr. 81,574468.

La retraite de 8158,25 perdant 1 p 0/0 ou 81,57,
nous recevons 8076,68, montant juste de n/ compte de retour.

AVIS AUX LECTEURS.

Bien que nos opérations commerciales s'étendent jusqu'au
mois de juin exclusivement, et qu'elles embrassent à la fois le
commerce, la banque, l'industrie, l'armement des navires,
etc., nous avons dû nous borner, pour éviter les longueurs et
les répétitions, à faire les balances des deux premiers mois de
l'année (janvier et février). Conséquemment, les opérations
de mars, avril et mai, ne figurent ni dans notre Balance générale ni dans notre Grand-Livre. Nos lecteurs achèveront sans
peine ce travail que nous n'aurions pu terminer nous-mêmes
qu'en nous répétant.

MEMENTO

DU

JEUNE COMMERÇANT.

RECUEIL DE FORMULES GÉNÉRALES

POUR CALCULER RAPIDEMENT :

1° Les *Intérêts* d'une somme quelconque, à un taux et pour un temps quelconque; 2° l'*Escompte*; 3° le *Bordereau d'Escompte*, le tout accompagné du tableau général des AGIOS, de la valeur des principales monnaies étrangères, et de quelques explications sur les *Rentes*, les *Règles de Change*, *Conjointe*, *d'Échéance* Commune, du *Temps* pour les paiements d'*Intérêts Cumulés*, d'*Avarie*, de *Grosse Aventure*, de *Commission*, de *Courtage*, de *Profits et Pertes*, de *Troc*, *Voiture*, de *Tare* et de *Société*.

Par J.-F. HUGUES,

CHEF D'INSTITUTION, ANCIEN FONCTIONNAIRE DU LYCÉE DE MARSEILLE, EXPERT EN MATIÈRES DE COMMERCE.

RÈGLE D'INTÉRÊT.

Elle a pour but de calculer le bénéfice dû pour une somme d'argent prêtée à certaines conditions déterminées.

On appelle CAPITAL la somme que l'on prête, et INTÉRÊT celle que l'on se fait payer par l'emprunteur lors de son remboursement.

Le TAUX DE L'INTÉRÊT est la somme que rapporterait un capital de 100 francs prêté pendant un an. Le taux légal est 5 pour 100.

Le TEMPS indique les années, les mois ou les jours pendant lesquels le capital reste entre les mains de l'emprunteur.

L'année commerciale est de 360 jours ; le mois, de 30 jours. (Loi du 18 frimaire an III.)

L'INTÉRÊT est simple ou composé. Il est simple, lorsqu'il se règle à la fin de chaque année sans se joindre au capital ; il est composé, lorsqu'il s'ajoute chaque année au capital pour porter intérêt l'année suivante.

Dans les règles d'intérêt on peut se proposer de calculer : 1o l'INTÉRÊT ; 2° le CAPITAL ; 3o le TAUX ; 4o le TEMPS.

Pour trouver l'intérêt d'une somme pendant l'unité de temps, c'est-à-dire pendant un an, il faut la multiplier par le taux et diviser le produit par 100, c'est-à-dire, séparer à droite du produit deux chiffres décimaux au moyen d'une virgule.

EXEMPLE.

On demande le revenu annuel d'un particulier qui a placé 25000 francs au 5 pour 0/0.

Réponse. L'intérêt égale 25000 fr. multiplié par 5 ou soit 125000 fr. divisés par 100, égale 1250 fr.

Pour le 5 pour 0/0 seulement, si le temps est égal à l'unité, il suffit de séparer un chiffre décimal à la droite du capital et prendre la moitié du résultat.

Pour trouver le capital, il faut diviser l'intérêt par le taux et multiplier le quotient par 100; ou, ce qui revient au même, multiplier l'intérêt par 100 et diviser le produit par le taux.

EXEMPLE.

J'ai placé au 4 pour 0/0 une somme dont je retire 1200 fr. par an d'intérêt. Quelle est cette somme?

Réponse. Le capital égale 1200 fr. multipliés par 100 ou soit 120000 fr. divisés par 4 égale 30000 fr.

Si c'est le taux que l'on cherche, on divise le produit de l'intérêt multiplié par 100 par le capital.

EXEMPLE.

J'ai reçu à la fin de l'an, 1750 fr. d'intérêt d'un capital de 35000 fr., à combien pour 0/0 ce capital a-t-il été placé?

Réponse. Le taux égale 1750 fr. multipliés par 100 ou soit 175000 fr. divisés par 35000 égale 5.

Si c'est le temps que l'on cherche, c'est-à-dire le nombre d'années que l'argent est resté entre les mains de l'emprunteur, on divise le produit de l'intérêt multiplié par 100, par le produit du capital multiplié par le taux. S'il y a un reste dans la division, on multiplie le reste par 12 pour avoir des mois au quotient, puis par 30 pour avoir des jours.

EXEMPLE.

Un jeune homme devant partir pour l'armée a placé 12500 francs au 5 pour 0/0 ; à son retour, il a reçu pour les intérêts échus de plusieurs années 2400 fr. ; dites combien de temps il est resté sous les drapeaux.

Réponse. Le temps égale 2400 fr. multipliés par 100, ou

soit 240000 fr. divisés par 12500 fr. multipliés par 5, c'est-à-dire 62500 fr., égale 4 ans.

Dans les exemples qui précèdent nous avons supposé le temps égal à l'unité. S'il était multiple de l'unité il faudrait :

1o Pour trouver l'intérêt, multiplier le capital par le taux et par le temps et diviser le dernier produit par 100 ;

2o Pour trouver le capital, multiplier l'intérêt par 100 et diviser ce produit par le taux multiplié par le temps ;

3o Pour trouver le taux, multiplier l'intérêt par 100 et diviser le produit par le capital multiplié par le temps ;

4o On sait déjà que le temps s'obtient en divisant l'intérêt multiplié par 100 par le produit du capital multiplié par le taux.

EXEMPLES.

On demande le revenu de 4 ans d'un particulier qui a placé 25000 fr. au 5 pour 0/0.

Réponse. D'après ce que nous venons de dire ci-dessus, cet intérêt ou le revenu égale :

(Formule n° 1.)

$$\frac{25000 \text{ fr.} \times 5 \times 4}{100} = 5000 \text{ fr.}$$

J'ai placé au 4 pour 0/0 une somme dont je retire 7200 fr. tous les ans. Quelle est cette somme ?

(Formule n° 2.)

$$\text{Capital} = \frac{7200 \times 100}{4 \times 6} = 30000 \text{ fr.}$$

J'ai reçu dans l'espace de 3 ans 5250 fr. d'intérêt d'un capital de 25000 fr., à combien 0/0 ce capital a-t-il été placé ?

(Formule n° 3.)

$$\text{Taux} = \frac{5250 \text{ fr.} \times 100}{35000 \text{ fr.} \times 3} = 5.$$

Un élève, avant d'entrer au collége, place un capital de 3600 fr., à 5 p. 0/0, chez un banquier ; à la fin de ses études il retire 1080 fr. d'intérêt. Combien de temps est-il resté au collége ?

(Formule n° 4.)

Réponse. Temps $= \dfrac{1080 \times 100}{3600 \times 5} = 6$ ans.

Si le temps est égal à une fraction d'année soit de mois, soit de jours, on considère les mois comme des douzièmes d'année, et les jours comme des trois cent soixantièmes, et l'on opère comme dans les exemples précédents.

EXEMPLES.

1o J'ai prêté 21680 fr. à 5 p. 0/0 ; combien dois-je recevoir au bout de 9 mois ?

Réponse. Neuf mois étant égaux à 9/12 d'année, nous remplacerons dans la formule n° 1 les années par 9/12, et nous aurons en opérant comme précédemment :

Intérêt $= \dfrac{21680 \text{ fr.} \times 5 \times 9/12}{100} = 813$ fr.

2o Un jeune homme désirant se faire une rente, qui lui permette de disposer de 1200 fr. tous les 4 mois, demande quel capital il doit placer à 5 p. 0/0.

Réponse. Capital $= \dfrac{1200 \text{ fr.} \times 100}{5 \times 4/12} = 72000$.

3o Un officier a placé 25000 fr., au bout de 10 mois il a reçu 1250 fr. d'intérêt, à quel taux avait-il placé son argent ?

Réponse. Taux $= \dfrac{1250 \text{ fr.} \times 100}{25000 \times 10/12} = 6$.

4o Un jeune homme, devant partir pour l'armée, a placé à intérêt 14500 fr. au 4 p. 0/0, à son retour il a reçu pour les intérêts échus de plusieurs années 3795 fr. ; dites combien de temps il est resté sous les drapeaux ?

Réponse. Temps $= \dfrac{3795 \times 100}{14500 \times 4} = 6$ ans, 6 mois, 15 jours.

Afin de généraliser davantage les règles et les formules que nous venons de donner et les rendre plus facile à retenir, nous allons les traduire en langue algébrique, c'est-à-dire représenter par des lettres l'intérêt, le capital, le taux et le temps.

Soit C le capital, I l'intérêt, A le taux et T le temps. Si l'on se rappelle qu'en algèbre toute lettre suivie d'une autre doit être multipliée par cette autre, ainsi que l'expression CA indique que la quantité réprésentée par C doit être multipliée par la quantité représentée par A, que l'expression CAT indique que le produit de C par A doit être multiplié par la quantité représentée par T ; si l'on se rappelle encore que toute quantité placée sur une autre sous forme de fraction doit être divisée par cette autre, nous pourrons admettre les formules suivantes que la mémoire retiendra facilement.

1° Pour l'intérêt : $I = \dfrac{CAT}{100}$

2° Pour le capital : $C = \dfrac{100\,I}{AT}$

3° Pour le taux : $A = \dfrac{100\,I}{CT}$

4° Pour le temps : $T = \dfrac{100\,I}{AC}$

La première nous rappellera que, pour trouver l'intérêt d'un capital quelconque à un taux et pour un temps quelconque, il faut multiplier le capital par le taux et par le temps et diviser le dernier produit par 100.

La seconde que, pour trouver le capital, il faut multiplier l'intérêt par 100 et diviser ce produit par le taux multiplié par le temps.

La troisième, que, pour calculer le taux, il faut diviser le produit de l'intérêt multiplié par 100 par le produit du capital multiplié par le temps.

La quatrième, que le temps égale le produit de l'intérêt multiplié par 100 divisé par le capital multiplié par le taux.

Les calculs indiqués par les formules sont susceptibles d'être abrégés, c'est ce qu'on fait généralement dans le commerce et dans la banque.

Il existe plusieurs méthodes d'abréviations et de simplifications ; nous allons les passer rapidement en revue en indiquant celles qui nous paraissent les plus sûres et les plus promptes. Prenons un exemple :

Une personne a négocié un billet de 4600 francs payables à 45 jours de date, au taux de 5 p. 0/0 l'an. Quel est l'intérêt qui doit être compté ?

D'après la formule n° 1, il faudrait, pour touver l'intérêt cherché, multiplier 4600 fr. par 5, ce produit par $\dfrac{45}{360}$ et diviser le dernier produit par 100. Mais remarquons que l'expression

$$\frac{4600 \times 5 \times 45/360}{100} \qquad \frac{4600 \times 5 \times 45}{36000}$$

$= (4600 \times 5 \times 45)$ divisé par 6 divisé par 6, divisé par mille, d'où l'on voit qu'il suffit de multiplier le capital par le taux et par le nombre de jours, de prendre le 1/6 du dernier produit et ensuite le 1/6 du quotient, en ayant soin de séparer par une virgule 3 chiffres décimaux à la droite du résultat.

1re MÉTHODE DE SIMPLIFICATION.

(N° 1)	4600
	5
	23000
	45
	115000
	92000
	1035000
1/6	172500
1/6	28,750

2e MÉTHODE DE SIMPLIFICATION.

(No 2)	4600
	45
	23000
	18400
	207000
1/6	34500
1/6	5750
	5 p. 0/0
	28, 750

3e MÉTHODE DE SIMPLIFICATION.

(Par Agio.)

(No 3.)	4600	
	45	
	23000	
	18400	
	207000	(72
	630	(28, 75
	540	
	360	
	00	

4e MÉTHODE DE SIMPLIFICATION.

(Nᵒ 4)

$$4600$$
$$7,5$$
$$\overline{23000}$$
$$32200$$
$$\overline{34,5000} \quad \text{Résultat du 6 p. 0/0.}$$

Pour le 5 p. 0/0
ôtez le 1/6.
$$5,75$$
$$\overline{28,75}$$

Si le taux était au 7 p. 0/0, il faudrait ajouter le 1/6 au résultat du 6 p. 0/0.

Un voyageur a négocié un billet de 2400 fr., à 72 jours au 7 p. 0/0.

$$2400$$
$$12$$
$$\overline{28,800} \quad \text{Résultat du 6 p. 0/0.}$$

Pour le 7 p. 0/0
Ajoutez le 1/6.
$$4,800$$
$$\overline{33,600} \quad \text{Résultat du 7 p. 0/0.}$$

Cette manière d'opérer est la plus sûre et la plus prompte, sans fraction, surtout au 6 0/0 comme dans les comptes courants.

Voici la marche de cette méthode :

Quel est l'intérêt de 3250 fr. pendant 7 mois ou 210 jours au taux de 6 pour 0/0 par an ?

Réponse. F. 113,75.

$$3250 \qquad\qquad 3250$$
$$35 \qquad\qquad 210$$
$$\overline{16250} \qquad\qquad \overline{32500}$$
$$9750 \qquad\qquad 6500$$
$$\overline{113,750} \qquad\qquad 682500 \quad\left\{ \begin{array}{l} 6 \\ \overline{113,750} \end{array}\right.$$
$$\qquad\qquad\qquad\quad 08$$
$$\qquad\qquad\qquad\quad 22$$
$$\qquad\qquad\qquad\quad 45$$
$$\qquad\qquad\qquad\quad 30$$
$$\qquad\qquad\qquad\quad 00$$

Il est facile de voir que toutes ces méthodes ne sont que des simplifications de la formule générale. En effet, la formule générale donnerait pour le dernier exemple :

$$\frac{3250 \times 6 \times \dfrac{210}{360}}{100}, \text{ expression qui est égale à celle-ci :}$$

$$\frac{3250 \times 6 \times 210}{36} \text{ laquelle est égale à } \frac{3250 \times 210}{6} \text{ qui}$$

égale $3250 \times \dfrac{210}{6}$, c'est-à-dire par 35.

Cette méthode consiste donc à supprimer le taux, à prendre le 6me sur les jours de date que court le billet et à multiplier par le 6me le montant du billet divisé par 1000. Si le 6me n'entre pas juste dans le nombre de jours de date que court le billet, ce restant, quel qu'il soit, est pris par fraction sur la somme du billet, comme on le voit par le premier exemple de la 4e méthode de simplification.

Pour opérer d'après la 1re méthode simplifiée, il faut multiplier le capital par le taux, puis par les jours de date que court le billet, prendre deux fois l'un sur l'autre le 6me du produit que l'on obtient et retrancher à droite du résultat trois chiffres décimaux au moyen d'une virgule. Cette marche est peut-être un peu longue, mais elle est plus sûre parce qu'elle ne varie jamais : aussi beaucoup de négociants la préfèrent à toutes les autres.

La méthode n° 2 est à peu près semblable à la première. Il suffira de voir l'exemple que nous en avons donné pour la comprendre.

La méthode n° 3 est d'un fréquent usage dans le commerce, mais elle présente quelque difficulté à cause des différents changements de l'agio et de certaines fractions qui entravent quelquefois la marche des personnes auxquelles elle n'est pas familière.

EXEMPLE.

Quel est l'intérêt d'un billet de 2500 fr. à 85 jours de date, au taux de 4 1/2 p. 0/0 l'an ?

Réponse. F. 26,56.

```
            2500
              85
         ─────────
           12500
           20000
         ─────────
         212,500 (      9        qui est le 4 p. 0/0.
              32 {  ─────────
              55 (     23611
              10        2951    pour le 1/2 le 1/8 sur le quotient.
              00     ─────────
                       26,562   qui vient de 4 entiers.
         212,500 (      8        d'après le diviseur de l'agio qui est 4 1/2.
              52 ( ─────────
              45       26,562
              50
              20
               4
```

Lorsque le taux est suivi d'une fraction, comme dans l'exemple ci-dessus, on opère comme si la fraction n'existait pas, puis on prend la fraction sur le quotient, d'après les parties aliquotes, qui est la marche la plus courte, sinon par la division de l'agio.

AUTRE EXEMPLE DE LA 3e MÉTHODE.

Calculer les intérêts de 8500 fr. pour 65 jours de date, au 3 3/4 p. 0/0 l'an.

```
            8500
              65
         ─────────
           42500
           51000
         ─────────
          552500 (     12        qui est le 3 p. 0/0.
              72 (  ─────────
             050       46041
              20        7673    1/6 sur le quotient qui vient de 3 entiers.
               8        3836    1/4 le 1/2 sur le 1/6.
                     ─────────
                       57,550
```

5e MÉTHODE DE SIMPLIFICATION.

J'ai prêté 12680 fr. à 4 3/4, combien dois-je recevoir au bout de 65 jours.

```
      12680
         65
    ───────
      63400
      76080
    ───────
     824200
           19/4 × 36 = 144
    ───────
    7417800
     824200  ⎧    144
    ───────  ⎨  ───────
   15659,800 ⎩   108,70
      1259
      1078
      7000
```

Cette cinquième méthode est d'un fréquent usage dans le commerce ; elle fait éviter l'agio, le faux produit et les dénominateurs du tableau de l'agio, en réduisant les fractions en décimales.

Dans cette méthode, qui peut servir de modèle à tous les taux qui ont des fractions, on multiplie le capital par le nombre de jours de date, on multiplie ensuite le produit par le taux et sa fraction réduite en une seule fraction, et l'on divise le résultat par le dénominateur du taux multiplié par 36. Le quotient de cette division donne l'intérêt cherché après en avoir séparé par une virgule 3 chiffres à sa droite.

Lorsque le taux est moindre que l'unité, on peut suivre les règles ci-dessous :

J'ai fait une affaire de 1200 au 5/6 p. 0/0.

```
      1200
       5/6  ⎧
    ───────  ⎨    6
      6000  ⎩  ───────
      0000     10,00
```

AUTRE MANIÈRE.

$$1200 \text{ au } 5/6 \text{ p. } 0/0.$$

$$
\begin{array}{rr}
1/6 & 200 \\
 & 5 \\
\hline
 & 10,00 \\
\end{array}
$$

MÊME EXEMPLE PAR LES PARTIES ALIQUOTES.

$$1200 \quad \text{au } 5/6 \text{ p. } 0/0.$$

$$
\begin{array}{rr}
3/6 & 600 \\
2/6 & 400 \\
\hline
 & 10,00 \\
\end{array}
$$

AUTRE MANIÈRE PAR DÉCIMALES.

$$
\text{Au } 5/6 \text{ p. } 0/0 \qquad
\begin{array}{r}
1200 \\
0,833 \\
\hline
9,996 \\
\end{array}
$$

RÈGLE D'ESCOMPTE.

La RÈGLE D'ESCOMPTE est une opération qui a pour but de déterminer la remise que fait un créancier sur une dette, un billet, une lettre de change avant son échéance, etc., ou une diminution qu'il accorde en faveur du paiement qu'on lui fait d'une somme avant l'échéance du terme. Cette retenue s'appelle escompte.

L'escompte se fait comme la règle d'intérêt à 3, 4, 5, 6 p. 0/0 par an comme par mois.

Il y a deux sortes d'escompte : l'ESCOMPTE dit EN DEHORS ou COMMERCIAL, et l'ESCOMPTE EN DEDANS OU RATIONNEL.

L'ESCOMPTE COMMERCIAL consiste à déterminer les intérêts que rapporterait une somme de l'époque du paiement à l'échéance du terme. Cet escompte n'est autre chose que la règle d'intérêt pure et simple. Il n'en diffère qu'en ce que l'intérêt s'ajoute au capital, tandis que l'escompte en est retranché.

LE TAUX COMMERCIAL de l'escompte est ordinairement 6 p. 0/0 par an, pour les comptes courants. Pour le calculer, on pourrait donc se servir des formules générales que nous avons données pour les règles d'intérêt. Quant à nous, nous suivrons la méthode employée par les banquiers et les commerçants, qui est la seule usitée en France et qui donne plus rapidement le résultat.

Les banquiers retiennent, outre l'escompte, un droit de commission qui varie suivant le temps, de 0,25 à 1 p. 0/0 ou p. 00/00 sur le montant du billet.

EXEMPLE DE L'ESCOMPTE EN DEHORS.

Un voyageur fait escompter chez un banquier un billet de 3000 fr. payable dans un an, quel est l'escompte de cette somme, et combien doit-il toucher pour ledit billet, à raison de 6 p. 0/0 ?

$$
\begin{array}{ll}
3000 & \qquad\qquad 3000 \\
\underline{6 \text{ p. } 0/0} & \text{ôtez} \quad \underline{180} \\
180,00 & \text{reste} \quad 2820
\end{array}
$$

AUTRE RÈGLE PLUS SIMPLE.

$$
\begin{array}{r}
3000 \\
\underline{94} \\
2820,00
\end{array}
$$

Après avoir calculé l'escompte de 3000, comme nous en aurions calculé l'intérêt, nous retranchons le résultat du montant du billet et nous avons pour reste la somme que le voyageur doit retirer.

L'autre règle, plus simple, donne directement la valeur actuelle du billet. Elle consiste à multiplier le montant du billet par 100 diminué du taux, et à séparer à la droite du produit deux chiffres décimaux.

L'escompte en dedans a pour but de déterminer la somme qui, placée à l'intérêt au moment du paiement, deviendrait, à l'échéance du terme, égale à la somme à escompter. La différence de cette somme à celle du billet est ce qu'on appelle l'escompte en dedans de cette somme.

Dans l'escompte en dedans, on retire moins que les intérêts simples de la somme portée sur le billet, mais assez cependant pour que les intérêts grossis de ceux qu'ils sont censés rapporter depuis l'époque du paiement jusqu'à l'échéance du terme, deviennent à cette dernière époque égaux aux intérêts simples de la somme à escompter.

Voici la manière d'expliquer l'escompte en dedans.

Supposons que 3000 fr. contiennent le capital et l'intérêt à 6 p. % l'an, si nous voulons en séparer les intérêts, nous ferons le raisonnement suivant : si 106, capital et intérêts, supposent un capital de 100 fr., 3000 fr. supposeront le capital cherché que nous pouvons représenter par x.

D'où la proportion 106 : 3000 :: 100 : x.

Nous concluons de là que, pour déterminer la valeur actuelle d'un billet escompté en dedans, il faut multiplier le montant du billet par 100 et diviser le produit par 100 augmenté du taux de l'escompte.

Il serait plus juste et plus conforme à la raison de se servir de l'escompte en dedans qui est le plus exact, mais l'intérêt du banquier d'un côté, de l'autre la simplicité du calcul où l'on a 100 pour diviseur et qui fait de ces règles d'escompte de véritables règles d'intérêt, font qu'en France on escompte généralement en dehors.

Si l'escompte en dehors est pour un certain nombre de jours, on applique le procédé de la règle d'intérêt à tant de jours de date.

EXEMPLE.

J'achète pour 1860 f. de marchandises à 5 mois de terme ; j'obtiens en payant comptant une remise ou escompte de 4 p. 0⁄0, combien dois-je payer ?

$$(\text{Escompte}) \quad 1860$$
$$4 \text{ p. } 0⁄0$$
$$\overline{74,40 \text{ d'escompte.}}$$

Je dois compter 1785,60

AUTRE ABRÉVIATION.

$$1860$$
$$96$$
$$\overline{11160}$$
$$16740$$
$$1785,60$$

Pour connaître directement la somme que l'on doit compter (escompte prélevé) nous ferons le raisonnement suivant : Si 100 fr. donnent 4 fr. d'escompte, il ne reste que 96 fr. Si donc je multiplie le montant du billet par 96 fr. et que je retranche par une virgule deux chiffres à la droite du produit, j'aurai le résultat cherché.

EXEMPLES.

Un marchand a acheté des marchandises à 6 mois de terme, à condition que s'il paie avant l'échéance, on lui accordera 5 p. 0⁄0 d'escompte ; il a payé fr. 1240,80 comptant, combien eût-il payé au bout du terme ?

$$1240,80 \ | \ 95$$
$$290 \quad \ \ | \ \overline{1306}$$
$$570$$
$$000$$

Une personne a acheté des fonds de commerce pour 25620 fr.

payables dans un an à condition d'escompte ; il a payé au bout de trois mois et il n'a compté que 24300 fr. Combien lui avait-on accordé d'escompte ?

$$
\begin{array}{l}
25620 \\
24300 \\
\hline
01320 \qquad \text{9 mois non payés.} \\
440 \qquad \text{3 mois payés.} \\
\end{array}
$$

L'intérêt d'un an —

$$
\begin{array}{l|l}
176000 & 25620 \\
222800 & \overline{6,06} \\
178400 & \\
24680 & \\
\end{array}
$$

Un commis a acheté pour 1660 fr. de marchandises à un an de crédit, avec escompte de 5 p. 0/0, et il n'a déboursé que fr. 1618,50. En quel temps a-t-il payé sa dette ?

$$
\begin{array}{rcr}
& 1660 & 1660 \\
\text{Intérêt} & 5 & 1618,50 \\
\cline{2-3}
\text{par an} & 83,00 & 0041,50 \\
& & 12 \\
\cline{2-3}
\end{array}
$$

$$
\begin{array}{l|l}
498,00 & 83 \\
00 & 6 \qquad \text{mois non payés sur 12.}
\end{array}
$$

Reste 6 à payer.

Calculer l'escompte d'un billet de 8600 fr. au 6 p. 0/0 l'an, payable à 56 jours de date.

OPÉRATION PAR AGIO.

$$
\begin{array}{l|l}
8600 & \\
60 & \\
\hline
516000 & 6 \\
36 & \overline{84,666} \\
40 & \\
50 & \\
\end{array}
$$

L'escompte sur les factures, commissions, effets, primes, etc., se prélève seulement sur le total à tant p. 0/0 ou p. 00/00, sans tenir compte du temps.

RÈGLE SUR LES RENTES.

Les rentes sont les intérêts de l'argent placé sur l'État. Quand on dit que les rentes 5 p. 0/0 valent 98 fr., on veut dire que chaque 5 fr. de rente coûte 98 fr., ou bien que les rentes 5 p. 0/0 sont au cours de 98 fr. ; de même quand on dit :

Les rentes 3 p. 0/0 au cours de 68 fr., on veut dire que, pour avoir 3 fr. de rente, il faut 68 fr. de capital.

Les rentes sur l'État sont constituées au 5, au 4 1/2, au 4, au 3 p. 0/0 l'an.

Pour calculer combien coûteront 660 fr. de rente au 4 p. 0/0 à raison de 94,50 le cours, il faut raisonner de la manière suivante :

SOLUTION.—4 fr. de rente représentant un capital de 94,50, un franc de rente représentera un capital 4 fois moindre, c'est-à-dire $\dfrac{94,50}{4}$ et 660 f. de rente représenteront un capital 660 fois plus grand, c'est-à-dire $\dfrac{94,50 \times 660}{4} = 15592,50$, c'est-à-dire qu'il faut encore opérer comme dans les règles d'intérêt.

EXEMPLE.

On propose de calculer la rente que l'on pourrait se procurer pour 15592,50, le cours étant à 94,50, venant de 4 0/0.

SOLUTION. — Puisqu'un capital de 94,50 donne une rente de 4 p. 0/0, un capital de 1 fr. donnera une rente 94,50 fois moindre, c'est-à-dire $\dfrac{4 \text{ fr.}}{94,50}$ et un capital de 15592,50 donnera une rente 15592,50 plus forte, c'est-à-dire

$$\frac{4 \times 15592,50}{94,50} = 660 \text{ fr.,}$$

ce qui revient encore à la formule de la règle d'intérêt.

EXEMPLE.

Les rentes étant à 660 fr. au cours de 94,50, à quel taux l'acheteur placerait-il son capital de 15592,50?

Solution. — Si avec un capital de 15592,50 on achète 660 fr. de rente, avec 1 fr. on achètera 15592,50 moins, c'est-à-dire $\dfrac{660}{15592,50}$ et avec 94,50 on achètera 94,50 fois plus, c'est-à-dire $\dfrac{660 \times 94,50}{15592,50} = 4.$

En résumé, pour connaître le capital à un taux quelconque, il faut multiplier le cours par l'intérêt de la rente, et diviser le produit par le taux.

Pour calculer la rente qu'on se procurera à n'importe quel taux, pour un capital déterminé, il faut multiplier ce dernier par le taux et diviser le produit par le cours.

Pour savoir à quel taux on place son argent en prenant des rentes sur l'État, on multiplie la rente par le cours et on divise le produit par le capital.

Le même raisonnement a lieu pour le 3 p. 0/0.

Le change se calcule comme les intérêts, et il se cote à tant pour 0/0, mais il varie suivant l'abondance ou la rareté du papier ou du numéraire. Il est donc au-dessus ou au-dessous du pair, ou au pair.

COURS DE CHANGE DE PARIS.

Bordeaux à courts jours de vue :	1 0/0 de bénéfice.
Lyon. . . id.	1/2 0/0 de perte.

Marseille, à courts jours de vue : au pair.

Quand les lettres de Bordeaux sont à Paris à 2 p. 0/0 de bénéfice.

Quand le change sur Bordeaux est à Paris à 2 p. 0/0 de perte.

Enfin, quand le change sur Bordeaux est au pair à Paris.

Dans le 1er cas, une lettre de change de 100 fr., payable à Bordeaux, vaut à Paris 102 fr.

Dans le 2e cas, une lettre de change de 100 fr., payable à Bordeaux, vaut à Paris 98 fr.

Dans le 3e cas, une lettre de change payable à Bordeaux, se négocie à Paris sans profit ni perte.

On considère le change sous le rapport de la réduction des monnaies nationales en monnaies étrangères et réciproquement, ou bien sous celui de la réduction des monnaies étrangères entre elles, et sous ce point de vue, elles ne donnent lieu qu'à des règles de trois directes et par conséquent à des multiplications et à des divisions.

EXEMPLES.

1er. Un banquier de Paris consent à me fournir une lettre de change, pour me faire toucher à Marseille une somme de 2400 fr. moyennant 1 1/2 p. 0/0 de change.

Combien faut-il que je compte audit banquier?

SOLUTION. — Pour une lettre de change de 100 fr., je dois donner 101 fr. 1/2. Pour une lettre de 1 fr. je donnerai 101 fr. 1/2, divisé par 100 et pour une lettre de change de 2400 fr., je dois donner 2400 fois plus.

D'où l'expression :

$$\frac{101 \ 1/2 \times 2400}{100} = 2436.$$

2me. Un banquier a reçu 80 fr. pour le change d'une somme

à raison de **1** 1/4 p. 0/0, on désire savoir qu'elle est cette somme?

SOLUTION. — F. **1** 1/4 de change supposent une somme de 100 fr.

F. 1 de change supposera une somme représentée par la fraction $\dfrac{100}{1\ 1/4}$, 80 f. de change supposeront une somme 80 fois plus forte, c'est-à-dire $\dfrac{100 \times 80}{1\ 1/4} = 6400$.

3me. Un négociant de Marseille doit 120 souverains à son correspondant de Londres, combien ledit négociant doit-il porter sur ses livres qu'il tient en argent de France, si le change d'Angleterre avec la France est de fr. 25,21 par souverain ou livre sterling?

SOLUTION. — Si un souverain vaut 25,21, 120 souverains vaudront 120 fois plus , c'est-à-dire $25,21 \times 120 = 3025,20$. On peut, des deux problèmes ci-dessus, tirer les règles générales suivantes :

1º Pour réduire en francs des souverains (livres sterling) ou autres monnaies, il suffit de multiplier celles-ci par le prix du change.

2º Pour réduire des francs en souverains, il suffit de diviser ceux-ci par le prix du change.

RÈGLE CONJOINTE.

La RÈGLE CONJOINTE est ainsi appelée parce qu'elle réunit plusieurs règles de trois qui peuvent se réduire à une seule opération. Cette règle est très-utile ; c'est elle qui nous donne les moyens de résoudre les propositions les plus difficiles de la *Banque*, dont le principal commerce est de prendre des lettres de change sur divers pays ou sur différentes places ; des *changes étrangers* qui est le rapport que les monnaies, les mesures en longueur et en contenance, les poids des différents royaumes ont entre eux pour les faire tenir ou remettre dans un autre ; des *arbitrages* qui est la combinaison que l'on fait des différents changes, pour découvrir qu'el est celui d'entre eux qui offre le plus de profit, pour tirer ou pour remettre ; elle sert enfin à découvrir le *pair* des places mercantiles, qui est l'égalité qui se trouve entre les mesures, les titres des monnaies de divers pays qui font entre eux des échanges de ces choses.

EXEMPLE.

Si 64 roubles de Russie valent 148 marcs de Hambourg, si 40 marcs de Hambourg valent 35 1/4 florins d'Amsterdam, si 56 3/4 florins d'Amsterdam valent 120 fr.

Combien 3600 roubles vaudront de francs ?

SOLUTION. — Si 56 3/4 florins égalent 120 fr. un florin égalera $\dfrac{120 \text{ fr.}}{56 \ 3/4}$

Si un florin égale $\dfrac{120}{56 \ 3/4}$, 35 florins 1/4 égaleront $\dfrac{120 \text{ fr.} \times 35 \ 1/4}{56 \ 3/4}$

Si 35 1/4 florins égalent 40 marcs de Hambourg, un seul marc égalera $\dfrac{120 \text{ fr.} \times 35 \ 1/4}{56 \ 3/4 \times 40}$.

Si un marc égale cette dernière expression, 148 marcs égaleront 148 fois plus, c'est-à-dire $\dfrac{120 \text{ fr.} \times 35 \ 1/4 \times 148}{56 \ 3/4 \times 40}$.

Enfin, si 148 marcs ou 64 roubles égalent cette dernière expression, le rouble égalera 64 fois moins ou

$$\frac{120 \text{ fr.} \times 35 \ 1/4 \times 148}{56 \ 3/4 \times 40 \times 64} \text{ et 3600 roubles égaleront 3600}$$

fois cette dernière valeur.

$$\frac{\text{Soit } 120 \times 35 \ 1/4 \times 148 \times 3600}{56 \ 3/4 \times 40 \times 64} = 15513, 11.$$

Donnons un exemple usité dans le commerce de la règle conjointe appliquée aux changes étrangers.

Un banquier de Marseille doit à une maison de Trieste. Il désire savoir quelle est, d'après le cours ci-après, la devise qui lui conviendra le mieux, de remettre à ladite maison de Trieste pour la payer de ce qui lui est dû.

Il est facile de comprendre que ce sont des florins courants que la maison de Marseille a à remettre à celle de Trieste et qu'elle doit choisir parmi toutes les devises ci-dessous, celle qui lui fera ressortir le prix dudit florin au plus bas.

Changes de Bordeaux.

DEVISES.	PLACES.	VARIABLE.	FIXE.
221. 05	Londres.	25 fr. 275	Pour une livre sterling. (La livre sterling vaut 20 sous sterl., et le sou 12 deniers sterl.)
218. 18	Amsterdam.	210 centim.	1 florin courant de Hollande. (Le florin vaut 14 deniers de gros.)
215. 53	Hambourg.	185 —	1 marc banco. (Le marc vaut 16 schellings.)
219. »	Trieste.	219 —	1 florin courant d'Auguste. (Le florin vaut 60 kreutzers.)
219. 45	Milan.	1 18 —	1 livre autrichienne. (La livre vaut 20 sous, et le sou 12 deniers.)
220. 17	Livourne.	82 1/2 —	1 livre toscane. (La livre vaut 20 sous, et le sou 12 deniers.)
217. »	Naples.	134 —	1 ducat courant. (Le ducat vaut 10 carlins, et le carlin 10 grains.)

Changes de Trieste.

PLACES.	VARIABLE.	FIXE.
Londres.	12 florins, 26 kreutzers.	Pour une livre sterling.
Marseille.	27 1/4 kreutzers.	1 franc.
Livourne.	112 1/2	5 livres toscanes.
Milan.	115	5 livres autrichiennes.
Amsterdam.	57 3/4	1 florin de Hollande.
Hambourg.	51 1/2	1 marc de Belgique.
Naples.	120	1 ducat courant.

1re OPÉRATION.

Londres.

Quelle est la parité de Londres à Trieste, sachant qu'il coûte à Marseille 25,27 1/2, et qu'il vaut à Trieste 11 florins et 26 kreutzers ou 686 kreutzers?

1 florin de Trieste : 60 kreutzers.

$$
\begin{array}{cc}
686 \text{ kreutzers :} & 25,27\ 1/2 \\
2 & 2 \\
\hline
1372 & 5055 \\
 & 60 \\
\end{array}
$$

1372 : 303300 ::   1 florin : x

2e OPÉRATION

Amsterdam.

Quelle est la parité d'Amsterdam à Trieste entre 210 et 57 3/4 ?

R. 218,18 (Parité.)

1 florin de Trieste : 60 kreutzers.

57 3/4 kreutzers : 1 florin de Hollande.

1 florin de Hollande : 210 centimes.

$$
\begin{array}{cc}
4 & 4 \\
\hline
231 \quad : & 50400 :: 1 \text{ florin de Trieste} : x.
\end{array}
$$

3e OPÉRATION.

Hambourg.

Quelle est la parité de Hambourg à Trieste entre 183 et 51 1/2 ?

R. 215,53 (Parité).

1 florin de Trieste : 60 kreutzers.

51 1/2 kreutzers : 1 marc banco.

1 marc banco : 185 centimes.

$$
\begin{array}{cc}
2 & 2 \\
\hline
103 \quad : & 22200 :: 1 \text{ florin de Trieste} : x.
\end{array}
$$

4e OPÉRATION.

Milan.

Quelle est la parité de Milan à Trieste entre 84 1/8 et 115 ?

R. 219,45 (Parité).

1 florin de Trieste : 60 kreutzers.
115 kreutzers   : 5 livr. autrichiennes.
1 livre autrichienne : 84 1|8 centimes.

8	8

920   :   201900 :: 1 florin de Trieste : x.

5e OPÉRATION.

Livourne.

Quelle est la parité de Livourne à Trieste entre 82 1|2 et 112 1|2?

R. 220 (Parité).

1 florin de Trieste : 60 kreutzers.
112 4|2 kreutzers : 5 livres toscanes.
1 livre toscane   : 82 1|2 centimes.

2	2

225   :   49500 :: 1 florin de Trieste : x.

6e OPÉRATION.

Naples.

Quelle est la parité de Naples à Trieste entre 434 et 120 ?

R. 217 (Parité).

1 florin de Trieste : 60 kreutzers.
120 kreutzers   : 1 ducat courant.
1 ducat courant : 434 centimes.

120   :   26040 :: 1 florin de Trieste : x.

On porte toutes ces parités en regard des places importantes sur le cours de change de Marseille (que l'on appelle dans le commerce *cote de change*), et l'on voit facilement que le banquier doit pour se couvrir de ce qu'il doit à Trieste, envoyer du Hambourg, qui fait ressortir le florin courant d'Auguste à 215,53 ou de Naples à 217, de préférence au Trieste qui est de 219 centimes.

EXERCICES SUR LA RÈGLE CONJOINTE.

Manière de résoudre toutes les questions qui se rapportent à cette règle.

PROBLÈME 1er.

Sachant que 50 ducats de Hongrie valent 595 francs, que 64 francs valent 16 roubles de Russie et que 26 roubles valent 5 frédérics de Prusse, déterminer combien on recevra de frédérics pour 3120 ducats de Hongrie.

SOLUTION. — Si 50 ducats de Hongrie valent 593 fr., il est évident que 1 ducat de Hongrie vaudra 50 fois moins, c'est-à-dire $\frac{595}{50}$; pareillement, 1 franc égalera $\frac{16}{64}$ de rouble, et 1 rouble égalera $\frac{5}{26}$ de frédéric : donc 1 ducat égalera $\frac{593}{50}$ des $\frac{5}{26}$ de frédéric $= \frac{695}{50} \times \frac{16}{64} \times \frac{5}{26}$, et les 3120 ducats vaudront $\frac{595 \times 16 \times 5 \times 3120}{50 \times 64 \times 26}$ ou 1785 fréderics.

D'où il faut conclure que cette règle n'est autre chose qu'une application des fractions de fraction.

PROBLÈME 2e.

Un négociant portugais, voulant faire passer à Saint-Pétersbourg une somme de 8000 roubles, va trouver un banquier de Lisbonne, qui se charge de cette commission moyennant une remise de fr. 0,5 p. 0/0. On demande quelle est, en francs, la somme qu'il doit payer au banquier, sachant que 9 roubles valent 3 sequins de Venise, que 543 sequins de Venise valent 1200 piastres d'Espagne, et que 135 piastres d'Espagne font 271,5 cruzades de Portugal dont 40 ont une valeur de 132 fr.

Solution. — En désignant par x la valeur en francs de 8600 roubles, et en raisonnant comme dans le problème précédent, nous trouvons :

$$x = \frac{3}{9} \times \frac{1200}{543} \times \frac{271.5}{165} \times \frac{132}{40} \times 8000$$

$$\text{ou } x = \frac{3 \times 1200 \times 271,5 \times 132}{9 \times 543 \times 165 \times 4} \times 8000 = \frac{120 \times 132 \times 200}{3 \times 33}$$

$$= \frac{40 \times 44 \times 200}{11} = 32000 \text{ f.}$$

Mais il faut payer au banquier fr. 0,5 p. 00 du montant de cette somme, ce qui produit 160 francs. Donc le négociant doit remettre en tout 32000 + 160 ou 32160 fr. pour avoir net 800 roubles disponibles à Saint-Pétersbourg.

Règle générale.

Pour résoudre une question relative à la règle conjointe, nous devons indiquer le rapport qui exprime la valeur de l'unité du premier des nombres donnés en unités de l'espèce du 2e, puis celui de la valeur de l'unité du 2e nombre en unités de l'espèce du 3e, et successivement ceux de toutes les unités intermédiaires, jusqu'à celui de l'unité de l'avant-dernier nombre, lequel représente toujours des unités de l'espèce demandée, multiplier ensuite tous ces rapports entre eux et par la somme à convertir ; le résultat sera le nombre cherché.

Appliquons cette règle à l'exemple suivant, qui est à la fois un des plus compliqués et des plus utiles.

PROBLÈME 3e.

Un capitaliste anglais veut faire passer en Hongrie 2372 livres sterling. Il consulte le cours de change, qui lui présente les deux résultats suivants :

S'il emploie pour intermédiaires les banques de Paris et de Vienne, fr. 59,30 de France valent 5 ducats de l'empereur qui circulent en Hongrie pour la même valeur, et 1 livre sterling vaut 24 francs.

S'il effectue son envoi par la Suisse et l'État de Venise, 4 livres sterling font 24 écus de Bâle, 50 de ceux-ci 19 sequins de Venise, et 85 sequins 86 ducats de l'empereur.

On demande lequel des deux moyens lui est le plus avantageux.

SOLUTION. — Calculant d'abord, d'après la règle précédente, ce que donne le change de Paris et de Vienne pour les 2372 livres sterling, nous trouvons :

$$2372 \text{ livres sterling} = \frac{24 \times 5^{\text{duc.}} \times 2372}{59,30} =$$

$$24 \times 5 \text{ duc.} \times 40 = 4800 \text{ ducats.}$$

Cherchant de même combien la somme proposée vaut de ducats d'empereur suivant le change de la Suisse et de Venise, nous obtenons :

$$2372 \text{ liv. sterl.} = \frac{21 \times 19 \times 86^{\text{duc.}} \times 2372}{4 \times 50 \times 85} = 4787,81 \text{ ducats.}$$

D'où il résulte que le change de Paris est le plus avantageux, puisqu'il procure un bénéfice de 4800 — 4787, 81, ou 12 ducats, 09.

Remarque. — Lorsqu'on veut effectuer une opération de ce genre, il faut toujours avoir sous les yeux le tableau des rapports des diverses monnaies étrangères avec celles du pays, parce qu'ils sont sujets à des variations, suivant le change d'une place sur une autre.

RÈGLE D'ÉCHÉANCE COMMUNE.

Cette règle qui est fort en usage dans le commerce et dans la banque a pour but de réunir à une même époque de paiement la totalité de différentes sommes qui doivent être payées à diverses époques ; elle nous apprend à calculer le nombre de jours dont l'intérêt ou l'escompte sur la totalité des sommes proposées soit égal à la totalité des intérêts ou des escomptes partiels de chacune de ces sommes.

Voici un exemple où l'on se propose de trouver l'échéance commune de 4 lettres de change.

Dans le courant de septembre 1852, j'ai vendu en différentes fois diverses marchandises payables de la manière suivante :

```
24000 le 15 avril   1852.
12000 le 30 juillet   —     107 jours   1284000
48000 le 10 novem.    —     209  —     10032000
12000 le 1er février 1853   291  —      3492000
─────                                 ──────────
96000                                  14808000

        14808000 ( 9600
        ─────────  ───────────
           520    ( 154 jours 1/4
           408
           24/36
           1/4
```

Le terme commun des paiements est de 154 jours de date, ce qui, en partant du 15 avril 1852, fixe l'échéance commune au 16 septembre 1852.

Un banquier a acheté une partie de papier sur l'Espagne, qui lui a coûté 426666 francs, payable par tiers à 67,78 et 88 jours à 1/3 p. 0/0 d'intérêt par 30 jours, pris sur les trois sommes nominales. On demande de combien cette condition augmente la somme?

R. 3681, 95.

```
        1  billet.   67 jours.
        1    —       78  —
        1    —-      88  —
       ————————————————————————
        3  billets  233 ( 3
                     23 ( 77 j. : 2/3
                        2/3 terme moyen.
   426666
              1/3 p. 0/0
   ————————————————————
   142222
           77  2/3
   ————————————————————
    995554
   995554
2/3    94814
   ————————————————————
   11045908 ( 30 jours.
F.  3681,969 ( prendre le tiers.
```

On voit par cet exemple que le 1/3 d'intérêt par mois équivaut à 4 0/0 l'an. Ainsi multipliez 426666 fr. par le 4 p. 0/0 l'an, le produit par 77 jours 2/3, puis prenez du résultat deux fois le 6me, et vous aurez fr. 3681, 95 d'intérêt après avoir séparé trois chiffres à votre droite, comme nous l'avons dit dans la règle d'intérêt.

Le coût nominal est augmenté de fr. 3681, 95, puisque l'acheteur devra payer en tout : fr. 430347, 95.

Ainsi il est prouvé que 426666 fr. payables par tiers à 67,78 et 88 jours sont la même chose que 426666 payables tout à la fois au bout de 77 jours 2ı3 qui sont le tiers de 233 jours, total de ces divers termes réunis.

RÈGLE DU TEMPS POUR LES PAIEMENTS.

La Règle du temps pour les paiements est une opération qui sert à découvrir les temps où les paiements doivent être faits selon les conventions des créanciers et des débiteurs.

On peut proposer sur cette règle deux cas différents.

Dans le premier cas on cherche à quelle époque on devra faire un seul paiement pour en remplacer plusieurs qui devraient avoir lieu à des époques différentes, afin qu'il y ait compensation dans les intérêts réciproques.

EXEMPLE.

Un négociant a acheté pour 36000 fr. de marchandises qu'il doit payer de la manière suivante : 9500 fr. dans deux mois, 7500 fr. dans cinq mois, 10000 fr. dans huit mois et 9000 fr. dans dix mois. Il convient avec le vendeur de ne faire qu'un seul paiement : En quel temps doit-il le faire pour qu'il y ait compensation ?

```
 9500 F. ×    2 =    19000
 7500     ×    5 =    37500
10000     ×    8 =    80000
 9000     × 10 =    90000
------                          ⎧ 36000
36000              226500  ⎨ ------------
                    10500   ⎩  6 mois 8 jours.
                       30
                   ------
                   315000
                    27000
```

Pour résoudre cette question, il faut multiplier chaque somme par le temps de son crédit, faire le total des produits et les diviser par celui de la dette : le quotient donne le temps du paiement.

Dans le deuxième cas, de la règle du temps pour le paiement, on cherche combien de temps on doit différer un paiement pour compenser les avances qu'on a faites.

Pour trouver l'époque cherchée, il faut multiplier la somme due par le temps de son crédit, multiplier pareillement les sommes avancées par le temps qu'on les a gardées, faire la somme des produits et la retrancher de la somme due multipliée par son temps ; diviser le restant par ce qui reste à payer; le quotient donnera le temps du paiement du reste de la dette.

EXEMPLE.

J'ai acheté pour 180 fr. de marchandises à 8 mois de crédit; au bout de 4 mois je paie 30 fr. et 2 mois après 40 fr. Combien de temps dois-je garder le reste pour compenser les avances que j'ai faites?

R. 9 mois 1/11.

OPÉRATION.

Sommes dues.				Sommes avancées.	
150 $\times$ 8 = 1440				30 $\times$ 4 = 120	
70	360			40 $\times$ 6 = 240	
110	1080 $\{$ 110			70	360
	90 $\{$ 9 9/11				

La raison qui fait qu'on multiplie chaque somme par le temps de son paiement, c'est que l'on suppose que l'argent profite entre les mains des possesseurs proportionnellement au temps qu'il l'a à sa disposition. Or, on gagne autant, par exemple, avec 2 fr. en 3 mois qu'avec 6 en 1 mois.

RÈGLE D'INTÉRÊTS CUMULÉS.

Cette règle a pour but de déterminer l'intérêt d'une somme prêtée pour un certain nombre d'années avec celui des intérêts de cette même somme.

Le moyen le plus simple à employer pour opérer ces sortes de règles, c'est de chercher d'abord l'intérêt d'un an, et l'ajouter au capital pour en chercher l'intérêt de la deuxième année; ajouter ensuite l'intérêt de cette deuxième année au capital pour trouver celui de la troisième. On continue ainsi jusqu'à ce qu'on ait épuisé le nombre d'années.

EXEMPLE.

Un mineur qui s'est fait émanciper exige que son tuteur lui fasse le remboursement de 3000 fr. de capital avec les intérêts des intérêts au 4 p. 0⁄0 pour 2 ans. Combien recevra-t-il ?

R. F. 3244, 80.

3000	3120
4	4
120,00 intérêts de la 1re année.	124,80 intérêts de la 2e année.
3000	3120
3120	3244,80

Si l'on voulait connaître seulement les intérêts, on n'aurait qu'à soustraire le capital primitif 3000 fr. du capital 3244 fr. et la différence serait 244 fr. pour les intérêts annuels.

Cette méthode est longue et deviendrait impraticable si le nombre d'années était un peu grand ; dans ce cas, il faut avoir recours à une abréviation simple et facile que voici :

104 ⎫
104 ⎭ 2 années.
———
416
104
———
10816
3000
———
3244,8000

Par ce moyen court et facile on arrive au même résultat.

On ajoute à 100 fr. le taux de l'intérêt, ou multiplie ce

nombre par lui-même autant de fois qu'il y a d'années d'intérêt dans le problème ; on multiplie le total par le capital primitif, et à la fin on sépare deux fois autant de chiffres à la droite qu'il y a d'années d'intérêt.

Dans cette opération on sépare 4 chiffres, le double de 2 années qui se trouvaient comprises dans le problème.

AUTRE MÉTHODE PLUS SIMPLE.

Supposons qu'on eût prêté une somme de 6000 fr. à 4 p. 0/0 l'an ; au bout de 5 ans la personne rend cette somme avec les intérêts cumulés qu'elle avait négligé de payer annuellement, à combien se montent au bout de ce temps les intérêts et le capital ?

SOLUTION.	F.	6000
1er intérêt		240
1re année.		6240
2e intérêt		249,60
2e année.		6489,60
3e intérêt		259,58
3e année.		6749,18
4e intérêt		269,96
4e année.		7019,14
5e intérêt		280,76
5e année.		7299,90 Capital et intérêts compris.

Dans cette autre méthode, pour rendre l'addition plus facile et éviter de multiplier les chiffres, on ne pose pas le multiplicateur 4 p. 0/0 dont on se sert par la pensée et que l'on multiplie avec le capital, mais on a soin d'écarter de chaque année le produit des deux premiers chiffres, qui sont des centimes, et le résultat est le même lorsque les années cumulées sont terminées.

RÈGLE D'AVARIE..

On appelle avarie le dommage arrivé à un navire ou aux marchandises dont il est chargé ; c'est aussi la dépense extraordinaire et imprévue qu'un navire est obligé de faire dans un voyage. On appelle encore avarie le droit que le navire paie pour l'entretien du port où il mouille.

On la nomme *grosse avarie*, lorsqu'elle regarde à la fois le navire et les marchandises ; *simple avarie*, [lorsqu'elle regarde les navires seulement ou les marchandises.

EXEMPLE.

Un armateur a fait assurer le chargement de 4 bâtiments marchands pour 250000 fr. ; le premier s'appelle l'*Océan*, le 2me la *Joséphine*, le 3me l'*Indien* et le 4me le *Rhône*. Un assureur y est intéressé pour 16000 fr., et il a réparti cette somme comme suit : L'*Océan* pour 4000 fr., la *Joséphine* pour 6000 fr., l'*Indien* pour 3500 fr. et le *Rhône* pour 2500. Le propriétaire desdits navires a réduit, avant leur départ, la somme à 200000 fr. On voudrait savoir combien ledit assureur doit recevoir de prime, si elle est à 2 1/2 sur la somme seulement qu'il a assurée d'après le *ristourne* fait sur chaque bâtiment ? — *R*. La prime sera de 320 fr.

POSITION DE LA RÈGLE :

250000 : 16000 :: 200000 : x.

En effectuant les calculs on trouve que le 2me terme est réduit à la somme de 12800 fr. que l'assureur a assurés.

R.—16000 : 12800 :: 4000 : x l'*Océan*   3290 F.
                      6000 : x la *Joséphine*   4800
                      3500 : x l'*Indien*   2800
                      2500 : x le *Rhône*   2000
                                      ————————
                           Preuve.   12800 fr.

24

Pour abréger, on cherche, comme nous l'avons dit, le dividende.

$$\begin{array}{c|l} 1600000 & 200000 \\ 000000 & 8 \text{ dividende à multiplier avec la somme de} \\ & \text{chaque bâtiment.} \end{array}$$

Cette règle est très en usage dans les ports de mer, comme Marseille, Bordeaux, le Hâvre, etc.

RÈGLE D'ASSURANCE.

La règle d'assurance est un contrat ou un acte par lequel un ou plusieurs particuliers se chargent et s'obligent à réparer la perte, le vol, le dommage, etc., que peuvent éprouver un navire, des marchandises, pendant une course, un transport, avec le prix dont conviennent les assureurs et les assurés ; ce prix s'appelle prime d'assurance, et se paie d'avance.

On assure non-seulement les marchandises, mais encore le navire. En assurance le navire s'appelle *Corps*, et les marchandises *facultés* ; ainsi C. et F., quand l'un et l'autre sont assurés. En assurance, le mot *ristourne* veut dire : Soustraire une somme d'une autre.

Cette règle est conforme à celle de l'intérêt.

Exemple. Un aubergiste de Dunkerque a fait acheter pour son compte, à Bordeaux, 13 tonneaux de vin, chacun de 4 barriques, à raison de 200 fr. le tonneau, et les a fait assurer à raison de 3 1/2 p. 0/0 Combien a-t-il payé de prime?

R. — 91 fr.

Trouver à combien s'élève la prime d'assurance de fr. 8785,95, à fr. 11 1/2 p. 0/0.

— *R.* fr. 1010,38.

Un assureur a reçu Fr. 985,90 pour prime à raison de 4 1⁄4 p. 0⁄0. Quelle est la somme qu'il avait assurée? *R*. fr. 23197,65.

RÈGLE DE GROSSE AVENTURE.

On appelle *Grosse aventure*, l'argent ou la marchandise donnée à gros profits sur mer ; cette mise est appelée *grosse aventure*, parce que ceux qui prêtent ainsi, ou qui viennent en aide au malheur, courent tous les risques, hasards et fortune de la mer, du feu, etc., sans qu'ils puissent avoir recours, en cas de perte, contre celui qui a reçu l'argent, la marchandise ou le secours donné.

Exemple : — On demande à combien se monte la grosse aventure de la somme de fr. 49500 à raison de 17 1⁄2 p. 0⁄0, provenant du radoub d'un navire dans les Antilles? — *R*. Fr. 8662,50.

Autre exemple : — Le navire la *Louise*, arrive sans encombre d'un long et pénible voyage ; le négociant reçoit de profits pour grosse aventure, fr. 71600 venant de 23 p. 0⁄0. On demande pour combien avait de valeur la marchandise dudit navire lors de son départ? — R. F. 304417,40.

RÈGLES
De Commission, Provision, Courtage, etc.

On appelle commissionnaires, courtiers, etc., ceux qui achètent des marchandises et font d'autres affaires pour autrui, moyennant un salaire fixé d'avance, qu'on appelle *commission*, *provision*, etc.

On appelle aussi courtier ou agent de change, celui dont les fonctions sont de faciliter les négociations entre banquiers, négociants et autres.

Les frais de commission, provision, etc., sont réglés sur

la nature des affaires ; le risque que court le commissionnaire, ses peines, ses frais., etc., se comptent sur le produit total à tant p. 0/0.

EXEMPLE : — A combien s'élève la commission de 40
pièces de vin, si le commissionnaire a fr. 0,30 par pièce?
— R. 12 fr.

— A combien s'élève la provision de fr. 49564,50, à raison de 1/3 p. 0/0 ? — R. fr. 166,20.

— Un commissionnaire a acheté huit hectolitres et demi
d'huile commune, à raison de fr. 1,35 le litre ; la commission est de 1/2 p. 0/0, il a payé, en outre, fr. 245,30 pour
divers frais. Combien le commettant doit-il payer en tout?
— R. fr. 1399,75.

RÈGLE DE PROFITS ET PERTES.

Cette règle a pour but de faire connaître au négociant ce
qu'il gagne ou ce qu'il perd sur une marchandise ou sur
une affaire, et combien il doit revendre ses marchandises
pour gagner une certaine somme p. 0/0.

EXEMPLE : — Un commerçant a acheté 69 pièces de vin,
qui lui ont coûté fr. 2106. S'il ne revend que 1849 fr., combien perdra-t-il p. 0/0? — R. fr. 12,20. SOLUTION: Si nous
retranchons le montant de la vente fr. 1849 de fr. 2106
prix de revient, nous avons la perte totale pour avoir la
perte pour cent, nous ferons le raisonnement suivant :

Si sur fr, 2106, on perd fr. 257 sur une somme 2106
fois moindre, c'est-à-dire sur un franc, on perdra 2106 fois

moins, c'est-à-dire $\dfrac{257}{2106}$; si sur un franc on perd $\dfrac{257}{2106}$ sur

100 fr. on perdra 100 fois plus ou soit $\dfrac{257 \times 100}{2106}$ 12,20

pour calculer les pertes à tant pour 0/0 il suffit donc de multiplier la perte totale par 100 et de diviser le produit par le prix de revient.

Autre exemple : — Sachant que kil. 3735 de fromage ont coûté fr. 4227,50, combien faudra-t-il vendre le kil. pour gagner 5 1[2 p. 0[0? — *R.* fr. 1,20.

Pour calculer le bénéfice à tant p. 0[0, il suffit de calculer les intérêts du prix total fr. 4227,50 , de les ajouter à ce dernier nombre, et de diviser la somme par le nombre de kilogrammes.

RÈGLE DE TROIS.

La règle de trois a pour objet l'échange de marchandises; elle apprend à proportionner la valeur des unes aux prix qu'on veut avoir des autres, et donne le moyen de trouver, en cas d'échange conclu, de quel côté l'opération a été la plus avantageuse.

Exemple : — Un épicier a du sucre qu'il vend au comptant, fr. 2,80 le kil., mais dont il veut avoir fr. 3,25 dans un échange qu'il fait avec un autre pour du café que celui-ci vend fr. 4,50 le kil. On demande à quel prix le second marchand doit livrer son café pour ne pas être trompé.

Solution. Il est juste d'élever la valeur du café en proportion de l'augmentation que le premier épicier a fait subir au sucre, le troc ne lui procurant point d'argent. Il faut donc multiplier l'augmentation du sucre, (fr. 0,45) par le prix du café (4,50) et diviser le produit par le prix primitif du sucre. (2,80). *R.* Il faudra vendre le café fr. 5,223.

En effet, si fr. 2,80 prix du sucre, jouissent d'une augmentation de fr. 0,45 un fr. jouira d'une augmentation de fr. $\dfrac{0,45}{2,80}$ et fr. 4,50 d'une augmentation de 4,50 fois plus forte, c'est-à-dire de $\dfrac{0,45 \times 4,50}{2,80}$ on arriverait au même résultat au moyen de la proportion.

F.. 2,80 : fr. 4,50 :: fr. 3,25 : x d'où $x =$ fr. 5,223.

Si l'une des deux marchandises était estimée un prix plus bas dans l'échange, il faudrait diminuer le prix de l'autre dans les mêmes proportions et suivre la marche que nous venons d'indiquer.

RÈGLE DE VOITURE.

On appelle règle de voiture, l'opération qu'il faut faire pour savoir ce qu'on doit payer pour le port des marchandises qui se voiturent par terre, par la voie des chemins de fer ou par eau, à raison du prix du 0/0, du 00/00 ou du tonneau, etc.. selon la distance des lieux ou les périls que l'on peut courir.

EXEMPLE : — Si pour le port des marchandises de marseille à Paris, on fait payer 15 fr. du 0/0 pesant, combien paiera-t-on pour 4 caisses pesant chacune 370 kil.? — R. 222 fr.

SOLUTION : Si 100 kil. se paient 15 fr., 1 kil. se paiera 100 fois moins, ou soit $\dfrac{15}{100}$ et 370 kil. se paieront 370 fois, c'est-à-dire $\dfrac{15 \times 370}{100}$

RÈGLE DE TARE OU BON POIDS.

La tare est le poids des caisses, coffres, barils, sarpilières, cordages, etc., enfin tout ce qui sert d'enveloppe aux marchandises.

EXEMPLE : Un négociant a acheté 3 couffes, café Bourbon, dont le poids brut est de 3400 kil., on demande combien il doit payer de net après avoir déduit la tare qui est de 15 kil. p. 0/0 ? — *R.* kil. net, 2890.

Solution · Si 100 kil. poids brut se réduisent à kil. 85 poids net, 1 kil. brut se réduira à $\dfrac{85}{100}$ et 3400 kil. brut se réduiront à $\dfrac{85 \times 3400}{100}$ c'est-à-dire 2890 kil.

Autre exemple : — L'on vend pour kil. 2400 d'une marchandise à condition de donner 4 kil. p. 0/0. On désire savoir si l'escompte en *dedans* est plus avantageux que l'escompte en dehors. — *R.* C'est l'escompte en *dedans*, qui donne 100.

$$96 : 2400 :: 4 : x \qquad\qquad 100 : 2400 :: 4 : x.$$

$$x = \frac{2400 \times 4}{96} = 100 \qquad\qquad x = \frac{2400 \times 4}{100} = 96$$

Escompte en dedans $= 100$

Escompte en dehors $= 96$

L'acheteur trouve donc son avantage dans le 1er cas, parce qu'il reçoit 100 kil., et le vendeur trouve le sien dans le second cas, parce qu'il ne donne que 96 kil. L'escompte en dehors est celui que préfèrent les banquiers, etc.

RÈGLE DE SOCIÉTÉ.

On nomme règle de Société ou de partage une opération par laquelle on divise un nombre connu en parties proportionnelles à d'autres nombres donnés. On l'appelle ainsi parce qu'on l'emploie très-souvent dans le Commerce pour répartir entre plusieurs associés le gain ou la perte résultant de leur entreprise commune, de manière que la part de chacun soit proportionnelle à la mise, si toutes ont été employées dans le même temps, et au produit de la mise par le temps, si la durée de leur emploi n'a pas été égale pour toutes. Cette considération de temps et autres circonstances qui peuvent se présenter ont donné lieu à distinguer deux sortes de règles de société, l'une simple, et l'autre composée.

RÈGLE DE SOCIÉTÉ SIMPLE.

La règle de société est simple quand les parts ne dépendent que de la grandeur des mises ou des nombres proportionnels donnés, comme dans la question suivante :

Trois négociants se sont réunis pour une entreprise dans laquelle ils ont fourni : le 1er 4000, le 2e 6300 et le 3me 7500. Au bout d'un an, ils ont fait un bénéfice de 5340 ; on demande ce qu'il revient à chacun ?

SOLUTION.— Ici le temps est le même pour toutes les mises, conséquemment chaque part du gain doit être proportionnelle à la mise correspondante, et comme le rapport de la somme des mises 17800 fr. au bénéfice 5340 fr. qu'elle a produit doit évidemment égaler le rapport d'une mise particulière à la part relative du gain, en désignant les 3 parts cherchées par x, y, z, on aura les proportions :

$$\text{Caisse. } 17800 : 5340 :: 4000 : x = \frac{5340 \times 4000}{17800}$$

$$17800 : 5340 :: 6300 : y = \frac{5340 \times 6300}{17800}$$

$$17800 : 5340 :: 7500 : z = \frac{5340 \times 7500}{17800}$$

donc il revient 1200 fr. au 1er négociant, 1890 au 2me et 2250 au 3me.

REMARQUE.— On vérifie une règle de société en faisant la somme des résultats trouvés. Si on a bien opéré, elle doit représenter le nombre à partager, comme on l'a obtenu ci-dessus·

En considérant la composition de la valeur des inconnues

x , y , z , on voit quelles opérations lient entr'eux les nombres connus qui les déterminent et on en conclut cette règle :

Pour avoir une part quelconque, il faut multiplier le bénéfice ou la somme à partager , par la mise ou le nombre proportionnel qui correspond à cette part, et diviser le produit par la totalité des mises ou celles des nombres proportionnels. *

RÈGLE DE SOCIÉTÉ COMPOSÉE.

Pour opérer ces sortes de règles , il faut multiplier la mise de chaque associé par le temps qu'il l'a laissée dans la société; la somme de toutes les mises ainsi multipliées représentera les fonds de la société. Le reste est en tout conforme à la règle de société simple.

EXEMPLE : Trois négociants ont à se partager le gain qu'ils ont fait dans le commerce , qui est de 6000 fr. Le 1er a mis 3000 fr. pour 12 mois , le 2e 750 fr. pour 10 mois , et le 3me 500 fr. pour 6 mois : Combien revient-il à chacun , à proportion de sa mise et du temps qu'elle est restée dans le commerce.

SOLUTION.

$$3000 \times 12 = 36000$$
$$750 \times 10 = 7500$$
$$500 \times 6 = 3000$$

Somme des mises $\quad$ 46500 $\quad$ multipliées par le temps,

$$46500 : 6000 :: 36000 : x = 4645,16$$
$$:: 7500 : x = 967,74$$
$$:: 3000 : x = 387,10$$

Preuve. $\quad$ 6000,00

* Dans le commerce , la somme à partager prend le nom de *dividende*, et chaque part celui de quotient. On appelle Capital la mise totale , et action chaque mise particulière.

RÈGLE D'ALLIAGE.

La règle d'alliage ou de mélange est une opération par laquelle on cherche le prix moyen de plusieurs objets différents qui ont été mélangés, par la connaissance du nombre et de la valeur respective des objets avant le mélange.

C'est aussi une opération qui nous apprend combien on doit prendre de parties de différentes espèces de marchandises dont on connaît la valeur, pour former un mélange à un prix moyen déterminé par l'énoncé de la question.

1° Pour opérer les règles de mélange dans le premier cas, il faut suivre la marche suivante :

Si les quantités des marchandises à mélanger sont exprimées par l'unité, il faut additionner les différents prix et les diviser par le total des mesures.

Exemple : Un marchand a du vin à 5 fr., à 9 fr., et à 10 fr. le décalitre ; s'il les mélangeait, à combien reviendrait le décalitre du mélange ? — *R.* 8 fr.

OPÉRATION.

$$
\begin{array}{r|r}
1 \text{ décal. à } 5 \text{ fr.} & \\
1 \qquad\quad 9 & \\
1 \qquad\quad 10 & \\
\hline
3 \qquad\quad 24 & 3 \\
\qquad\quad 0 & 8 \\
\end{array}
$$

2° S'il y a plusieurs mesures de chaque marchandise, il faut les multiplier par le prix d'une seule, faire le total des divers produits, et le diviser par la totalité des mesures qui doivent entrer dans le mélange.

Exemple : Un négociant a dans ses greniers 6 décalitres de grain à 4 fr., 8 à 5 fr., 12 à 7 fr., et 14 à 9 fr. ; s'il les mélangeait, à combien lui reviendrait le décalitre du mélange ?

R. fr. 6, 85.

OPÉRATION.

$$6 \times 4 = 24$$
$$8 \times 5 = 40$$
$$12 \times 7 = 84$$
$$14 \times 9 = 126$$

$$40 \qquad 274 \quad \left\{ \begin{array}{l} 40 \\ \overline{\text{F. 6, 85}} \end{array} \right.$$
$$340$$
$$200$$
$$0$$

3º Enfin, si l'on voulait faire entrer dans le mélange une qualité en raison double, triple, etc., il faudrait prendre deux, trois fois le prix et les unités dudit objet.

Exemple : On a mélangé 4 sortes de vins, savoir : à 3 fr., à 5 fr., à 6 fr., et à 8 fr. le décalitre : à combien revient le décalitre du mélange, sachant qu'on en a mis deux fois autant de la première et de la dernière sorte que de chacune des autres ?

OPÉRATION.

$$2 \text{ décal. à } 3 \text{ fr.} = 6$$
$$1 \qquad\quad 5 \ = 5$$
$$1 \qquad\quad 6 \ = 6$$
$$2 \qquad\quad 8 \ = 16$$

$$6 \qquad 33 \quad \left\{ \begin{array}{l} 6 \\ \overline{\text{F. 5, 50}} \end{array} \right.$$
$$30$$
$$00$$

On fait la preuve de cette règle en multipliant le nombre des mesures qui entrent dans le mélange par le prix d'une mesure du mélange, et l'on doit avoir le même produit que si on les multipliait chacune par son prix particulier. *

** Lorsqu'il s'agit de métaux cette règle s'appelle plus particulièrement règle d'alliage ; dans tous les autres cas elle doit porter le nom de règle de mélange.*

DE L'ANNUITÉ.

L'annuité est un placement par lequel l'emprunteur s'oblige à rembourser le capital avec ses intérêts composés, en plusieurs paiements égaux et annuels.

Ici, le capital prêté est la valeur ou le prix de l'annuité, et chaque paiement se nomme la quotité de l'annuité.

Les paiements effectués par l'emprunteur avant la fin du remboursement peuvent être considérés comme des avances faites au prêteur sur ce remboursement et dont la valeur dépend du temps pendant lequel l'annuité doit durer.

Les cas qui se présentent le plus ordinairement sont ceux où il s'agit de trouver la quotité et le prix de l'annuité. En voici un exemple de chaque sorte :

1° *Un particulier achète une maison pour 6000 fr., il convient de l'acquitter en trois paiements égaux effectués successivement à un an d'intervalle, en y comprenant tous les intérêts dûs à 5 p. 0/0. On demande quelle doit être la valeur de chaque paiement ?*

Solution. — On cherchera d'abord ce que valent au bout de 3 ans les 6000 fr. placés au 5 p. 0/0 et abandonnés avec les intérêts composés pendant ce temps; on trouve qu'ils s'élèveront à fr. 6945, 75.

Supposant alors que 1 fr. représente la quotité de l'annuité, on déterminera la somme que l'on aura remboursée dans le même temps, chaque année ayant payé le capital 1 fr. et ses intérêts à 5 p. 0/0, en disant :

Le capital 1 franc payé au commencement de la 2me année, vaut à la fin fr. 1,05 ; alors on verse encore 1 fr., et la somme payée devient fr. 2,05; les intérêts de fr. 2,05 pendant la 3me année sont de fr. 0, 1025, qui réunis aux fr. 2,05 augmentés du nouveau capital 1 fr. qu'on verse encore après cette année, donnent fr. 3, 1525 pour la somme qu'on aura remboursée. Cela posé il est clair qu'on déterminera la quotité demandée en faisant le raisonnement suivant :

Si une somme de fr. 3,1525 payable en 3 ans s'éteint par 3 paiements annuels de 1 fr., quelle sera, dans les mêmes circonstances, la valeur de chaque paiement pour éteindre le capital fr. 6945,75 d'où la proportion :

$$\text{F. } 3,1525 : 1 :: 6945,75 : x.$$

Donc chaque paiement annuel doit être de fr. 2203,25.

De là résulte cette règle générale : *Pour trouver la quotité de l'annuité, quand on connaîtra le prix, la durée, et le taux de l'intérêt, il faut calculer la valeur qu'aurait le capital dû à l'époque où l'annuité doit cesser, chercher ensuite la somme qu'on aurait remboursée à cette époque en payant annuellement 1 fr., et diviser le premier résultat par le second ; le quotient exprimera ce que l'on demande.*

2° Une personne s'est acquittée d'un capital, dont elle payait la rente à 5 p. 0/0, en 3 versements annuels de fr. 2203,25 chacun, y compris les intérêts de ce qui restait à rembourser ; on demande quel était le capital ?

Solution. — On commence par chercher la somme remboursée au bout de 3 années, principal et intérêts compris, en payant annuellement fr. 2203,25, et se conduisant pour cela comme on l'a fait à l'égard du capital 1 fr. dans le problème précédent, ce qui donnera fr. 6945,75.

Calculant ensuite que la somme qui placée à 5 p. 0/0, intérêts composés, produirait en 3 ans fr. 6945,75, le résultat 6000 fr. détermine le prix de l'annuité en question.

Ainsi, étant donnés la quotité de l'annuité, sa durée et le taux de l'intérêt, on connaîtra le prix en calculant la somme que l'on aura payée, tant en capital qu'en intérêts composés, après le dernier remboursement ; on cherchera ensuite celle qu'il faudrait actuellement placer, au taux fixé, pour avoir droit au bout du même temps à la somme primitivement obtenue, et ce nouveau résultat sera la valeur du capital.

Nous ne parlons pas ici des questions où l'on demande la durée de l'annuité ou le taux de l'intérêt, parce que la 1re ne peut s'obtenir qu'avec le secours des logarithmes, et que la détermination de l'autre appartient à l'algèbre.

TABLEAU

DU POIDS ET DU DIAMÈTRE DES PIÈCES DE MONNAIES FRANÇAISES.

DÉNOMINATION des PIÈCES.	POIDS EXACT ou DROIT.	TOLÉRANCE en millièmes du poids.	DIAMÈTRE ou module en millimètres.
OR.	grammes.	milligrammes.	millim.
100 fr. 00	32 , 258	1	35
50 00	16 , 129	2	28
40 00	12 , 90322	2	26
20 00	6 , 45161	2	21
10 00	3 , 22580	2 , 5	19
5 00	1 , 61290	3	17
ARGENT.			
5 00	25	3	37
2 00	10	3	27
1 00	5	5	23
0 50	2 , 50	7	18
0 20	1	10	15
CUIVRE ANCIEN.			
0 10	20	20	31
0 5	10	20	27
0 2	4	20	22
0 1	2	20	18
CUIVRE NOUVEAU en bronze. (Loi du 6 mai 1852).			
0 10	10	10	30
0 5	5	10	25
0 2	2	15	20
0 1	1	15	1

Le décret du 3 mai 1848 avait autorisé la fabrication des pièces d'or de 10 fr., au diamètre de 19 millimètres, et des pièces d'argent de 20 centimes.

Les pièces d'argent de 25 centimes, qui ne sont pas décimales, ont été retirées de la circulation à mesure qu'elles rentraient dans les caisses publiques, et converties en monnaies nouvelles en vertu du décret du 20 avril 1852. Le cours forcé de ces pièces a cessé le 1er octobre 1852.

Conformément au décret du 12 janvier 1854, il a été fabriqué des pièces de 5 francs en or, au diamètre de 14 millimètres, et des pièces de 10 fr. au diamètre de 17 millimètres. Mais le décret du 7 avril 1855, ayant fixé le nouveau module des 5 francs à 17 millimètres, et celui des 10 francs à 19 millimètres, comme les 10 francs au type de la république, et prescrit le retrait des pièces de 10 francs du petit module de 17 millimètres, ces dernières pièces sont retirées de la circulation, et elles ont cessé d'avoir cours pour leur valeur nominale, le 15 octobre 1855 ; à partir de cette époque elles sont reçues au change de la Monnaie de Paris et payées en raison de leur poids et au titre de 900 millièmes, soit 3093 fr. 30 centimes le kilogramme. La fabrication des pièces d'or de 10 fr., au petit module de 17 millimètres, s'est élevée à 48,589,920 fr., savoir : 38,998,020 fr. du 25 février au 31 décembre 1854, et 9,591,900 fr. du 1er janvier au 31 mars 1855.

La première fabrication des pièces de 10 francs, au nouveau module de 19 millimètres est du 4 juin 1855, et celles des pièces de 5 fr. en or, du grand module de 17 millimètres est du 30 octobre 1855.

Les pièces de 3 centimes et de 2 centimes, décrétées par la loi du 7 germinal an XI (28 mars 1803), n'ont pas été fabriquées.

La loi du 19 avril 1852, promulguée le 6 mai, a ordonné la refonte et le remplacement des anciennes monnaies de cuivre par une monnaie de bronze, pour une valeur égale à celle qui sera retirée de la circulation. Cette nouvelle monnaie est composée de 95 parties de cuivre pur, de 4 d'étain et d'une de zinc. (Voir le tableau du poids et du diamètre des pièces, page 338).

Les anciennes monnaies de cuivre ont cessé d'avoir cours légal et forcé, conformément au décret du 12 mars 1856, savoir : les pièces de 1 liard et de 2 liards, et les pièces de 1 centime à la tête de la liberté, le 1er juillet 1856.

Les pièces de 1 sou et de 2 sous, et les pièces de 5 et de 10 centimes à la tête de la liberté, le 1er octobre suivant ; mais les caisses publiques les ont reçues jusqu'au 10 octobre inclusivement.

La fabrication des monnaies de bronze, terminée en 1857 dans tous les établissements monétaires, a commencé à la monnaie de Paris, savoir :

Pour les pièces de 10 centimes, le 1er décembre 1852.

Par décret du 10 novembre 1857, la tolérance de poids de la pièce de 10 fr. en or, a été portée de 2 millièmes à 2 millièmes 5 dixièmes ; le décret du 12 décembre 1854 a autorisé la fabrication des pièces d'or de 100 francs et de 50 francs ; le poids et diamètres sont consignés dans le tableau de la page 338.

La première fabrication des pièces d'or de 100 francs est du 27 mars 1855, et celle des pièces de 50 francs, du 18 juin 1855.

D'après la loi du 10 juillet 1845, les pièces anciennes de 1 fr. 50 et de 0, 75, créées par les lois du 28 juillet et du 14 août 1791, ont cessé d'avoir cours légal le 31 août 1846.

25

Les pièces de 10 centimes en billon, créées par la loi du 15 septembre 1807, ont cessé d'avoir cours légal et forcé à la fin de décembre 1845, conformément à la loi du 10 juillet 1845.

Les anciennes pièces de cuivre de 10 centimes (un décime) et de 1 centime ainsi que les pièces de 5 centimes, avaient été créées par les lois des 3 brumaire an V (24 octobre 1796) et 29 pluviôse an VII (17 février 1799) aux poids qui sont indiqués dans la page 338.

— de 5 —   le 12 mars 1853.

— de 2 —   le 29 septembre 1853.

— de 1 —   le 12 avril 1853.

Les vieilles monnaies de cuivre retirées de la circulation, s'élevaient à la somme de 48,511,907 fr. 46 c., et elles ont produit un poids de 9,939,151 kilogrammes.

Les 48,500,000 francs de monnaies de bronze fabriqués à l'effigie de Napoléon III, n'ont pesé que. 4,850,434

Le cuivre resté. 5,088,717

a été vendu par le domaine, à l'exception de 344,398 kilog. accordés pour déchets aux directeurs fabricants.

Valeur des pièces de bronze émises de 1852 a 1857.

Savoir :

en 10 centimes.	25,965,839 fr.	70 c.
en 5 —	20,702,905	15
en 2 —	1,162,665	64
en 1 —	668,589	51
Total.	48,500,000	00

TABLEAU

DES MONNAIES ÉTRANGÈRES LES PLUS USUELLES AVEC LEUR VALEUR COURANTE.

DÉNOMINATION DES PIÈCES.	POIDS LÉGAL.	TITRE LÉGAL.	VALEURS.
MONNAIES ANGLAISES.			
OR.	grammes.	millièm.	fr. cent.
Guinée de 21 shillings.	8,380	917	26, 47
Demi Guinée.	4,190	917	13, 235
Quart de Guinée.	2,095	917	6, 6175
Tiers de Guinée ou 7 shillings.	2,793	917	8, 8233
Souverain ou livre sterling de 20 shillings	7,981	917	25, 21
ARGENT.			
Crown ou couronne de 5 shillings anciens.	30,074	925	6, 16
Shilling ancien.	6,015	925	1, 24
Crown ou couronne depuis 1818.	25,251	925	5, 81
Shilling depuis 1818.	5,650	925	1, 16
MONNAIES DES ÉTATS-UNIS D'AMÉRIQUE.			
OR.			
Pièce de 20 dollars ou double aigle (1849)	33,435	900	103, 64
Pièce de 10 dollars ou aigle 1837.	16,717	900	51, 82
De 5 dollars ou 1/2 aigle.	8,358	900	25, 91
De 2 1/2 dollars ou 1/4 d'aigle.	4,179	900	12, 95
De 1 dollar.	1,671	900	5, 18
ARGENT.			
Dollar.	26,729	900	5, 34
Demi-dollar.	13,364	900	2, 67
Quart de dollar.	6,682	900	1, 33
One dime (1 dime).	2,672	900	0, 53
Halfdime (1/2 dime).	1,336	900	0, 26
MONNAIES AUTRICHIENNES.			
OR.			
Ducat de l'empereur.	3,490	986	11, 85
Ducat de Hongrie.	3,491	984	11, 91
Souverain.	5,567	917	11, 58
Demi-souverain.	2,783	917	8, 79
ARGENT.			
Ecu ou risdale de convention depuis 1753.	28,064	833	5, 19
Demi-risdale ou florin.	14,532	833	2, 60
Vingt kreutzers.	6,639	581	0, 86
Dix kreutzers.	3,898	500	0, 43

DÉNOMINATION DES PIÈCES.	POIDS LÉGAL.	TITRE LÉGAL	VALEURS.
MONNAIES PRUSSIENNES.			
OR.	grammes.	millièm.	fr. cent.
Ducat-fin.	3,490	986	11,85
Frédéric. . . . . ,	6,682	903	20,78
Demi-Frédéric. , , ...	3,341	903	10,39
ARGENT.			
Risdale ou thaler de 30 silbergros, (1823). . .	22,272	750	3,71
Pièce de 5 silbergros.	3,712	750	0,61
Silbergros, (valeur intrinsèque).	2,492	082	0,11
ROYAUME LOMBARDO-VÉNITIEN.			
OR.			
Ecu (Scudo d'oro).	41,908	1000	144,35
Oselle, (Ozella d'oro). , ...	13,969	1000	48,11
Sequin (Zecchino).	3,452	1000	11,89
Ducat. (Ducato d'oro).	2,478	1000	7,50
Pistole de Milan ou Doppia.	6,320	908	19,76
ARGENT.			
Pièce de 10 livres.	28,682	826	5,26
Ecu de 6 livres d'Autriche. (Scudo de 6 lira).	»	900	5,20
3 l., 1 l., 1,2 l., ou 50 c., 1,4 l., ou 25 c. à proportion. Livre Lira *(monnaie decompte)*. .	4,331	900	0,86
ROYAUME DE BAVIÈRE.			
OR.			
Ducat de Bavière de 1764 à 1800, — du Danube, — de l'Iser, — de l'Inn, — d'Augsbourg, — de Nuremberg, — de Ratisbonne, — de Wurtzbourg. . . . . . , ...	3,490	986	11,85
ARGENT.			
Ecu ou Risdale de convention de Bavière, — de Nuremberg, — de Ratisbonne. de Wurtzbourg.	28,064	833	5,19
ROYAUME DE BELGIQUE.			
OR.			
Le Lion d'or, (14 florins).	8,286	917	26,17
Pièce de 40 fr. (Loi du 5 juin 1832).	12,903	900	40,00
— de 20 fr. . . . . id, ...	6,451	900	20,00
ARGENT.			
Le Lion d'argent.	32,929	873	6,38
Pièce de 5 fr.	25,00	900	5,00
— 2 fr. 50.	12,50	900	2,500
— 2 fr. 1 fr, 0,50, et 0,25. (à proportion).			
1 franc *(nouvelle monnaie de compte réelle)*.			

DÉNOMINATION DES PIÈCES.	POIDS LÉGAL.	TITRE LÉGAL.	VALEURS.
ROYAUME DE DANEMARCK.			
OR.	grammes.	millièm.	fr. cent.
Ducat fin, ou species de 1791 à 1802. . . .	3,519	979	11,86
Ducat courant à la couronne, (depuis 1767). .	3,143	875	9,47
Christian d'or, 1847.	6,735	903	20,95
Frédéric de 1848.	6,60	896	20,32
ARGENT.			
Risdale d'espèce, ou double écu de 6 marcs, ou 96 shillings danois depuis 1776.	29,126	875	5,66
2|3, 1|2. 1|3, (à proportion).			
Risdale courante de 1749, *(monnaie de compte).*	26,800	833	4,96
ROYAUME D'ESPAGNE.			
OR.			
4 pistoles, ou quadruple frappé au balancier, aux armes et à l'effigie, avant 1772.	27,045	917	85,42
— de 1772 à 1786.	27,045	901	83,93
— depuis 1786.	27,045	875	81,51
2 pistoles, 1, 1|2 (à proportion).			
Petit écu d'or, ou ventein, avant 1772. . . .	1,753	902	5,46
Doblon d'Isabelle de 10 reaux, (loi du 15 avril 1848).	8,336	900	25,84
ARGENT.			
Piastre aux deux globes, mexicaine et sevillane. (Avant 1772).	27,045	917	5,49
A l'effigie, depuis 1772. . . . . , . .	27,045	903	5,43
1|2, 1|4. 1|8, 1|16 de piastre, (à proportion).			
Duro de 20 réaux ou piastre.	26,290	900	5,25
Medio-duro ou écu de 10 réaux.	13,145	900	2,63
Peseta ou 4 réaux.	5,258	900	1,05
Medio-peseta ou 2 réaux.	2,629	900	0,52
Réal.	1,314	900	0,26
ROYAUME DE GRÈCE.			
OR.			
Tessaraconta-drachme, ou 40 drachmes. . .	11,520	900	35,64
Icosi-drachme, ou 20 drachmes.	5,760	900	17,82
ARGENT.			
Phénix. (Capo-d'Istria).	4,476	900	0,90
5 drachmes. (Othon).	22,385	900	4,48
1 drachme, et 1|2 à proportion.	»	»	»
ROYAUME DE HANOVRE.			
OR.			
Ducat. (ad legem imperii). . . . . . . , .	3,491	986	11,85
Ducat de 10 thalers. . , ...	13,300	896	40,95
ARGENT.			
Thaler suivant la convention du 30 juillet 1838.	22,271	750	3,71
Ecu de Hanovre ou risdale de constitution, . .	29,213	878	5,70

ETATS.	MÉTAL	DÉNOMINATION DES PIÈCES.	Poids légal.	Titre légal.	Valeur des Pièces.
			gramm.	mill.	fr. cent.
Hollande.	Or	Ducat.	3,482	978	11,78
	Argent	Florin.	10,766	897	2,14
Portugal.	Or	Couronne de 5,000 reis.	9,564	915	30,16
	Argent	Couronne de 1,000 reis. . . .	29,608	915	6,03
Rome.	Or	10 écus.	17,300	900	53,75
	Argent	Écu.	26,775	900	5,36
Sardaigne.	Or	20 livres.	6,452	900	20,00
	Argent	1 livre.	5,000	900	1,00
Deux-Siciles.	Or	Once ou 3 ducats.	3,787	996	12,99
	Argent	12 carlins ou 120 grains. . . .	25,000	904	5,10
Toscane.	Or	Triple sequin.	10,464	993	36,04
	Argent	Francescone.	27,507	910	5,61
Russie.	Or	1/2 impériale de 5 roubles 1849, 88 solotnicks de fin.	6,545	916	20,66
		Impériale.	16,585	915	41,29
	Argent	Rouble, à 4 solotnicks 21 dolis. .	20,640	878	4,00
		1/2 rouble ou poltinik, à 2 solotnicks 10 1/2 dolis.	10,362	976	2,00
Suède.	Or	Ducat.	3,482	878	11,70
		1/2 et 1/4 à proportion.	»	»	«
	Argent	Risdale d'espèce (monnaie de compte), de 48 shillings.	29,508	8 78	5,75
		2/3 et 1/3 à proportion.	»	ɔ	«
Suisse.	Or	»	»	»	«
	Argent	Pièce de 5 fr. (loi du 7 mai 1850). .	25,000	900	5,00
		» de 2 fr.	10,000	900	2,00
		» de 1 fr.	5,000	900	1,00
		» de 1/2 fr. ou 0, 50 cent. . . .	2,500	900	0,50
Empire de Turquie.	Or	Pièce de 100 piastres, loi de 1845 (à 22 karats de fin).	7,191	916	22,68
		Pièce de 50 piastres.	3,595	916	11,34
	Argent	Altmichlec de 60 paras depuis 1771.	28,882	550	3,53
		Piastre de Constantinople. . .	2,203	830	0,22
		Pièce de 20 piastres.	24,068	830	4,45
		» de 10 »	12,034	830	2,22
		» de 5 »	6,017	830	1,11

ÉTATS.	MÉTAL	DÉNOMINATION DES PIÈCES.	Poids légal.	Titre légal.	Valeur des Pièces.
			gramm.	mili.	fr. cent.
Tunis.	Or	»	»	»	»
	Argent	Bechlic ou 5 piastres.	6,250	900	1, 25
Afrique. Egypte.	Or	Double sequin nouveau. . . .	8,600	875	25, 80
		Sequin nouveau.	4,300	875	12, 90
	Argent	Piastre neuve.	24,000	830	4, 40
		1⁄2 1⁄4 1⁄8 1⁄16 à proportion.			
République Mexicaine.	Or	Quadruple de 8 scudos d'oro. . .	26,950	875	81, 20
	Argent	Piastre de 8 réaux à 10 deniers 20 grains.	27,000	903	5, 41
République du centre de l'Amérique.	Or	Quadruple de 8 scudos d'oro. . .	27,000	875	81, 35
	Argent	Piastre ou doll. de 8 réaux. . .	27,000	903	5, 41
Nouvelle Grenade. Santa Fé de Bogota.	Or	Quadruple de 16 pesos. . . .	25,806	900	80, 00
		Condor frappé à Bogota. . . .	16.400	900	50, 35
	Argent	Piastre de 10 réaux, de 100 cents. .	25,000	900	5, 00
		50.	12,500	900	2, 50
		20.	5,000	900	1
		1 décimo.	2,500	900	0, 50
République de l'Équateur.	Argent	Piastre nouvelle de 1858, marquée 5 fr. . . . . , ...	25,000	900	5, 00
République du Pérou. Lima.	Or	Quadruple ou doublon. . . .	27,000	875	81, 35
	Argent	Piastre de 8 réaux.	27,000	903	5, 41
République du Chili, (Santiago.)	Argent	Piastre de 100 cents et 59 divisions comme à la nouvelle Grenade. .	25,000	900	5, 00
République Argentine. (Buenos-Ayres)	Or	Quadruple de 8 scudos. . . .	27,100	868	81, 00
Empire du Brésil.	Or	2000 reis, poids 5 oïtavas. . .	17,926	916 2⁄3	56, 60
		10000 reis.	8,963	916 2⁄3	28, 30
	Argent	2000 reis, poids 7 oïtavas. . .	25,495	»	5, 19
		10000 reis, poids 3 oïtavas. . .	12,747	»	2, 60
		500 id.	6,373	»	1, 30
Asie.	Or	One mohur, effigie de la reine Victoria.	11,664	916 2⁄3	36, 82
	Argent	One rupee. . , ...	11,664	»..	2, 37
Mogol.	Or	Roupie aux signes du zodiaque.	10,889	1000	37, 51
	Argent	Ducat de la Compagnie Hollandaise.	»	»	11, 62

Voir pour plus de détails sur les monnaies, les changes, les rentes sur l'État, — emprunts publics, — annuités, — amortissement, etc., notre arithmétique commerciale ou Memento détaillé.

Dictionnaire explicatif des termes les plus usités dans le commerce et dans la langue.

A.

Acceptation. Engagement écrit pris par le tiré de payer une traite sur lui.

Accepter. Donner son acceptation.

Actif. Total des valeurs acquises au commerçant et de celles qui lui sont dues. Il a pour opposé *passif* et pour synonime *avoir*.

Action. Intérêt dans une entreprise, représenté par une valeur déterminée.

Agio. Différence de l'argent courant à l'argent de banque. Ainsi pour convertir de l'argent en or, il faut payer 1, 2, 3 p. 0/0 et cette prime s'appelle agio.

Agioteur. Celui qui opère pour faire hausser ou baisser les fonds publics, dans son intérêt personnel.

Apurement. Clôture d'un compte et acte que l'on met au bas de ce compte, constatant que le comptable est en règle.

Apurer un compte, c'est le faire clore, se faire donner une décharge, après avoir payé le reliquat de son compte.

Argent courant. Valeurs monétaires qui ont cours dans tel ou tel pays.

Argent banco. Mot italien dont on se sert pour distinguer les monnaies ou valeurs en banque des monnaies réelles, ou *argent courant* dont on se sert dans un pays où une banque est établie.

Affréter. Prendre un navire à louage en totalité ou en partie.

Assurance. Action d'assurer des valeurs, moyennant une remise convenue.

Assuré. Celui qui a pris des assurances.

Assureur. Celui qui fait des assurances.

Atermoiement. Accomodement d'un débiteur avec ses créanciers, pour payer à termes convenus, par delà les termes échus ou à échoir.

Aval. Garantie apposée par un tiers sur une lettre de change, par laquelle ce tiers s'engage, à défaut du tiré, à en payer le montant.

Aventure, à l'aventure, à la grosse aventure. Alternative d'un gain considérable ou d'une perte totale.

Avoir. Synonime d'actif. La page d'un compte qui renferme les valeurs fournies par l'individu que ce compte concerne.

Aviser. Donner avis.

B.

Balance. Opération par laquelle on cherche la différence entre le doit et l'avoir d'un ou de plusieurs comptes.

Balancer un compte ou les comptes. En faire la balance.

Banco. Argent banco. Valeur des monnaies en banque.

Balance générale des comptes. Opération qui a pour but d'arrêter et de solder tous les comptes des débiteurs et des créanciers, et des objets dont on fait le commerce.

Banques. Caisses publiques auxquelles tous négociants peuvent s'intéresser. Elles remplacent ordinairement le signe monétaire par des billets payables au porteur, appelés *billets de banque.*

Banquier. Celui qui fait le commerce d'argent et de billets.

Banqueroute. Insolvabilité réelle ou feinte d'un négociant.

Besoin. (au) Indication mise sur une lettre de change pour se présenter chez une personne, dans le cas ou le tiré n'aurait pas payé à l'échéance.

Bilan. État général de l'actif et du passif d'un négociant. Il est synonime d'inventaire.

Billet. Écrit portant obligation de payer une somme à une certaine époque.

Billet à ordre. Billet qu'on peut mettre en circulation, et qui porte ces mots : je paierai à l'ordre de M.

Billet de prime. Billet consenti par l'assuré, au profit de l'assureur, pour prix de l'assurance.

Bordereau. Mémoire des différentes monnaies composant une somme, ou des valeurs différentes composant un compte.

Bourse. Lieu public où s'assemblent les négociants et les banquiers pour traiter de leurs affaires.

Billet solidaire. Celui qui est souscrit par deux ou plusieurs personnes qui s'engagent solidairement à en payer le montant.

Brut, poids brut. Poids des marchandises pesées avec leur enveloppe on emballage, tels que caisses, toiles, papiers, etc.

C.

Caisse. Se dit de tout l'argent qu'un négociant a à sa disposition pour son commerce. — C'est aussi un des 6 comptes généraux. — Il y a encore un livre spécialement appelé livre de caisse.

Cambiste. Celui qui s'occupe du change.

Capital. Fonds en valeurs diverses, dont le négociant fait usage dans son commerce.

Cédant. Celui qui cède un effet de commerce.

Certain. Dans les cotes de change, quantité fixe d'une monnaie échangée contre une quantité variable d'une monnaie d'un pays différent.

Cessionnaire. Celui à qui est cédé un effet de commerce.

Change. Opération de banque qui consiste à échanger de l'argent contre des lettres de change, ou bien à faire remettre de l'argent de place en place. Il se dit aussi, par abréviation de *prix de change*, de la différence entre l'argent et le papier de commerce, ou de la valeur actuelle d'une monnaie étrangère ou monnaie du pays.

Commanditaire. Simple bailleur de fonds dans une société en commandite.

Commandite. Société formée entre un ou plusieurs associés responsables et solidaires et un ou plusieurs associés simples bailleurs de fonds, qui ne prennent aucune part à la gestion de la société, et qui ne sont responsables que jusqu'à concurrence de leurs mises.

Commettant. Commerçant qui en charge un autre de faire des affaires pour son compte.

Commission. Mandat donné par un commerçant à un autre de faire une ou plusieurs opérations pour son compte. — Droit ou salaire accordé à celui qui a fait la commission.

Commission de banque. Droit perçu par le banquier, l'agent de change, ou tout autre intermédiaire, pour la négociation d'un effet de commerce. Ce droit se compte à tant p. 0/0 du montant des effets négociés.

Consignation. Dépôt fait à un correspondant de monnaies, de billets ou marchandises, avec pouvoir d'en faire la vente, ou de les remettre à qui de droit.

Concordat. Traité, acte d'accommodement entre un failli et ses créanciers, par lequel ces derniers font remise au failli de tout ou de partie des créances, et dans ce dernier cas, qui est le plus ordinaire, lui accordent des délais pour payer. L'attermoiement diffère du concordat en ce que les créances sont admises sans réduction.

Connaissement. Contrat pour le transport des marchandises par mer ; le connaissement se fait, d'après la loi, en quatre exemplaires.

Consignataire. Celui qui reçoit une consignation.

Contrat d'union. Contrat par lequel des créanciers ayant refusé le *Concordat* à un débiteur commun en faillite, s'unissent pour agir de concert contre lui dans le but de faire vendre ses biens.

Coupon. Reste d'une pièce d'étoffe. — Partie de l'intérêt échu ou à échoir d'une rente.

Courtage. Entremise ou négociation du courtier. — Prime, droit, commission accordée au courtier.

Courtier. Agent intermédiaire pour vente ou achat de marchandises, pour assurances, pour affrètement de navires, etc. — Il y a des courtiers de marchandises, des courtiers maritimes, des courtiers d'assurances, et même des courtiers de change.

Courtier marron. Celui qui sans titre officiel exerce le courtage.

Créance. Somme qui nous est dûe. — Titre qui nous rend créancier de quelqu'un.

Crédit. Synonime d'avoir. — *Avoir du crédit,* être réputé solvable et bon payeur. — *Faire crédit, donner, vendre à crédit,* donner des marchandises sans en exiger sur l'heure le paiement.

Créditer. Porter une somme au crédit d'un compte ; indiquer au Journal que tel compte est créditeur.

Créditeur. Celui à qui il est dû.

D.

Débit. Synonime de *Doit.*

Débiter. Porter au doit d'un compte ce que ce compte doit.

Débiteur. Tout individu ou tout compte qui doit.

Debout, Passe-debout. Se dit des marchandises qui circulent franches, d'une ville à une autre.

Demeurer garant. Se porter responsable, moyennant une commission, des avances qu'une personne fait à une autre. On conçoit que cette commission doit être basée sur les chances à éprouver.

Discale. Déchet conventionnel dans le poids d'une marchandise, produit par une évaluation approximative de son humidité.

Dito. Signifie *idem.*

Dividende. Répartition proportionnelle aux droits des créanciers dans l'actif d'un failli. — Répartition des bénéfices d'une société de commerce entre les actionnaires.

Ducroire. Demeurer *ducroire,* demeurer garant.

E.

Echéance. Terme d'un billet, d'une lettre de change, d'une promesse, etc. — Jour d'échance de l'effet dont le terme expire.

Effets. Lettres de change, billets à ordre, etc.

Effets à payer. Effets que nous devons payer, tels que billets souscrits par nous, traites tirées sur nous. — Titre du compte de ces effets.

Effets à recevoir. Effets dont le montant doit nous être payé. Lettres de change ou billets faits ou passés à notre ordre, traites que nous tirons sur un débiteur.

Effets publics. Rentes sur l'état. — Titres des emprunts faits par l'état ou par les villes.

Encaisser des effets. En recevoir le montant.

Endos ou endossement. Transmission d'ordre mis au dos d'un effet, pour en céder la propriété.

Endosseur. Celui qui met un endos sur un effet.

F.

Facture. Compte, note détaillée des marchandises vendues.

Failli. Qui a fait faillite.

Faillite. Insolvabilité d'un négociant.

Fonds. Synonime d'argent, d'espèces.

Fret. Prix du transport des marchandises par mer. Sur la Méditerranée on dit *nolis.*

I.

Inscription de rente. Titre donnant le droit de toucher des rentes au trésor public.

Intérêt. Ce qu'on paie pour la jouissance d'une somme.

Inventaire. état des différentes valeurs que possède un négociant.

P.

Pair. Indique l'égalité des valeurs entre elles.

Parfaire. Achever, rendre complet.

Porteur. Celui qui a en main un billet, lettre de change ou action.

Prescription. Délai passé lequel une obligation est nulle.

Prime. Encouragement, prime d'assurance, somme qu'on paie pour faire assurer des marchandises.

Prorata, au prorata. à proportion.

Protêt. Sommation par huissier que la loi oblige de faire, dans un certain délai, à celui qui refuse le paiement d'un billet ou d'une traite.

R.

Rabais. Diminution.

Raison de commerce. Nom collectif que prend une société.

Reliquat de compte. Ce qui reste dû par quelqu'un après la clôture et l'arrêté de son compte.

Rentes sur l'état. Intérêts des emprunts faits par l'état.

S.

Solde. Somme qui balance un compte.

Solidaire. Qui consent avec un autre une obligation dont il est garant.

Syndic. Celui qui est nommé par les créanciers pour suivre les affaires d'une faillite.

T.

Tare. Avarie ou déchet de marchandises. — Diminution accordée sur des marchandises pour non valeur.

Tirer. Fournir une traite.

Transaction. Acte par lequel on s'arrange sur un différend.

Transfert. Acte par lequel on cède à quelqu'un des rentes ou autres valeurs.

Transport. Acte par lequel on cède à quelqu'un la propriété d'une chose quelconque.

U.

Usance. En France c'est un terme de 30 jours.

V.

Visa. Date mise par le tiré sur une traite à tant de jours ou à tant de mois de vue.

ERRATA.

Pages 32, articles 30, au lieu de acquittement, lisez : *paiement.*
    49,   89,   —   reçu en paiement. lisez : *remis en paiement.*
    49,   91,   —   4949,95, lisez : 5173.
    50,   93,   —   5720; lisez : 6004,45.
    70,   ligne 12,   —   Armement du navire le Vainqueur fr. 60000, lisez :
                             Armement du navire le Vainqueur à divers f. 60000
                             Acheté de Baude ledit navire, avec tous ses agrès et
                             apparaux.
                             Effets à recevoir, ... fr. 48,328.
                             Remis en paiement : etc.
   154,   2,   —   1200, lisez ; 12000.
   165,   6,   —   400, lisez : 200.
   165,   8,   —   vente du comptant, lisez : *vente au comptant.*
   165,   lisez la 9me ligne en regard de la 10me ligne de la page 164,
   246,   ligne 10,   au lieu de soldes définitives, lisez : *soldes définitifs.*
   249,   en titre, lisez : INVENTAIRE AU 29 FÉVRIER 1858.

TABLE DES MATIÈRES.

FIN DE LA TABLE.

Imprimerie P. Chauffard, boulevard du Musée, 21.